Klose • Franken

Frank Klose

Franken

pietsch

Einbandgestaltung: Andreas Pflaum

Titelbild: Frank Klose

Bildnachweis: Alle Fotos stammen von Frank Klose und Sabine Steinert.
Die Höhenprofile erstellte Alexander Klose.
Die Farb-Übersichtskarte sowie alle übrigen Skizzen und Diagramme erstellte eigens
für diesen Band Sabine Steinert.

Eine Haftung des Autors oder des Verlages und seiner Beauftragten für Personen-,
Sach- und Vermögensschäden ist ausgeschlossen.

Anmerkungen und Hinweise zu den Touren bitte an:
Frank Klose, Postfach 20, 37513 Osterode-Lerbach, e-mail: ass.de@t-online.de
homepage: http://home.t-online.de/home/ass.de/1.htm

ISBN 3-613-50324-7

Copyright © by Pietsch Verlag, Postfach 103743, 70032 Stuttgart
Ein Unternehmen der Paul Pietsch Verlage GmbH + Co.
1. Auflage 1999

Lektor: Oliver Schwarz
Innengestaltung: Katharina Jüssen
Druck: Henkel Druck, 70435 Stuttgart
Bindung: Nething Buchbinderei, 73235 Weilheim/Teck
Printed in Germany

Inhalt

Vorwort

Franken, das ist nicht nur ein größerer Teil des Freistaates Bayern, sondern eine äußerst abwechslungsreiche Gegend, die sich zum Biken ganz hervorragend eignet. Das trifft für die bayerische Rhön, die Haßberge, die Frankenhöhe, den bayerischen Spessart und den benachbarten Odenwald ebenfalls zu, wie für den Steigerwald, das Fichtelgebirge und das Herz Frankens, die Fränkische Schweiz. Jedenfalls gibt es hier jede Menge Tourenmöglichkeiten. Alle zu beschreiben, würde den Umfang vorliegenden Buches sprengen. Deshalb wird hier eine Auswahl vorgestellt, die zum Besten gehört, was Franken für Biker zu bieten hat. 40 Spitzentouren, von sanft bis hammerhart, führen über mal breite Schotterpisten und dann wieder auf wunderschönen Trails hinauf zu aussichtsreichen Höhen, durch wildromantische Flußtäler, an beeindruckenden Felsformationen entlang und durch schier unendliche Wälder. Alles zusammen ein Erlebnis, das man so nur per Bike genießen kann. Damit das auch in Zukunft alles so bleibt und nicht wieder in diversen Schreibstuben unverständlicher Weise an Fahrverboten gewerkelt wird, sollte man rücksichtsvoll mit der Natur und den Mitmenschen umgehen. Streßvermeidung ist oberstes Gebot. Von Fußgängern stark begangenen Wegen gilt es, wann immer möglich, auszuweichen.

Zur optimalen Verwendung dieses Tourenführers

Jede Tourenbeschreibung wird durch ein Höhenprofil, eine Grafik zum Wegebelag und eine Streckenskizze ergänzt. Genaue Streckenbeschreibungen mit exakten Kilometerangaben sollten ein einfaches Zurechtfinden auf den einzelnen Strecken ermöglichen.

Nicht vergessen: Vor dem Start jeder Tour stellt man den Tacho auf Null und mißt dann die Strecken ein.

Wichtig: Der Tacho muß auf die jeweilige Reifengröße geeicht sein. Differenzen bei der Entfernung lassen sich durch das Nachdrehen des Vorderrads im angehobenen Zustand ausgleichen. Es versteht sich von selbst, daß ein genaues Kartenstudium notwendig ist, will man den Streckenverlauf optimal nachvollziehen. Hierbei sind auch die jeweiligen topographischen Karten (1:50.000) sehr hilfreich. Bei den Angaben der reinen Fahrzeit im Infoteil vor jeder Streckenbeschreibung handelt es sich um Zirka-Werte, die nur als Anhaltspunkte dienen. Jeden Stopp und alle Pausen rechnet man zu diesen reinen Fahrzeiten hinzu. Individuelle Abweichungen sind hier selbstverständlich. Die Angabe »Anstiege« ermittelt sich aus der Addition aller Höhenmeter, die eine Tour komplett enthält. Die graphische Darstellung des

Streckenprofils vermittelt einen optischen Eindruck der Charakteristik des Tourverlaufs und beschränkt sich weitgehend auf die Bezeichnung markanter Punkte wie Höhen oder Tallagen.

Werden in den Streckenbeschreibungen keine Angaben zum Abbiegen gemacht, fährt man geradeaus, auch auf Kreuzungen oder Weggabelungen. Bei den in Klammern und in An- und Abführungszeichen gesetzten Bezeichnungen handelt es sich um Wegmarkierungen. Ziele in Anführungszeichen weisen auf entsprechende Schilder im Gelände hin.

Jetzt noch ein unumgänglicher Hinweis: *Eine Haftung in jeder Form wird abgelehnt. Nicht nur die Beschaffenheit der Wege kann sich ändern. Leider können auch einige der beschriebenen Abschnitte einem Fahrverbot für Bikes unterliegen. Geltendes Recht, auch wenn es nicht zu verstehen ist, muß beachtet werden. Obwohl in diesem Buch die besten Strecken beschrieben werden, ist das keinesfalls als Aufforderung zum Fahren zu verstehen.*

Leider ist der vorige Abschnitt aus rechtlichen Gründen erforderlich. Was nun noch zu sagen bleibt, ist der Wunsch, daß tolle Touren in landschaftlich reizvoller Umgebung beim Leser die Lust auf mehr wecken und viel Spaß bringen.

Richtiges Verhalten vermeidet Probleme

Der Bikesport ist zu Unrecht so massiv in die Negativschlagzeilen geraten. Allerdings gibt es auch unter uns Bikern immer wieder mal schwarze Schafe, die meinen, keine Rücksicht auf Natur und Mitmenschen nehmen zu müssen. Diese provozieren unnötige Konfrontationen mit Nicht-Bikern und schaden dem Bikesport.

Ich meine, jeder kann die folgenden 10 Grundregeln beherzigen, die auch sicherlich helfen, gesetzlichen Ansprüchen gerecht zu werden.

1. Man fährt ausschließlich auf vorhandenen Wegen.
2. Grundsätzlich haben Fußgänger Vorrang. Wenn der Platz ausreicht, fährt man im Schrittempo an ihnen vorbei. Ist der Weg hierfür zu schmal, steigt man ab und schiebt.
3. Die Geschwindigkeit paßt man den Gegebenheiten an. Der Bremsweg darf die halbe Sichtweite nicht überschreiten.
4. Lautes Gröhlen und Schreien unterläßt man. Wer auf sich aufmerksam machen möchte, kann das mit ruhiger Stimme tun.
5. Man fährt nur auf technisch einwandfreien Bikes. Andere Fahrräder sind für diese Touren nicht geeignet und stellen ein Gefährdungspotential dar.

6. Bitte nur Schmierstoffe am Bike verwenden, die biologisch abbaubar sind.
7. Wer in der Dunkelheit unterwegs ist, auch wenn er von dieser überrascht wird, hat für ausreichende Beleuchtung zu sorgen. Ist das nicht möglich, dann muß das Bike geschoben werden.
8. Der Helm sollte für jeden Biker Pflicht sein.
9. Müll gehört in die dafür vorgesehenen Müllbehälter. Gibt es keine, muß der Abfall zu Hause entsorgt werden.
10. Bitte diese Regeln bei Bedarf an andere weitergeben.

1 Hohe Straße

infos

Gesamtstrecke: 28,4 Kilometer.
Anstiege: 740 Höhenmeter.
Schwierigkeit: leicht.
Reine Fahrzeit: 1,5 bis 2,5 Stunden.

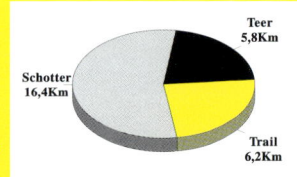

Karte: Topographische Karte 1:50.000, Blatt 9 »Rhön-Nordblatt«, Hessisches Landesvermessungsamt, Wiesbaden. Oder Fritsch-Wanderkarte 1:50.000 »Naturpark Rhön«, erhältlich vor Ort im Buch- oder Schreibwarenhandel. Sie ist sehr genau und von guter Qualität. Außerdem ist auf einem Blatt die gesamte Rhön mit allen markierten Wanderwegen abgebildet.
Anfahrt zum Startplatz: Auf der B 285 aus Richtung Fladungen oder Mellrichstadt nach Ostheim. Im Ort auf »Alexanderstraße« abbiegen. Dann weiter auf der »Burgstraße« bis zur »Friedenstr.«. Hier rechts, Hinweis »P« beachten und parken. Direkt vor dem Minigolfplatz startet die erste Tour dieses Buches.
Alternative Startorte: Willmars, Sands.
Auskunft: Fremdenverkehrsverein Ostheim, 97645 Ostheim v. d. Rhön, Tel. 09777/1850, Fax 09777/3245.
Camping: 11 Kilometer vom Startpunkt in Ostheim entfernt. Campingplatz Stadt Fladungen, Flurstraße, 97650 Fladungen, Tel. 09778/248.
Jugendherberge: Ferienhaus, 97645 Ostheim, Ortsteil Oberwaldbehrungen, Tel. 09774/1230.
Geführte Touren: Rhön-Park-Hotel, 97647 Hausen, Tel. 09779/910.
Bikeshop: Nächster Bikeshop in Bad Neustadt a. d. Saale ist Fahrräder Wolf, Roßmarktstr. 17, 97616 Bad Neustadt, Tel. 09771/2213.

Zugereiste und damit wenig Ortskundige dürfen staunen. Nur rund 80 Kilometer südlich der thüringischen Autostadt Eisenach startet die erste Frankentour dieses Buches. Und ohne zu mogeln: Die komplette Runde verläuft tatsächlich auf fränkischem Boden, der hier Teil des Freistaates Bayern ist und nicht nach dem Wunsch bodenständiger Separatisten irgendwann einmal zu einem eigenen Bundesland Franken gehören soll. Von der Landeshauptstadt München ist man hier allerdings rund 400 Kilometer entfernt. Zum Vergleich: Bis Hannover, Niedersachsens Metropole, sind es gerade mal 280 Kilometer und Hessens Weltstadt Frankfurt erreicht man mit weniger als 180 Kilometern. Aber mit dem Auto und dank des Top-Straßennetzes ist das heutzutage kein Problem. Früher war halt noch alles ein wenig anders. Da bekam ein heute optimaler MTB-Trail, der zwischen Fladungen und Ostheim über die Höhe führt, den Namen »Hohe Straße« und war für Eselskarren, Fußgänger und Handwagen angelegt. Heute herrscht auf diesem historischem Weg pure Einsamkeit, doch das dürfte sich nach Erscheinen dieses Buches ändern. Verdient hat es der Trail auf jeden Fall.

Routenverlauf
Bitte gehen Sie niemals ohne die angegebene topographische Karte auf Tour und beachten Sie die Hinweise auf den Seiten 7–9.

km 0,0 / 306 m (Höhe über NN)
Vom Minigolfplatz retour auf »Friedensstraße« bis zur Kreuzung. Hier rechts auf »Burgstr.« bergan. Nach 700 m am Wasserwerk Ostheim von Straße 45° nach rechts (»blaues >«) und auf Schotter Richtung »Lichtenburg«.
1,1 / 370 m An Schottergabelung 45° rechts (»blaues >«). 300 m weiter geradeaus Teerstraße queren und auf Trail teils steil bergan. Ab km 1,8 geradeaus auf »Fahrstraße« bergan bis direkt zum Portal der Lichtenburg. Hier auf Schotterparkplatz 90° rechts (»blaues Dreieck«) Richtung »Ponyhof«, anfangs über Treppe, dann auf starkem Serpentinentrail bergab.
2,4 / 440 m Am Wegestern auf 3. Weg nach rechts (praktisch geradeaus) und auf Singletrail an Vogelhäuschen entlang. Keine Markierungen und Hinweise. 400 m weiter erreicht man Schotter-T. Hier links bis km 3,2. Dort am Wege-T rechts an Schild »Wasserschutzgebiet« entlang und auf breiter Schotterpiste bergab.
4,2 / 300 m Am Wege-T 90° links und

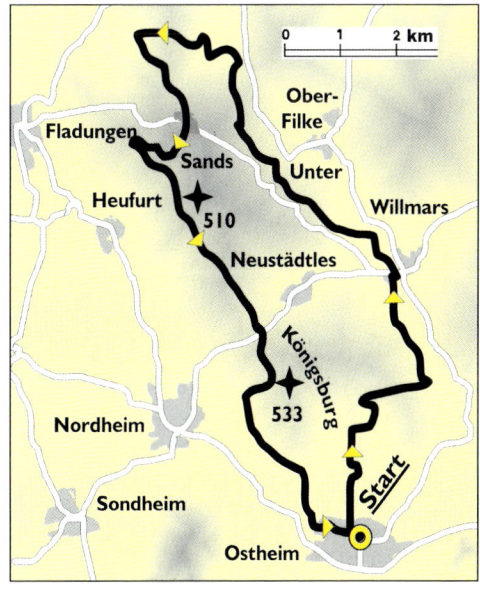

Hinweis »Willmars« auf breiter Schotterpiste, als Radweg »4« markiert, folgen. Nach 1050 m an Gabelung 90° rechts herum und weiter Radmarkierung (»4«), ab km 6,1 auf Teer, durch Willmars folgen. Anschließend Landstraße queren und auf geteertem Radweg (»4«) geradeaus Richtung »Filke«.
8,4 / 350 m Am Teerabzweig 90° links und auf Teer bergab. Nach 500 m am nächsten Abzweig geradeaus auf Schotterpiste zunächst (»X«) folgen. Bei km 9,1 am Waldrand am Abzweig geradeaus »X« ignorieren und auf Schotterpiste leicht bergan. Man fährt jetzt ständig durch das Tal des Bächleins »Sulz«. Bei km 10,1 geradeaus auf Hauptweg bleiben, etwa auf gleicher Höhe.

11,3 / 380 m Nach Wegeschranke am Wege-T links auf Teer bergab. Nach 200 m am Schotter-T bei Jägerstand rechts, jetzt durchs Tal der Schlürpf immer leicht bergan. Bei km 11,7 an Schottergabelung links (»2«), bald Wegeschranke passieren. Nach weiteren 900 m an Gabelung geradeaus (links halten) auf Hauptweg bergan.

13,4 / 460 m Am Schotter-T rechts, Markierung »2« ignorieren. 500 m weiter an größerem Jägerstand geradeaus auf Hauptweg über Kreuzung bergan über Kuppe. Anschließend, bei km 14,4 alle Abzweigungen ignorieren und Markierung »grüner Tropfen« geradeaus folgen.

15,1 / 460 m Am Schotter-T links. 300 m weiter an Schottergabelung im Bachtälchen Markierung »grüner Tropfen« verlassen, 45° links und auf breiter Schotterpiste am Hang des Tälchens entlang. Den 90°-Linksabzweig für Waldarbeiten einige Meter weiter ignorieren.

16,9 / 400 m Am Ortsrand von Sands an Kreuzung links auf Teer in den Ort hinein. Ein paar Meter weiter an nächster Gabelung geradeaus auf »Schloßweg«. Dann die Dorfstraße diagonal queren und auf geteertem »Hohleweg« (»1«) bergan (»>«).

17,5 / 445 m An Gabelung am Waldrand geradeaus auf linkem Weg (»>«, »1«). 400 m weiter an Gabelung rechts auf Hauptweg bergan. Hier Markierung (»1«) ignorieren und Markierung »>« beachten. Bei km 18,2 genau auf der Höhe 90° links ab und auf Forstweg weiter,

zunächst ohne Markierung. Bei km 18,7 dann an Gabelung 135° links. Nun Markierung »blauem Dreieck« über die sogenannte »Hohe Straße« folgen, das ist ein wunderschöner Waldtrail, nicht zu schmal, nicht zu breit; diesem bis zur »Königsburg« folgen. Alle Abzweige ignorieren.

22,9 / 480 m Richtung Osten hat man einen Blick bis zum Thüringer Wald. Straße geradeaus kreuzen. 200 m weiter an Schotterkreuzung rechts Richtung »Königsburg« bzw. »Lichtenburg«. Nach weiteren 70 m 90° links und von breiter Schotterpiste auf Waldweg (»blaues Dreieck«) Richtung »Lichtenburg«.

23,6 / 532 m Am Gelände der ehemaligen Königsburg zwischen Hinweistafel links und Schutzhütte rechts, geradeaus hindurch und Markierung (»1«) über Waldweg folgen. 100 m weiter am Waldweg-T rechts bergab (»1«). Bei km 24,0 und 24,2 je Schotterweg geradeaus kreuzen.

24,4 / 444 m Starke Abfahrt endet am Schotter-T. Hier links bergab (»1«). 200 m weiter am Waldrand am Wege-T (rechts schöne Aussicht) links leicht bergan auf breiter Schotterpiste (ohne Markierung). Etwas weiter sofort leicht bergab. Bei km 25,3 an Wegekreuzung geradeaus auf etwas verwachsenem, aber breitem Waldweg weiter bis km 25,65. *Achtung!* Ein tieferer Graben kreuzt. In diesem rechts bergab bis zum Schotterweg, der nach wenigen Metern sichtbar wird. Dort dann links bergan.

25,9 / 415 m Am Waldrand 90°

rechts und auf Feldweg (»3«) leicht bergab (recht schöne Aussicht). 300 m weiter an Gabelung geradeaus (»3«) auf rechtem Weg weiter. Bei km 26,7 bei größerer Buschgruppe an Gabelung geradeaus auf Wiesenweg bergab bis zum größeren Bauernhof. Dort dann praktisch geradeaus auf Teer weiter bis km 27,1. Hier am Teer-T 90° rechts und

nach 20 m (!) links auf Schotter steil bergan. Anschließend geradeaus auf Teer durch Ostheim bis km 27,9 zur 2. Straßenkreuzung. Hier rechts auf »Burgstr.« bergab.
28,3 / 306 m An Straßenkreuzung links ab und zum Ausgangspunkt bei km 28,4 / 306 m.

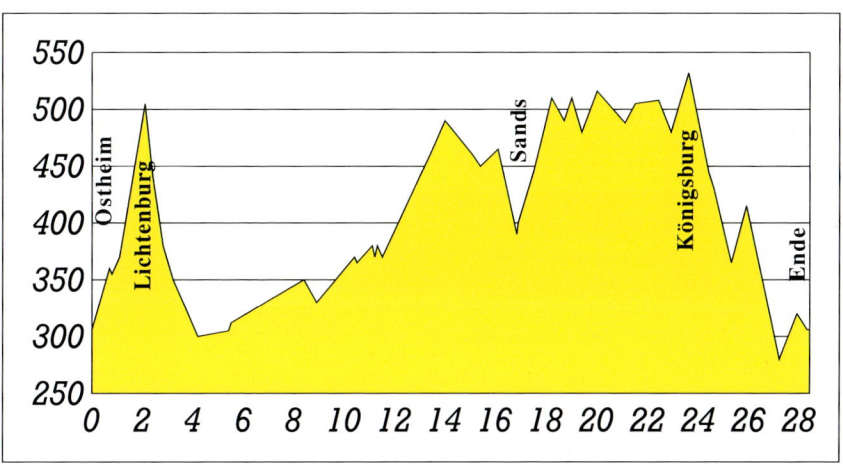

Gesamtstrecke: 28,3 Kilometer
Anstiege: 880 Höhenmeter
Schwierigkeit: mittel
Reine Fahrzeit: 2 bis 3 Stunden

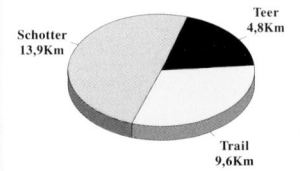

Teer 4,8Km
Schotter 13,9Km
Trail 9,6Km

Karte: Topographische Karte, 1:50.000, Blatt 9 »Rhön-Nordblatt«, Hessisches Landesvermessungsamt, Wiesbaden. Oder Fritsch-Wanderkarte 1:50.000 »Naturpark Rhön«, erhältlich vor Ort im Buch- oder Schreibwarenhandel. Sie ist sehr genau und von guter Qualität. Außerdem ist auf einem Blatt die gesamte Rhön mit allen markierten Wanderwegen abgebildet.
Anfahrt zum Startplatz: Diese Tour startet in Oberweißenbrunn, einem Ortsteil von Bischofsheim, ganz nahe an der Landesgrenze zu Hessen und zwar mitten im Ort bei der nicht zu übersehenden Steinkirche an der B 279. Über die kommt man übrigens über Gersfeld von der A 7, Abfahrt Eichenzell bei der Anreise aus dem Norden bestens daher. Wer aus dem Süden anreist, verläßt die A 7 an der Abfahrt Bad Brückenau und fährt dann über Oberbach und Wildflecken nach Oberweißenbrunn.
Alternative Startorte: Gersfeld
Auskunft: Verkehrsverein Bischofsheim-Kreuzberg e.V., Rentamt am Kirchplatz 5, 97653 Bischofsheim, Tel. 09772/1452, Fax: 09772/1054
Camping: Im nahen Bischofsheim gibt es einen Top-Platz. Campingplatz am Schwimmbad, 97653 Bischofsheim, Tel. + Fax: 09772/1350. Hier starten übrigens Tour 4 und 5
Bikeshop: Sport Walter, Haselbachstr.2, Tel. 09772/7133 und Radsport Reder, Haselbachstr.99, Tel. 09772/1423, beide in 97653 Bischofsheim, Ortsteil Haselbach

Diese Tour startet in Franken und verläuft dann Richtung Wasserkuppe, mit 950 m höchster Berg der Rhön, und über Gersfeld quer durch die hessische Rhön. Versprochen, dabei gibt es wieder einmal beste Panoramaaussichten und zünftige Trails, die für Biker geradezu ein Quell der Freude sind. Beim Biken lohnt es übrigens auch mal, sich Gedanken über die geologischen Verhältnisse dieses einmaligen Mittelgebirges zu machen. Die Berge der Rhön, oder zumindest was davon nach der Erosion der letzten paar Millionen Jahre noch übrig ist, bestehen aus den Basaltkegeln ehemaliger Vulkanschlote. Hier ist flüssiges Magma aufgestiegen und hat die Gipfel geformt. Oben drüber war ursprünglich Keuper, ein recht weiches Gestein. Diese Schicht ist in den Gipfelbereichen fast völlig abgetragen und nur noch in Talnähe zusammen mit Muschelkalkschichten zu finden. Daher sind die Anstiege in Talnähe meist recht sanft. Wo dann aber der erodierte Basalt hervortritt, wird das Gelände schnell ruppig und steil, und Richtung Gipfel braucht man ordentlich Power. Anders herum sind das natürlich optimale Voraussetzungen für megastarke Abfahrten der Extraklasse, wie auch zum Schluß dieser Runde.

Routenverlauf

Bitte gehen Sie niemals ohne die angegebene topographische Karte auf Tour und beachten Sie die Hinweise auf den Seiten 7–9.

km 0,0 / 610 m (Höhe über NN)

In Oberweißenbrunn an der Kirche bzw. Sparkasse startet diese Tour. Man fährt auf der »Mühlackerstr.« Richtung »Wasserkuppe« und verläßt dabei den Ort. Nach 100 m an Straßengabelung 45° links auf »Rockensteinweg« bergan. Nach weiteren 100 m dann am Straßen-T links auf »Hirtenweg« (»HSN«) Richtung »Schwedenschanze« (»rotes >«).

2,9 / 730 m An Gabelung links breiten Weg verlassen und auf Singletrail (»rotes >«) bergab. Dann Treppenstufen folgen. Anschließend Steg an der »Brendquelle« (gleichzeitig Landesgrenze zu Hessen) passieren. Danach einige Stufen hinauf und

dann links auf breiter Schotterpiste bergab.

3,7 / 705 m Nach Schranke, kurz vor der B 279, an Wegdreieck rechts (»>«). 500 m weiter links halten und auf Singletrail bergab. Bei km 4,5 dann B 279 halb links kreuzen, weiter Markierung beachten und an Schutzhütte entlang bis zum Abzweig bei km 4,6. Hier links auf Trail weiter. Nach 550 m erst links, dann 100 m weiter und dort am Abzweig rechts auf Schotter bergab.

5,6 / 580 m Am Kalbenhof rechts auf Teer Richtung »Gersfeld«. Nach 1000 m dann den Weiler Sparbrod geradeaus

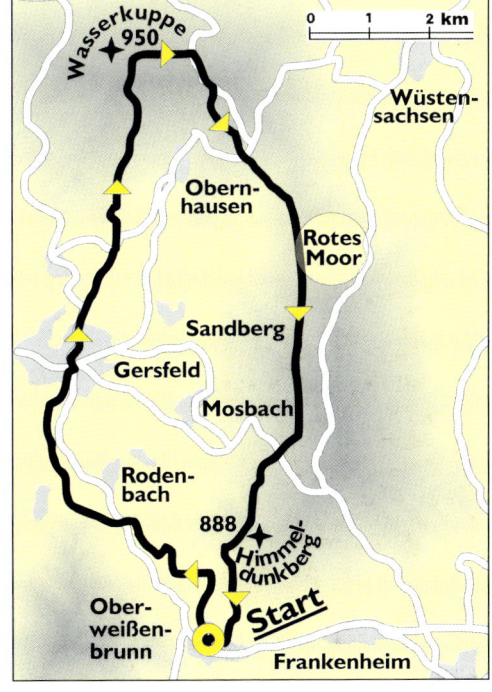

passieren. Bei km 6,8 am Ortsende von Sparbrod an Gabelung links, zunächst auf Schotter, bald auf Singletrail (»>«) weiter Richtung »Gersfeld«.

8,1 / 510 m Rechts bergab zur Aral-Tankstelle. Dort links auf B 279 bis zur Straßenkreuzung mit B 284. Nun wieder rechts und auf Straße bis zum Rathaus Gersfeld. Dort links auf »Fliegerstr.«. Nach 500 m Teer dann geradeaus auf Trail bergan (»>«), bald Straße queren und weiter auf Schotter bis zum letzten Haus. Hier nun geradeaus auf Singletrail weiter bergan.

9,1 / 564 m Wieder Straße kreuzen, weiter auf Pfad bergan. Nach 800 m erst links dann rechts und für 1000 m auf Teer bergan. Bei km 10,9 links und auf markiertem Singletrail (»>«) bergan.

11,4 / 730 m Links ab und für 100 m auf Teer bergan bis zur Schutzhütte. Nun links auf Wiesentrail weiter bergan. Schotterweg 300 m weiter geradeaus kreuzen und nun ständig der Markierung (»>«) bergan bis zum Gipfel Wasserkuppe folgen.

14,5 / 950 m Auf der Wasserkuppe rechts halten und bald am Segelflugplatz entlang. Man folgt der Markierung »blaues Dreieck« bis zum Himmeldunkberg, nahe dem Ausgangspunkt. Bei km 15,5 zunächst rechts auf Straße bergab. Nach 800 m hart rechts und an Fuldaquelle entlang auf Trail bergab.

16,7 / 815 m Nach steilem Singletrail links wieder kurz bergan. Anschließend den Hinweisen »Rotes Moor« auf steinigem Trail folgen.

18,0 / 800 m Nach tollem Trialstück Straße queren und weiter Richtung »Rotes Moor«. Bei km 18,6 rechts halten und dann auf breiter Schotterpiste am Roten Moor entlang.

23,7 / 770 m An Angabelung praktisch geradeaus auf Teer bis zur Straße bei km 24,2. Diese kreuzen, weiter Markierung »blaues Dreieck« beachten und geradeaus bergan bis zum Waldrand. Dort links recht heftig auf Trialpfad bergan über die Hohe Hölle bis zum Himmeldunkberg bei km 26,1. Hier hat man nicht nur eine sensationelle Aussicht, sondern man muß sich genau auf dem Gipfel auch links halten und auf Singletrail bergab Richtung »Oberweißenbrunn«.

26,3 / 790 m An dieser Stelle trifft man auf den Verlauf der Tour 3. Weiter geradeaus, jetzt auf breiterem Grasweg. Nach 800 m an Gabelung rechts halten und auf dem Weg mit dem »Pfosten« markiert, bergab. An nächster Schottergabelung rechts auf breiter Schotterpiste Richtung »Oberweißenbrunn«.

27,4 / 620 m Geradeaus über Teerkreuzung, weiter auf Schotter, optisch Richtung Kirche. 600 m weiter geradeaus über Kreuzung. Dann auf »Rockensteinstr.« bergab. Bei km 28,1 etwas rechts und auf »Mühlackerstr.« zurück zum Ausgangspunkt.

28,3 / 610 m Ausgangspunkt an der Kirche bzw. Sparkasse erreicht.

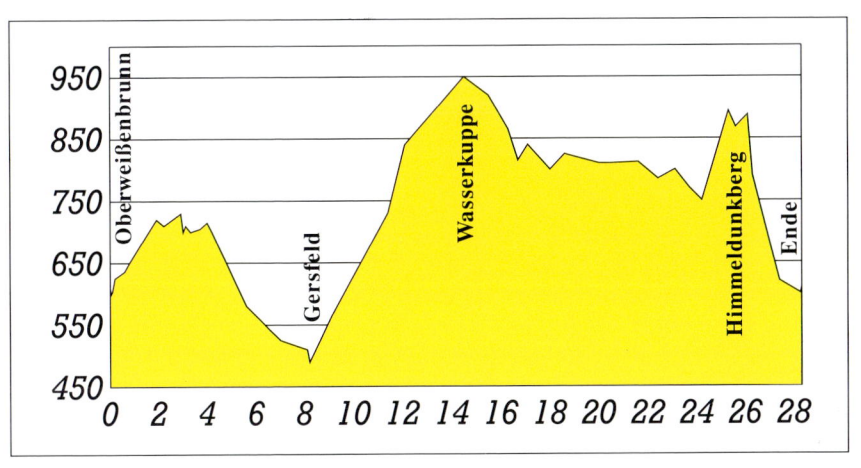

3 Oberweißenbrunner Panoramatour

Gesamtstrecke: 9,1 Kilometer
Anstiege: 390 Höhenmeter
Schwierigkeit: leicht
Reine Fahrzeit: etwa 1 Stunde

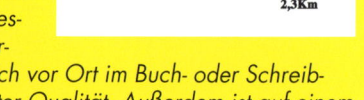

Karte: Topographische Karte, 1:50.000, Blatt
9 »Rhön-Nordblatt«, Hessisches Landesvermessungsamt, Wiesbaden. Oder Fritsch-Wander-
karte, 1:50.000, »Naturpark Rhön«, erhältlich vor Ort im Buch- oder Schreibwarenhandel. Sie ist sehr genau und von guter Qualität. Außerdem ist auf einem
Blatt die gesamte Rhön mit allen markierten Wanderwegen abgebildet.
Anfahrt zum Startplatz: Diese Tour startet wie Tour 2 in Oberweißenbrunn,
einem Ortsteil von Bischofsheim, ganz nahe an der Landesgrenze zu Hessen
und zwar mitten im Ort bei der nicht zu übersehenden Steinkirche an der B 279.
Über die kommt man übrigens über Gersfeld von der A 7, Abfahrt Eichenzell bei
der Anreise aus dem Norden bestens daher. Wer aus dem Süden anreist, ver-
läßt die A 7 an der Abfahrt Bad Brückenau und fährt dann über Oberbach und
Wildflecken nach Oberweißenbrunn.
Auskunft: Verkehrsverein Bischofsheim-Kreuzberg e.V., Rentamt am Kirchplatz
5, 97653 Bischofsheim, Tel. 09772/1452, Fax: 09772/1054
Camping: Im nahen Bischofsheim gibt es einen Top-Platz. Campingplatz am
Schwimmbad, 97653 Bischofsheim, Tel. + Fax: 09772/1350. Hier starten
übrigens Tour 4 und 5
Bikeshop: Sport Walter, Haselbachstr.2, Tel. 09772/7133 und Radsport
Reder, Haselbachstr. 99, Tel. 09772/1423, beide in 97653 Bischofsheim,
Ortsteil Haselbach

Die Rhön unterscheidet sich von vielen anderen Mittelgebirgen Deutschlands mehr als deutlich. Nicht dichtbewaldete Höhen wie im Harz oder Schwarzwald bestimmen das Bild, sondern oft bunt blühende Wiesenmatten, die sich über die Gipfel und die Hochflächen ausbrei-ten. Wenn also nicht ´zig Bäume im Weg stehen, dann sorgt das sommertags nicht nur für einen schönen braunen Teint in Bikers Antlitz, sondern auch für pracht-volle Panoramaaussichten. Wer dieses tolle Erlebnis ohne reichlich Höhenmeter erleben will, kann auf dieser Runde die Rhön schon mal bestens erschnuppern und bekommt ganz zum Schluß noch ei-nen phantastischen Downhill als Zugabe oben drauf.

Routenverlauf

Bitte gehen Sie niemals ohne die ange-gebene topographische Karte auf Tour und beachten Sie die Hinweise auf den Seiten 7–9.

km 0,0 / 610 m
(Höhe über NN)

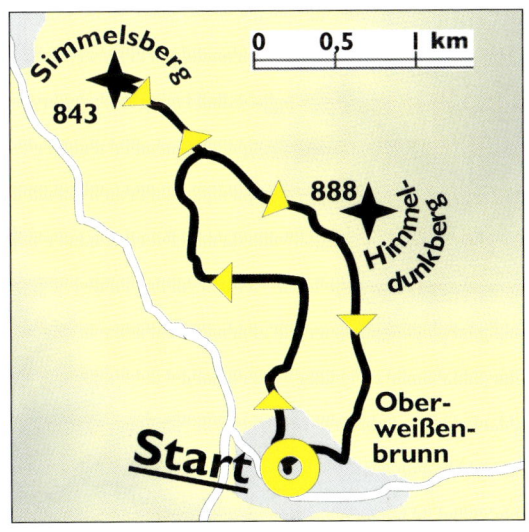

In Oberweißenbrunn an der Kirche bzw. Sparkasse startet diese Tour. Man fährt auf der »Mühlackerstr.« Richtung »Wasserkuppe« und verläßt dabei den Ort. Nach 100 m an Straßengabelung 45° links auf »Rockensteinweg« bergan. Nach weiteren 100 m dann am Straßen-T links auf »Hirtenweg« (»HSN«) Richtung »Schwedenschanze« (»rotes >«).

2,9 / 730 m An Gabelung links breiten Weg verlassen und auf Singletrail (»rotes >«) bergab. Dann Treppenstufen folgen. Anschließend Steg an der »Brendquelle« (gleichzeitig Landesgrenze zu Hessen) passieren. Danach einige Stufen hinauf und dann rechts auf breiter Schotterpiste recht knackig bergan.

3,4 / 740 m Am Wege-T links bis zum Simmelsberg (tolle Aussicht), dann hierher retour (km 6,0) und an diesem Wege-T, was sich aus Richtung Simmelsberg als Gabelung präsentiert, auf linkem Strang geradeaus (»blaues Dreieck«) Richtung »Himmeldunkberg«.

6,9 / 820 m Direkt am Waldrand überschreitet man wieder die Grenze nach Franken. Hier am Grasweg-T links und ein Stück am Waldrand entlang. Nach 10 m an Gras-Wegegabelung dann 45° rechts halten.

7,1 / 790 m An dieser Stelle trifft man auf die Route der Tour 2. Geradeaus auf breiterem Grasweg bergab. Das ist ein absoluter Panoramaweg mit toller Aussicht. Nach 500 m an Gabelung rechts halten und auf Weg mit Markierung »Pfosten« bergab. An nächster Schottergabelung rechts auf breiter Schotterpiste bergab Richtung »Oberweißenbrunn«.

8,2 / 620 m Geradeaus über Teerkreuzung, weiter auf Schotter, optisch Richtung Kirche. 600 m weiter geradeaus über Kreuzung »Rockensteinstr.« und auf dieser bergab. Bei km 8,9 etwas rechts und auf »Mühlackerstr.« zurück zum Ausgangspunkt (km 9,1 / 610 m).

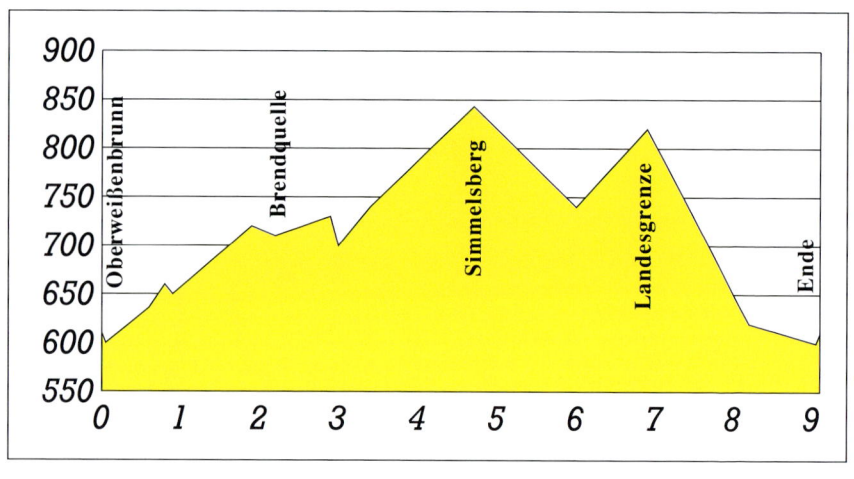

4 Lange Rhön

Gesamtstrecke: *31,75 Kilometer*
Anstiege: *1005 Höhenmeter*
Schwierigkeit: *konditionell mittel,*
technisch leicht
Reine Fahrzeit: *2 bis 3 Stunden*

Karte: *Topographische Karte, 1:50.000, Blatt 9 »Rhön-Nordblatt«, Hessisches Landesvermessungsamt, Wiesbaden. Oder Fritsch-Wanderkarte, 1:50.000, »Naturpark Rhön«, erhältlich vor Ort im Buch- oder Schreibwarenhandel. Sie ist sehr genau und von guter Qualität. Außerdem ist auf einem Blatt die gesamte Rhön mit allen markierten Wanderwegen abgebildet.*
Anfahrt zum Startplatz: *Von der A 7 über die Abfahrt Bad Brückenau (aus dem Süden) und auf Landstraße anschließend über Wildflecken nach Bischofsheim. Aus dem Norden verläßt man die A 7 an der Abfahrt Eichenzell und fährt auf der B 279 über Gersfeld nach Bischofsheim. Aus östlicher Richtung reist man auf der B 279 über Bad Neustadt a. d. Saale an. In Bischofsheim folgt man den Hinweisen »Schwimmbad« bzw. »Campingplatz« und startet dort die Tour.*
Auskunft: *Verkehrsverein Bischofsheim-Kreuzberg e.V., Rentamt am Kirchplatz 5, 97653 Bischofsheim, Tel. 09772/1452, Fax: 09772/1054*
Camping: *In Bischofsheim gibt es einen Top-Platz. Campingplatz am Schwimmbad, 97653 Bischofsheim, Tel. + Fax: 09772/1350*
Geführte Touren: *RWV Haselbach, Winfried Pöpperl, Haselbachstr. 50, 97653 Bischofsheim, Tel.: 09772/1271 (Pension Strauß)*
Bikeshop: *Sport Walter, Haselbachstr. 2, Tel. 09772/7133 und Radsport Reder, Haselbachstr. 99, Tel. 09772/1423, beide in 97653 Bischofsheim, Ortsteil Haselbach*

Bei der Auffahrt geht die zum Teil recht happige Steigung schon in die Knochen. Allerdings wird das Ganze durch die Megaaussicht über das weite Brendtal versüßt. Mitten drin das gemütliche Städtchen Bischofsheim, überragt vom Kreuzberg, dem heiligen Berg der Franken. Dazu mehr bei Tour 5. Erst einmal geht es weiter bergan Richtung Lange Rhön. Schon bald bietet sich da eine weitere interessante Unterbrechung des kernigen Anstieges an. Wer bei km 4,35 rechts abbiegt und das Holztor passiert, begibt sich auf einen bergbaukundlichen Abstecher, samt kurzer Durchfahrung des alten Stollens »Einigkeit« aus dem Jahr 1844. Anschließend fährt man per betonierter Wendeltreppe wieder aus der Grube aus. Praktisch, daß hier per Lichtschalter für ausreichende Beleuchtung gesorgt wird. Man kann dann der Tourenbeschreibung wieder folgen und kommt am Ende des recht langen Anstieges in das Naturschutzgebiet »Lange

Rhön«. Satte Wiesen mit allerlei, teils seltenen Blumen und Pflanzen bestimmen hier das Landschaftsbild. Mittendurch laufen bestens markierte Wege, die sich als tolle Biketrails herausstellen. Klar, daß man die Wege keinesfalls verlassen darf und den manchmal recht zahlreichen Fußgängern absoluten Vorrang gewährt.

Routenverlauf

Bitte gehen Sie niemals ohne die angegebene topographische Karte auf Tour und beachten Sie die Hinweise auf den Seiten 7–9.

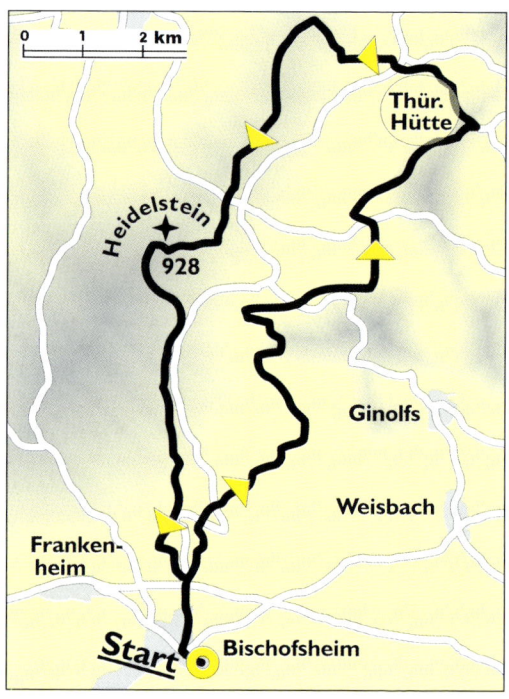

km 0,0 / 424 m (Höhe über NN)

Ab Schwimmbad Bischofsheim auf Straße durch Bischofsheim. Nach 800 m am Straßen-T vor der evangelischen Kirche rechts. 150 m weiter an Straßengabelung links halten Richtung »Fladungen«. 30 m weiter an Straßengabelung geradeaus (links) Richtung »Fladungen«. Man rollt dann auf der »Bauersbergstr.« bergan (»R1«) Richtung »Gersfeld« (»dunkelblauer, liegender Tropfen«).

2,3 / 480 m Kurz nach Straßenunterführung der B 279, gegenüber von Baustofflager 90° rechts und auf Teerweg Richtung »Ebertsholz« (»blauer Tropfen«). 50 m weiter am Wasserhäuschen an Gabelung rechts auf Teer bergan. Bei

km 2,5 an Teergabelung vor Wirtshaus 45° rechts bergan und bald an Rand von Siedlung entlang.

3,0 / 520 m Am Teer-T am Ende der Siedlung rechts bergan. 100 m weiter 45° links (»blauer Tropfen«) und auf Schotter bergan. Bei km 3,6 am Straßen-T rechts auf Rhönhöhenstraße an Gasthaus »Bauersberg« entlang. Dann links und direkt neben dem Gasthaus auf Schotter bergan, Markierung beachten.

3,7 / 580 m Am Haus Nr. 123 an Schottergabelung 45° rechts. 8 m weiter geradeaus auf breitem Waldweg bergan, der bald zum steinigen Trail wird.

Bei km 4,1 Straße queren, dann Richtung »Rotsee« auf Teer bergan. 200 m weiter an Gabelung 45° rechts auf Schotter Richtung »Stolleneingang«.

4,8 / 690 m An Waldweggabelung praktisch geradeaus (links) weiter, Markierung beachten. 200 m weiter an Gabelung 45° links, Hinweis »Naturkundlicher Wanderpfad«. Das ist ein relativ holpriger und steiniger Waldweg. Bei km 5,4 am Schotter-T dann rechts.

6,3 / 732 m An Gabelung 45° links auf Wiesenweg. 100 m weiter am Schotter-T wieder links. Bei km 7,9 an Wiesenweggabelung 45° rechts und am Waldrand entlang. Nach weiteren 100 m am Grasweg-T 90° rechts, Hinweis »Basaltsee« folgen und am Waldrand entlang auf Grasweg bergab. Bei km 8,5 dann am Schotter-T links weiter.

10,4 / 792 m Straße queren, Schranke passieren und dann auf Grasweg bergab. Einige Meter weiter Abzweig »Heidelstein« ignorieren, geradeaus weiter, bald auf Singletrail. Bei km 11,2 nach tollem wurzelverblocktem Singletrail am Schotter-T links über großen Schotterparkplatz. Anschließend geradeaus auf Schotter an Kiosk des Basaltsees entlang, Markierung beachten. Dann Wegeschranke passieren und geradeaus über großen Schotterplatz. Am Ende dieses Platzes bei km 11,7 an Dreiergabelung ganz links auf Singletrail oder auf mittlerem Schotterweg Richtung »Thüringer Hütte« (»blaues Dreieck«). Beide Wege laufen für ein gutes Stück parallel.

11,9 / 732 m Ab Singletrailkreuzung (»blauen, liegenden Tropfen« ignorieren) geradeaus Kreuzung passieren und Markierung (»blaues Dreieck«) folgen. Bei km 12,8 geradeaus auf Schotterweg weiter, Schranke passieren und Straße geradeaus kreuzen. Dann wieder Schranke passieren und auf breiter Schotterpiste (»blaues Dreieck«) den Hinweisen zur »Thüringer Hütte« folgen.

15,7 / 710 m Nahe der »Thüringer Hütte« am Teer-T links bergan Richtung »Stirnberg«. Nach 300 m an Gabelung 45° rechts auf Schotterweg (»grünes <«) und Schranke passieren. Bei km 16,6 an Schotterkreuzung 90° links Richtung »Heidelstein«, bald auf Singletrail an Straße entlang. Rhönhöhenstraße dann bei km 17,5 kreuzen. 100 m weiter, nach recht steilem Singeltrail am Schotter-T 90° rechts Richtung »Heidelstein«.

18,5 / 865 m Breiten Schotterweg 90° nach rechts verlassen und auf Grasweg Richtung »Heidelstein«. Bei km 19,6 am Singletrail-T links (»X«) Richtung »Heidelstein«. Tolle Aussicht! 100 m weiter an Gabelung links auf schmalem Schotterweg bergan.

23,0 / 815 m Geradeaus über Schotterparkplatz, Straße queren und 3 m weiter an Gabelung 45° links und auf Grasweg parallel zu einem Teerweg, den man alternativ auch hinauf bis zum Sender Heidelstein befahren kann, bergan. Nach 400 m am Singletrail-T links, »X« folgen, weg von Straße. Bei km 23,8 am Gedenkfelsen des Rhönclubs an Trailgabelung 45° rechts.

23,9 / 913 m Weg gabelt: 45° rechts auf Singletrail (»X«) an Wildzaun entlang. 400 m weiter dann geradeaus auf Teerweg bergan bis zum Sender Heidelstein. Dort bei km 24,5, direkt vor dem Tor des Fernsehsenders rechts auf breitem Grasweg (»X«) weiter.

24,6 / 928 m An Graswegkreuzung mit Abzweig rechts zum »Roten Moor« geradeaus in Richtung »Holzberghof«. Bei km 24,9, nach 15 m auf Schotter, 45° rechts und auf Singletrail/Gras der Markierung (»blaues Dreieck«) folgen. 600 m weiter Schotterweg kreuzen und weiter auf großartigem Singletrail bergab.

26,2 / 790 m Nach kurzer verblockter Singletrailauffahrt geradeaus über Schot-

terparkplatz. 80 m weiter am Teer-T rechts bergab Richtung »Holzberghof«. Bei km 26,5 im Tälchen kurz vor Bach 90° links und auf Schotter durchs Bachtälchen bergab. Alle Abzweige in der Folge ignorieren und links vom Bach bleiben. Dabei den Hinweisen Richtung »Bischofsheim«, markiert mit (»blauem Tropfen«) folgen.

29,0 / 530 m An Schotterkreuzung 90° links. 400 m weiter am Teer-T links, 50 m weiter am Teer-T rechts und auf Straße durch Bischofsheim. Im Ort nahe der Kirche rechts, am Gasthof »Adler« dann links und zurück zum Ausgangspunkt am Campingplatz (km 31,75/ 424 m).

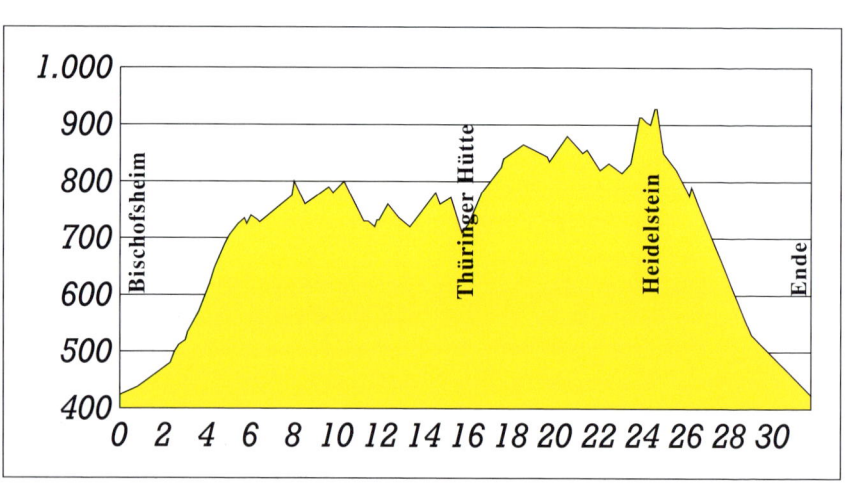

5 Böschemer Kreuzbergtour

Gesamtstrecke: *28,4 Kilometer*
Anstiege: *860 Höhenmeter*
Schwierigkeit: *mittel, mit kniffliger Abfahrt*
Reine Fahrzeit: *2 bis 3 Stunden*

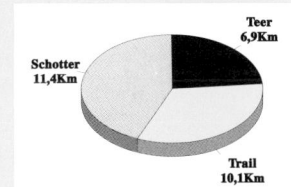

Karte: *Topographische Karte, 1:50.000,*
»Rhön-Südblatt«, Bayerisches Landesvermes-
sungsamt München. Oder Fritsch-Wanderkar-
te, *1:50.000, »Naturpark Rhön«, erhältlich vor Ort im Buch- oder Schreibwaren-*
handel. Sie ist sehr genau und von guter Qualität. Außerdem ist auf einem Blatt
die gesamte Rhön mit allen markierten Wanderwegen abgebildet.
Anfahrt zum Startplatz: *Von der A 7 über die Abfahrt Bad Brückenau (aus*
dem Süden) und auf Landstraße anschließend über Wildflecken nach Bischofs-
heim. Aus dem Norden verläßt man die A 7 an der Abfahrt Eichenzell und fährt
auf der B 279 über Gersfeld nach Bischofsheim. Aus östlicher Richtung reist man
auf der B 279 über Bad Neustadt a. d. Saale an. In Bischofsheim folgt man den
Hinweisen »Schwimmbad« bzw. »Campingplatz« und startet dort die Tour.
Alternative Startorte: *Unterweißenbrunn, Wegfurt, Schönau, Riedenberg,*
Römershag
Auskunft: *Verkehrsverein Bischofsheim-Kreuzberg e.V., Rentamt am Kirchplatz*
5, 97653 Bischofsheim, Tel. 09772/1452, Fax: 09772/1054
Camping: *In Bischofsheim gibt es einen Top-Campingplatz am Schwimmbad,*
97653 Bischofsheim, Tel. + Fax: 09772/1350
Geführte Touren: *RWV Haselbach, Winfried Pöpperl, Haselbachstr. 50,*
97653 Bischofsheim, Tel.: 09772/1271 (Pension Strauß)
Bikeshop: *Sport Walter, Haselbachstr.2, Tel. 09772/7133 und Radsport*
Reder, Haselbachstr. 99, Tel. 09772/1423 beide in 97653 Bischofsheim,
Ortsteil Haselbach

Bischofsheim, mundartlich »Böschemem« genannt, liegt vom Wetter bevorzugt in einer weiten Senke, die schon von den ersten Sonnenstrahlen morgens mit wärmendem Licht durchflutet wird. Drum herum recken sich die höchsten Erhebungen der Rhön gen Himmel, wie Heidelstein, Wasserkuppe und Frankens heiliger Berg, der Kreuzberg. Alle Gipfel übersteigen nicht nur locker die 900-Meter-

Marke, sondern liegen halbrund wie ein Schutzwall westlich um Bischofsheim herum. Man ist also im Lee des Wetters und führt, was Regengüsse angeht, sozusagen ein Schattendasein. Was die MTB-Touren betrifft, die man in Bischofsheim starten kann, so hat man dann allerdings eher im wahrsten Sinne des Wortes, einen Platz an der Sonne. Allerfeinste Singletrails, die mit zu Deutschlands be-

sten Downhills gehören, machen die erstrampelten Höhenmeter von den Rhönhöhen dann wieder auf eine Art zunichte, wie es besser nicht sein kann.

Routenverlauf

Bitte gehen Sie niemals ohne die angegebene topographische Karte auf Tour und beachten Sie die Hinweise auf den Seiten 7–9.

km 0,0 / 424 m (Höhe über NN)
Ab Schwimmbad Bischofsheim zunächst auf Straße, Bischofsheim Richtung »Sandberg« verlassen. Nach rund 100 m, kurz nach Straßenbrücke links und auf Teer Markierung (»rotes Dreieck«) folgen.

0,7 / 425 m Auf schmalem Teersträßchen passiert man die kleine Ortschaft Unterweißenbrunn. Bei erstem T rechts, 10 m weiter an Strommasten links »In der Fichte« und Markierungen (»1«), (»rotes Dreieck«) und »Fernradweg Brendtal« folgen. Bei km 1,6 an Gabelung auf markiertem linkem Wegstrang bleiben. Dann auf markiertem Hauptweg bis in den Ort Wegfurt.

4,6 / 360 m Geradeaus auf Teer durch Wegfurt. Nach 500 m, mitten im Ort an Gabelung etwas rechts bergan, auf geteertem Weg »Untere Au« weiter dem Radweg »Brendtal« bis nach Schönau folgen.

7,6 / 331 m In Schönau direkt am Dorfbräuhaus unterhalb der Kirche gegenüber dem Rhönraddenkmal rechts auf Straße durch den Ort. Nach 100 m an Straßengabelung auf »Burgwallbacher Str.« weiter. 80 m weiter am Abzweig »Witzhausen« rechts halten. Nochmals 30 m weiter an nächster Straßengabelung wieder rechts halten (»Rundweg 1«) und links am Sportplatz entlang geradeaus auf Teer den Ort verlassen.

8,3 / 350 m Am Ortsende geradeaus auf Schotterweg (»1«). 30 m weiter rechts von breitem Schotterweg auf Singletrail (»1«). Bei km 8,7 an Singletrailgabelung rechts bergab. 250 m weiter an Gabelung rechts auf etwas breiterem Waldweg weiter.

9,3 / 355 m Am Wege-T links durchs Tal bergan auf breiter Schotterpiste (»NH«) Richtung »Jägerhaus«. Nach 300 m an Wegegabelung links »Fichtengrabenstraße«. 20 m weiter 45° links ab und auf Singletrail (»NH«) Richtung »Kreuzberg«. Bei km 10,6 und 11,4 jeweils breiten Schotterweg diagonal kreuzen und auf Singletrail geradeaus weiter bergan.

12,7 / 540 m Am Schönauer Jägerhaus etwas links und auf breitem Schotterweg bergan (»NH«). Nach 100 m an Kreuzung 90° rechts. 10 m weiter an Gabelung 45° rechts und über »Eichenweg« weiter »NH« folgen. Bei km 13,4 auf Hauptweg (»NH«) bergab. Bei km 13,6 dann an Diagonalkreuzung 45° links (»NH«) bergan.

14,2 / 590 m An Gabelung geradeaus auf linkem Wegstrang. 200 m weiter kurz vor der Landstraße 90° links (»NH«) und auf Singletrail neben vermatschtem Hohlweg entlang bergan zur Straße. Diese bei km 14,5 queren und am Parkplatz dann rechts weiter Richtung »Neustädter Haus«.

15,3 / 700 m Bis hierher alle Abzweige ignorieren und nun auf breitem Schotterweg (Öffentlicher Verkehr!) bis zum Gashof »Neustädter Haus« (km 16,5). Dort am Schotterparkplatz rechts und der Markierung (»rotes Dreieck«) Richtung »Kreuzberg« folgen. Bald an Schottergabelung Abzweige ignorieren und mitten zwischen den beiden Schotterwegen geradeaus (»blaues Dreieck«) auf Singletrail Richtung »Kreuzberg«.

17,3 / 820 m Wir gabeln 45° von links an breite Schotterpiste. Hier geradeaus weiter. 300 m weiter dann breiten Schotterweg 45° nach rechts verlassen und auf Waldweg bergan (»blaues Dreieck«).

18,5 / 880 m Wir gabeln 45° von links an breite Schotterpiste. Hier 135° rechts und in fast entgegengesetzte Richtung auf breiter Schotterpiste ohne Markierung bergan. Bei km 18,9 weiter auf breiter Schotterpiste bergan. 200 m weiter direkt vor dem Sender Kreuzberg am Schotter-T links bergab. Bei km 19,3 endet der Schotterweg wieder vor einem Tor. Nun 90° links und auf Singletrail bergab, zunächst am Zaun entlang. Einige Meter weiter am Superaussichtspunkt 90° links und auf Waldweg bergab. Bei km 19,4 an Abzweig hart rechts, weiter auf Waldtrail bergab.

19,7 / 870 m Am Gasthaus »Hohn« rechts zum Kloster. An dem rechts auf gepflastertem Weg entlang. Ein paar Meter weiter dann zur Straße hinab und auf der zunächst geradeaus talwärts bis km 20,0. Hier Straße 45° nach links verlassen, Hinweis »Bischofsheim« beachten, u. a. Markierung (»rotes >«).

20,5 / 750 m Schotterweg kreuzen und weiter auf Trail bergab, Markierung beachten. 800 m weiter wieder eine Schotterpiste geradeaus queren und auf Wiesenweg Richtung Straße.

21,7 / 700 m Am Straßenabzweig Straße Richtung Oberwildflecken queren, Hinweisschild »Oberweißenbrunn« beachten (»rotes >«), Wegeschranke passieren und auf Schotterpiste weiter. Schotterpiste gabelt dann sofort: nun ganz rechts, 90°. 400 m weiter an X-Kreuzung rechts halten, Markierung beachten.

23,5 / 680 m Am Abzweig 90° rechts und der Markierung (»rotes Dreieck«) folgen. Markierung (»rotes >«) und Hinweis »Oberweißenbrunn« geradeaus ignorieren. Nach 150 m an Gabelung rechts halten und auf Wiesenweg weiter. Nach weiteren 200 m an Talstation von Schlepplift entlang. Bald auf Teer bis zur Landstraße. Hier links und auf Straße bis km 24,4 bleiben. Nun 90° links, Schranke passieren und auf Schotter, bald Waldweg bergan (»rotes Dreieck«) Richtung »Osterburg«.

24,7 / 680 m Am Abzweig links und auf Singletrail, bald an den Resten der längst vergessenen Osterburg entlang. 200 m weiter an Treppe geradeaus. Nach nochmals 300 m an Singletrailkreuzung geradeaus. Nun der Markierung (»rotes Dreieck«) über großartigen, teils recht steilen Singletrail bergab folgen. Das ist ein Megadownhill.

25,5 / 680 m Links halten und auf breiterem Weg 40 m weiter. Dann rechts und steil auf Singletrail bergab. Nach 100 m rechts auf breitem Weg weiter bergab. Bald Treppe hinunter, Landstraße kreuzen und weiter auf steilem Trail bergab. Bei km 25,9 am Waldrand dann links und auf Wiesenweg bergab nach Bischofsheim. Bei km 26,3 nochmals Straße kreuzen. Ab km 26,5 auf Teer bergab in den Ort.

26,7 / 500 m Kurz nach dem Sportplatz links auf Teer bergab. Bald an Schulen entlang und auf »Zentweg« weiter bis km 27,0. Hier an Straßenabzweig links bis zum Renault-Autohaus. Dort wieder rechts. 200 m weiter am Marktplatz von Bischofsheim rechts bis zum Gasthof »Adler«. Dort wieder rechts und auf Straße zurück zum Ausgangspunkt am Campingplatz bzw. Schwimmbad (km 28,4 / 424 m).

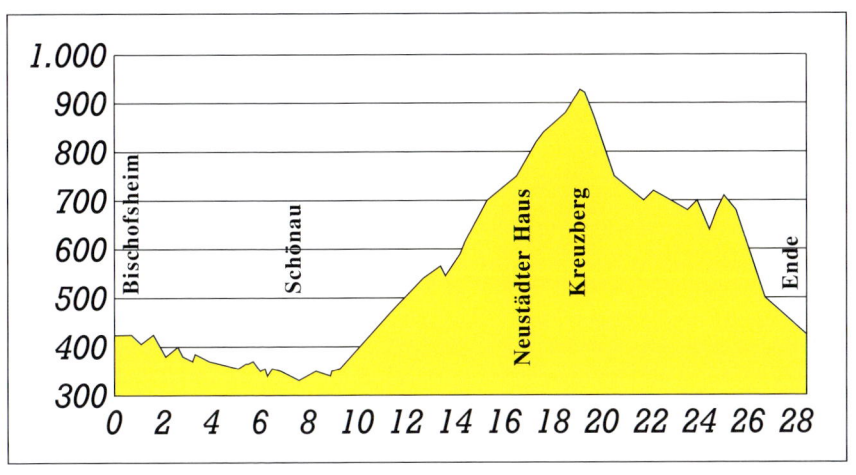

6 Von Wildflecken zum Kreuzberg

Gesamtstrecke: 18,8 Kilometer
Anstiege: 605 Höhenmeter
Schwierigkeit: leicht
Reine Fahrzeit: 1 bis 2 Stunden

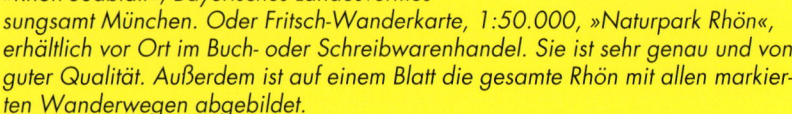

Karte: Topographische Karte, 1:50.000,
»Rhön-Südblatt«, Bayerisches Landesvermes-
sungsamt München. Oder Fritsch-Wanderkarte, 1:50.000, »Naturpark Rhön«,
erhältlich vor Ort im Buch- oder Schreibwarenhandel. Sie ist sehr genau und von
guter Qualität. Außerdem ist auf einem Blatt die gesamte Rhön mit allen markier-
ten Wanderwegen abgebildet.
Anfahrt zum Startplatz: Von der A 7 über die Abfahrt Bad Brückenau und
anschließend auf Landstraße Richtung Wildflecken. Auf Höhe des Ortes am
Abzweig Richtung Ortsmitte bzw. Langenleiten kann man am Bahnhof (leider
nur Güterverkehr) parken und die Tour starten.
Alternative Startorte: Oberwildflecken, Oberweißenbrunn
Auskunft: Informationszentrum Schwarze Berge in Oberbach,
Tel. 09749/91220
Camping: Camping Oberwildflecken, Schulstr. 7, 97772 Oberwildflecken,
Tel. 09745/2294
Jugendherberge: CVJM, Wilhelmshavenerstr. 9, 97772 Oberwildflecken,
Tel. 09745/2149
Bikeshop: In Wildflecken Fehlanzeige. Die nächsten Shops gibt's in
97653 Bischofsheim, Ortsteil Haselbach: Sport Walter, Haselbachstr. 2,
Tel. 09772/7133 und Radsport Reder, Haselbachstr. 99, Tel. 09772/1423

Der Kreuzberg ist, wie viele andere Gipfel der Rhön, ein längst erloschener Vul-
kan, der durch das um 1677 nahe dem
Gipfel errichtete Franziskanerkloster zum
beliebten Wallfahrtsort und damit zum
heiligen Berg Frankens wurde. Der mit
928 m höchste Berg Unterfrankens hat
im Laufe des Jahrhunderts dann auch
schon viele Gesichter gesehen. Auch
heute ist am Kloster und den umliegen-
den Gasthöfen täglich gut Betrieb.

Schließlich führt ja auch eine öffentliche
Straße auf den Berg hinauf. Außerdem
brauen Mönche im Kloster leckeres Bier.
Biker sollten von dem Bayerischsten aller
Lebensmittel allerdings lieber die Finger
lassen. Der Kreuzberg bietet nämlich auf
dieser Tour eine Superabfahrt, die meistens aus Singletrails besteht und hier
sollte man seine Sinne alle bestens bei-
sammen haben.

Routenverlauf

Bitte gehen Sie niemals ohne die angegebene topographische Karte auf Tour und beachten Sie die Hinweise auf den Seiten 7–9.

km 0,0 / 510 m (Höhe über NN)

Ab dem Straßenabzweig Bad Kissingen/ Bad Brückenau direkt am Güterbahnhof auf breiter gepflasterter Straße an der Eisenbahnverladung für Panzer entlang (»rotes Dreieck«).

0,7 / 510 m Pflasterstraße nach rechts verlassen, weiter der Markierung (»rotes Dreieck«) über Schotter folgen. Bei km 1,1 an Holzplatz links halten und nun weiter auf Hauptweg bis zur Straße bei km 2,3. Hier links und auf geteertem Weg an Straße entlang.

2,54 / 540 m Rechts auf Straße weiter. Nach 60 m 90° rechts, Straße queren und dann auf Schotterweg durch das Tälchen bergan. Hier Markierung (»rotes Dreieck«) vorübergehend verlassen.

4,4 / 610 m An Gabelung geradeaus, wieder (»rotes Dreieck«) beachten. Nach 500 m geradeaus Straße kreuzen, weiter auf markiertem Schotterweg. Nach 200 m rechts bergan. Bei km 5,5 an Abzweig links, weiter bergan, jetzt auf Teerweg.

6,4 / 660 m Am höchsten Punkt geradeaus über Teerkreuzung und bergab Richtung »Oberweißenbrunn«. Bei km 7,1, schon kurz vor der Kirche, am Ab-

zweig rechts auf Teer weiter. 50 m weiter dann wieder rechts und auf Schotterpiste am Ortsrand von Oberweißenbrunn entlang.

7,4 / 600 m Am Abzweig geradeaus auf Schotter und nach 300 m bald Lifttrasse etwas oberhalb der Skilift-Talstation passieren. Bei km 8,4 an Angabelung weiter geradeaus bergan. 50 m weiter Abzweig links nach Bischofsheim ignorieren und geradeaus bergan Richtung »Kreuzberg« (»rotes >«).

9,85 / 720 m An X-Kreuzung links halten, Markierung beachten. 250 m weiter Schranke passieren, Straße an Straßenabzweig queren und anschließend geradeaus auf Grasweg weiter. Bei km 10, 5 und 11,3 je einen Schotterweg geradeaus kreuzen.

11,8 / 852 m Etwas rechts und auf Teerstraße 200 m bergan. Dort rechts halten, dem Hinweis »Zufahrt Gasthaus

Hohn« folgen und zunächst geradeaus auf Teer, später auf Schotter weiter und der Markierung (»rotes Dreieck«) folgen. Das wird eine prima Abfahrt über den »Feustelsteig«.

12,5 / 829 m An Dreiergabelung geradeaus auf markiertem Weg bergab. 200 m weiter dann Schotterpiste (hier geht's links zum Neustädter Haus) kreuzen und anschließend auf tollem Trail bergab. Bei km 13,0 wieder Schotterpiste kreuzen.

14,5 / 670 m Der »Feustelsteig« trifft auf breite Schotterpiste. Hier links weiter. Nach 1300 m am sogenannten »Guckaspaß« die Straße queren und über Treppe bergan. Anschließend weiter (»rotes Dreieck«) beachten und auf breiter Schotterpiste bis zur »Ziegelhütte«. Hier links Straße am Straßenabzweig queren, ein paar Meter auf Straße Richtung »Oberwildflecken«. Dann nahe dem militärischen Hinweisschild links und auf Trail (»gelbes >«) bergab.

18,1 / 530 m Singletrail endet nahe dem Waldrand als Waldweg. Nun der Markierung links bergan folgen. Kurz vor der Straße rechts noch für 150 m auf Wiesenweg weiter. Dann etwas rechts und auf Straße bergab zum Ausgangspunkt (km 18,8 / 510 m).

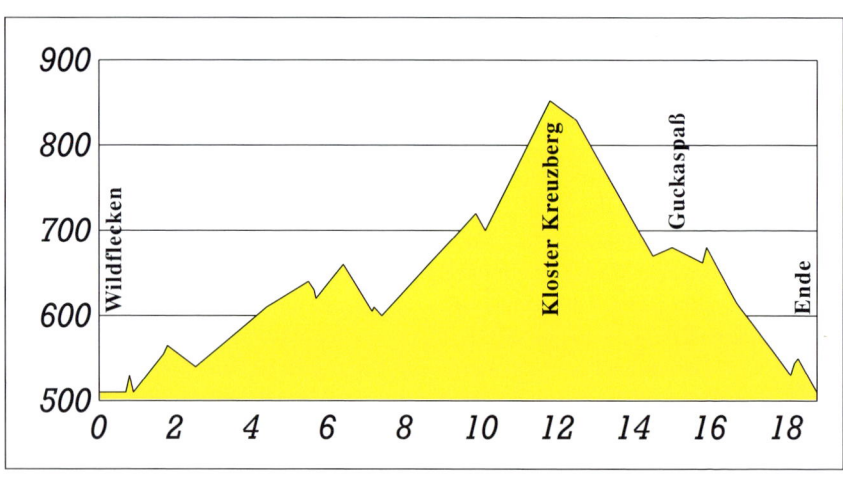

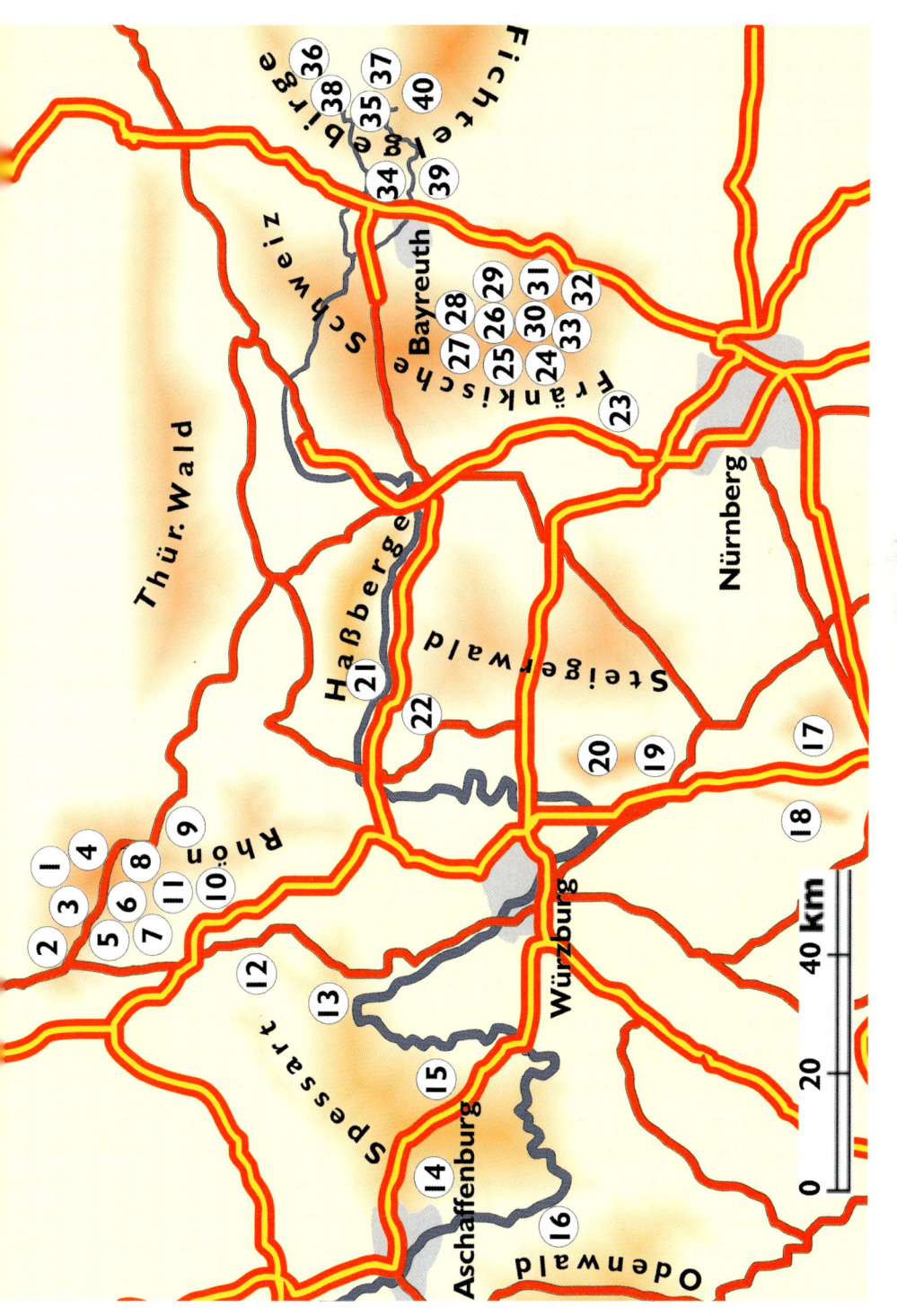

*Der Kreuzberg: Frankens
heiliger Berg in der Rhön.*

Was es in der Rhön nicht alles zu entdecken gibt: Zum Beispiel die russisch-orthodoxe Kirche von Bischofsheim mit ihrem goldenen Türmchen.

Fachwerk, Felsen, Franken: 3 F, die nicht nur in Tüchersfeld eine stimmige Gleichung ergeben.

Routenplanung: Das Walberla, das sich bei Kirchehrenbach unweit von Forchheim erhebt, ist einer der bekanntesten Felsen Süddeutschlands.

Auf dem Walberla: Nur wer hinauf fährt, kann hinunter gucken.

Einfach zauberhaft: Wo Frankens Hexen einst Walpurgisnacht feierten, lassen heute Mountainbiker die Stollen glühen.

Freie Fahrt für freie Bürger: Aber nur wenn Rücksicht auf Natur und Fußgänger genommen wird – nicht nur hier am Walberla.

Hoch über dem Wiesenttal: Noch Fragen, Biker?

Fit for Fun: In der Fränkischen Schweiz sind Biker richtig.

Über dem Trubachtal: Bis hierher und nicht weiter.

Sturzflug ins Trubachtal: Laß' laufen, Willy.

»I do it my way«: Im Tal des Ailsbachs.

Müde bin ich, gebe Ruh': Ausradeln vor dem Bikedorf Haselbach – nach einem traumhaften Tag und einer großartigen Tour in der Rhön.

7 Kissinger Hütte

Gesamtstrecke: 11,1 Kilometer.
Anstiege: 470 Höhenmeter.
Schwierigkeit: mittel.
Reine Fahrzeit: etwa 1 Stunde.

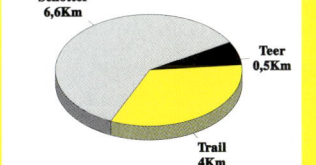

Karte: Topographische Karte, 1:50.000,
»Rhön-Südblatt«, Bayerisches Landesvermessungsamt München. Oder Fritsch-Wanderkar-
te, 1:50.000, »Naturpark Rhön«, erhältlich vor Ort im Buch- oder Schreibwarenhandel. Sie ist sehr genau und von guter Qualität. Außerdem ist auf einem Blatt
die gesamte Rhön mit allen markierten Wanderwegen abgebildet.
Anfahrt zum Startplatz: Von der A 7 über die Abfahrt Bad Brückenau und
anschließend auf Landstraße Richtung Wildflecken. Auf Höhe des Ortes am
Abzweig Richtung Ortsmitte bzw. Langenleiten kann man am Bahnhof (leider
nur Güterverkehr) parken und die Tour starten.
Auskunft: Informationszentrum Schwarze Berge in Oberbach,
Tel. 09749/91220
Camping: Camping Oberwildflecken, Schulstr. 7, 97772 Oberwildflecken,
Tel. 09745/2294
Jugendherberge: CVJM, Wilhelmshavenerstr. 9, 97772 Oberwildflecken,
Tel. 09745/2149.
Bikeshop: In Wildflecken gibt es keinen. Die nächsten Shops findet man in
97653 Bischofsheim, Ortsteil Haselbach : Sport Walter, Haselbachstr.2, Tel.
09772/7133 und Radsport Reder, Haselbachstr. 99, Tel. 09772/1423. Oder
in Bad Brückenau: Fahrrad Schönrock, Kissingerstr. 39, 97769 Bad Brückenau,
Tel. 09741/2427.

In der Kürze liegt die Würze, so könnte
das Motto dieser etwas mehr als 11 Kilometer langen Minitour sein. Doch halt.
Bevor man meckert, sollte man diesen
Vorschlag ausprobieren, denn er bietet
alles, was Mountainbikers Herzen höher
schlagen läßt. Auf einem wunderschönen Singletrail geht es ein gutes Stück
bergan. Dann folgt, sozusagen zur Rege-
neration, ein erkleckliches Stück breite
Schotterpiste, das weiter Richtung Gipfel
führt. Danach kurbelt man auf einem
Trail über die baumfreie Höhe und erlebt
die wahrscheinlich beste Aussicht der
Rhön. Der Blick reicht vom Thüringer
Wald, über das gesamte Grabfeld bis
hin zu den südlichen Haßbergen bei
Bamberg und natürlich auch über die
höchsten Gipfel der Rhön, von Wasserkuppe über Heidelstein und gleich gegenüber dem Kreuzberg.

Routenverlauf

Bitte gehen Sie niemals ohne die angegebene topographische Karte auf Tour und beachten Sie die Hinweise auf den Seiten 7–9.

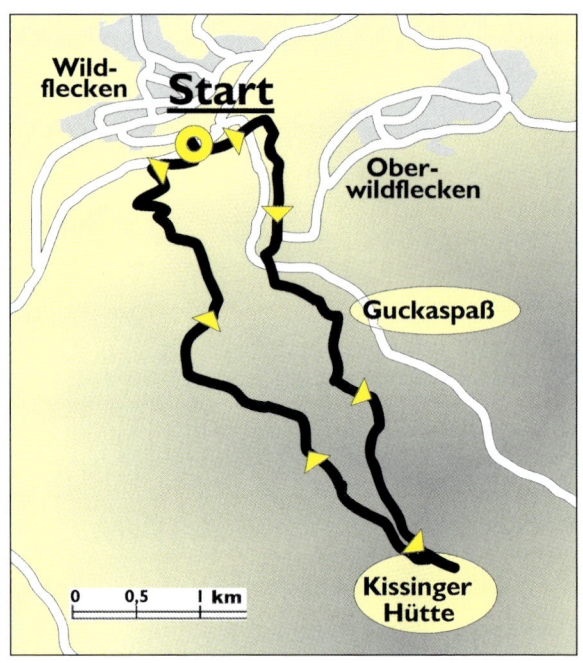

km 0,0 / 510 m (Höhe über NN)

Ab dem Güterbahnhof Wildflecken zunächst auf Straße bergan Richtung »Bad Kissingen«. Nach 400 m von Straße 45° nach links auf Schotter (»gelbes >«). Dann dem Wiesenweg folgen.

0,5 / 550 m Wieder nah an der Straße am Wege-T 90° links und auf Grasweg dem Hinweis »Kreuzberg« bergab folgen. 100 m weiter direkt am Waldrand am Wege-T rechts weiter bergab. Anschließend kurbelt man durch ein Bachtal auf Singletrail bergan (»gelbes >«).

1,1 / 572 m Von rechts gabelt man an einen Schotterweg. 50 m weiter geradeaus über Wendehammer und weiter auf Singletrail.

2,1 / 615 m Rechts auf Straße und dann geradeaus über Straßen-T. Danach an der Ziegelhütte links auf Teerweg, sofort auf Schotter bergan Richtung »Kreuzberg«.

3,1 / 675 m An Gabelung etwa 300 m vor dem Guckaspaß bei Strommasten

aus Richtung Wildflecken kommend rechts halten, auf breiter Schotterpiste bergan Richtung »Kissinger Hütte«. 600 m weiter am Schotter-T 90° links (»roter Tropfen«) Richtung »Kissinger Hütte«.

4,4 / 740 m Kurz nach einzelnem Haus und nach der Schotter-Rechtskehre links ab Richtung »Kissinger Hütte« (»roter Tropfen«) und auf Wiesenweg steil bergan.

5,5 / 810 m Man gabelt von links an. Hier geradeaus hinauf bis zum Gipfel bzw. der bewirtschafteten »Kissinger Hütte«. Dann hierher retour und aus Richtung »Kissinger Hütte« links halten auf breitem Grasweg (»rotes Dreieck«).

6,2 / 815 m Weg gabelt: Rechts halten, Schranke passieren und auf Schotter weiter (»rotes Dreieck«).

7,3 / 790 m Am Schotter-T (!) rechts ab. 20 m weiter dann 90° links ab und auf Trail der Markierung (»gelber Tropfen«) folgen. Markierung (»Rotes Dreieck«) ignorieren.

8,3 / 700 m Singletrail kreuzt Schotterweg. Geradeaus dem (»gelbem Tropfen«) folgen.

8,5 / 685 m Am Trail-T rechts, Markierung beachten. 100 m weiter am Schotter-T rechts auf breiter Schotterpiste weiter.

8,8 / 650 m An Wegabzweig geradeaus auf breiter Schotterpiste (»gelber Tropfen«), Hinweis »Oberbach« ignorieren.

9,6 / 645 m Am Wege-T links auf breiter Schotterpiste am Waldrand entlang. 100 m weiter an Gabelung breiten Schotterweg nach rechts verlassen und auf Wiesenweg bergab.

9,9 / 620 m An Wiesenweggabelung links, Weg durch Baumgruppe folgen (»gelber Tropfen«). 100 m weiter am Wiesenweg-T rechts weiter in Serpentinen bergab. Bei km 10,3 an Gabelung 45° links bergab (»gelber Tropfen«), weiter auf Wiesenweg.

10,6 / 530 m Am Waldrand rechts auf breiter Schotterpiste. 500 m weiter am Teer-T links, zurück zum Ausgangspunkt am Straßenabzweig Wildflecken (km 11,1 / 510 m).

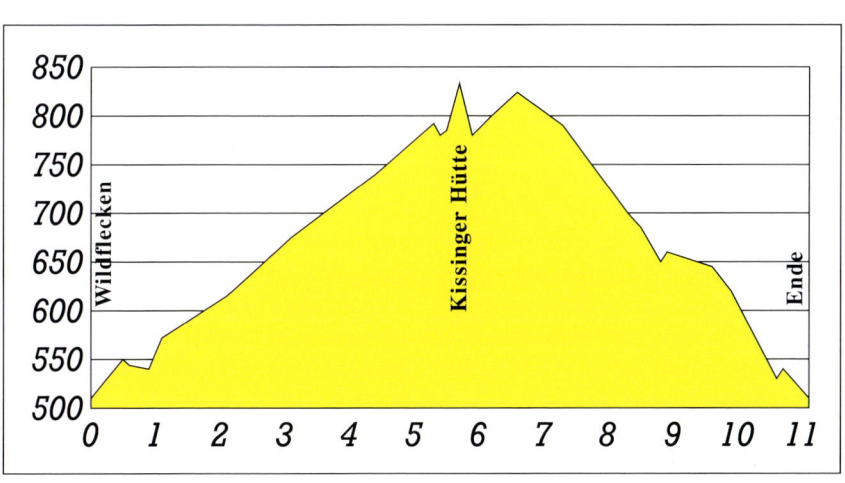

8 Schwarze Berge

infos

Gesamtstrecke: 35,5 Kilometer
Anstiege: 840 Höhenmeter
Schwierigkeit: Fahrtechnik leicht
        – Kondition mittel
Reine Fahrzeit: 2,5 bis 3,5 Stunden

Teer
9,6Km

Trail
2,5Km

Schotter
23,4Km

Karte: Topographische Karte, 1:50.000,
»Rhön-Südblatt«, Bayerisches Landesvermes-
sungsamt München. Oder Fritsch-Wanderkarte, 1:50.000, »Naturpark Rhön«,
erhältlich vor Ort im Buch- oder Schreibwarenhandel.
Anfahrt zum Startplatz: Von der A 7 über die Abfahrt Bad Brückenau der
B 27 nach Bad Brückenau bis zum ehemaligen Bahnhof folgen. Dort parken und
die Tour starten.
Alternative Startorte: Römershag, Riedenberg, Oberbach
Auskunft: Touristinformation Bad Brückenau, Tel. 09741/3669 oder 80411,
Fax: 80417
Camping: Etwa 5 Kilometer vom Startpunkt entfernt in Unterleichtersbach.
Camping Astenmühle, Waldstr.1, 97789 Oberleichtersbach, Tel. 09741/2058
Bikeshop: Biker´s Best Schönrock, Kissingerstr. 39, 97769 Bad Brückenau,
Tel. 09741/2427

Diese Runde führt auf dem Rhön-Sinntal-Radweg aus Bad Brückenau heraus bis Riedenberg und am Ende auf diesem Weg auch wieder retour ins quirlige Staatsbad. Das sind schon mal etwas mehr als 12 Kilometer leichtestes Biketerrain. Außerdem macht es einem die Auffahrt zur Kissinger Hütte nicht gar so schwer. Meist auf breiter Schotterpiste erklimmen auch Anfänger den Aussichtsberg der Rhön recht locker, von einigen kurzen steilen Rampen einmal abgesehen. Wer die Qualität dieser Runde heben will, kann auf die Radwegpassagen bestens verzichten, wenn man in Riedenberg startet. Diesen (eigentlich besseren) Startpunkt erreicht man per Auto über die B 279 aus Richtung Bad Brückenau oder Gersfeld. Dem Abzweig Riedenberg von der Bundesstraße folgen, das Örtchen passieren und den Hinweisen »Jugenddorf St. Anton« folgen. Kurz nachdem man in die »Frühlingsstraße« eingebogen ist, kann man die Tour an einer Trafostation starten. Wer diese Tour so abkürzt, kann in optimaler Weise noch ein paar Kilometer in Tour 7 investieren oder ab der Kissinger Hütte noch einen Abstecher zum Kreuzberg einplanen.

Routenverlauf

Bitte gehen Sie niemals ohne die angegebene topographische Karte auf Tour und beachten Sie die Hinweise auf den Seiten 7–9.

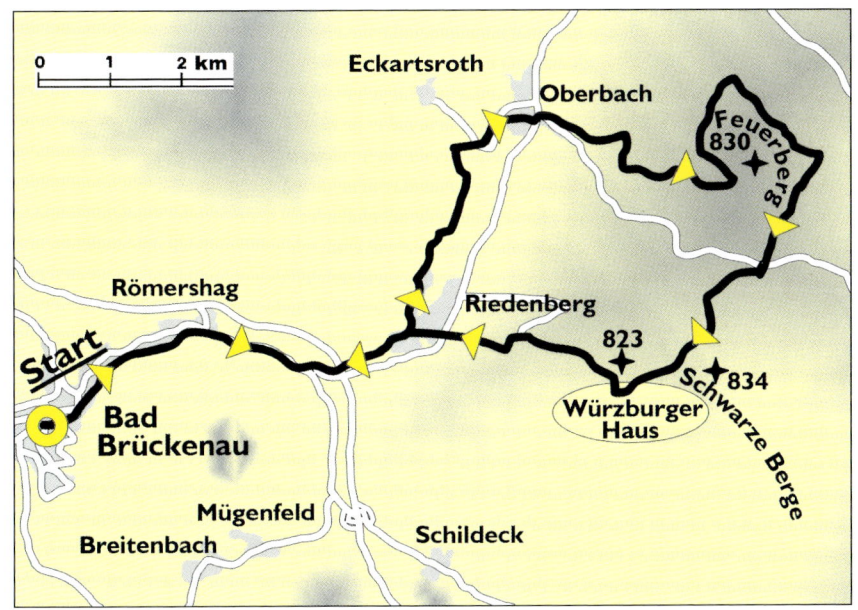

km 0,0 / 330 m (Höhe über NN)
Vom Parkplatz am alten Bahnhof aus
zunächst auf B 27 in Richtung »Fulda«.
Nach 300 m links ab und auf Radweg
an Sinn entlang talaufwärts. Bei km 0,7
Straße kreuzen, weiter auf Radweg.
Dann bald B 27 unterqueren, rechts über
Brückchen, dann links und ab dem Park-
platz auf geschottertem Radweg weiter
bis zu einem Firmengelände folgen. Dort
links über Brücke, anschließend rechts
und auf Radweg weiter an Sinn entlang.
3,2 / 364 m In Römershag rechts auf
B 286 weiter bis km 4,1. Nun links auf
»Rhön-Sinn-Radweg« weiter, bald unter
Autobahnbrücke hindurch.
6,2 / 385 m Links auf Teer bergan.
Nach 100 m links auf Straße durch Rie-

denberg. Nach 500 m links erst bergab,
dann bergan der »Frühlingsstraße« Richtung »Jugenddorf St. Anton« folgen.
7,2 / 440 m Am Parkplatz vom Kin-
derheim geradeaus bergan. Ein paar
Meter weiter Abzweigung ignorieren
und geradeaus auf Schotter bergan.
7,5 / 480 m An Weggabelung geradeaus auf Hauptweg, jetzt flach dahin
auf breiter Schotterpiste.
9,4 / 540 m An Kreuzung 90° rechts
und auf Hohlweg der Markierung (»rotes
Dreieck«) bergab folgen. 400 m weiter,
direkt vor Bachgraben, am Wege-T
rechts bergab. Bei km 10,1 an Scheune
135° nach links (»rotes Dreieck«) Richtung »Oberbach«. 100 m weiter, nach
Wegschranke am Teer-T rechts bergab,

Markierung (»rotes Dreieck«) verlassen.

10,5 / 440 m Man fährt geradeaus auf Teer durch Oberbach wieder bergan. Nach 600 m, nahe der Kirche in Oberbach kommt man zur Hauptstraße. Diese halb nach links queren und Markierung (»gelbes >«) auf »Eckenstr.« Richtung »Kissinger Hütte« folgen. 50 m weiter an Teergabelung links.

11,2 / 470 m Am Teer-T rechts, nächste links »Treiweg« (»gelbes >«) Richtung »Kissinger Hütte« auf Teer bergan. Bei km 11,6 an Teergabelung »Am Lösershag« links (»gelbes>«). 200 m weiter geradeaus auf geteertem Hauptweg bleiben und Oberbach verlassen, alle Abzweige hier ignorieren.

12,2 / 565 m An Teergabelung rechts bergan (»gelbes>«). 400 m danach an Gabelung praktisch geradeaus, Markierung (»gelbes >«) hier verlassen und auf Teer weiter bergan. Bei km 13,3 an Teergabelung auf linkem Strang weiter bergan bleiben bis zum Ende des Teerweges bei km 14,0. Hier an Gabelung geradeaus weiter auf breiter Schotterpiste.

15,1 / 730 m Am Schotter-T 90° links und an Wanderheim entlang, auf Schotter jetzt etwas flacher bergan. Nach 200 m an Abzweig geradeaus bergan. Bei km 15,8 geradeaus auf Schotter weiter, wieder Markierung (»gelbes >«), alle Abzweige ignorieren bis km 17,0. Dort dann am Wege-T rechts bergan (»gelber Tropfen«).

18,2 / 815 m Ab Wegeschranke geradeaus auf Grasweg. Jetzt bis zur Kissinger Hütte auf der Bergkuppe bergan.

Dort rechts halten und dem »Julius Kardinal Döpfner Weg« in Richtung »Würzburger Haus« (»rotes Dreieck«) folgen.

19,0 / 824 m An Gabelung Schotterweg geradeaus verlassen und Grasweg Richtung »Berghaus Rhön« folgen. Nach schönem Trail bei km 20,5 breiten Waldweg passieren und weiter auf Schotterpiste bergab (»rotes Dreieck«).

20,8 / 720 m Am Schotter-T am Waldrand 90° rechts bergan auf markiertem Weg (»rotes Dreieck«) durchs Steinbruchgelände. Danach geradeaus auf Schotter über Wegkreuzung. Dann Straße queren und 45° rechts (»rotes Dreieck«) Richtung »Würzburger Haus«, auf Wiesenweg weiter. Bei km 22,0 geradeaus Schotterweg kreuzen und weiter Markierung (»rotes Dreieck«) folgen.

24,1 / 770 m Am Würzburger Haus an Cafe-Terrasse 45° rechts und auf Schotter-Trail bergab. Man folgt jetzt der Markierung (»gelbes >«) Richtung »Riedenberg«. Dann bald (!) rechts bergab (»gelbes >«) Richtung »Riedenberg« auf Trail. Bald Teerweg kreuzen, weiter geradeaus auf Trail bergab.

24,6 / 716 m Achtung! Breiteren schlammigen Waldweg 45° nach links verlassen (»gelbes >«) und auf Singletrail bergan.

25,0 / 700 m An Wegekreuzung geradeaus auf Schotterpiste bergab zum Waldrand (»gelbes >«). Dort am Teer-T rechts auf Teer bergab, Markierung beachten.

26,1 / 620 m Nach Teer-Rechtskurve hart links und fast entgegengesetzt auf breitem Schotterweg weiter, vorübergehend ohne Markierung. Nach 500 m an Weg-X 135° rechts und auf Wiesenweg (»gelbes >«) bergab. Bei km 26,8 an Wiesenweggabelung links halten.

27,0 / 560 m Nach schönem Stück Trail geradeaus über Wegekreuzung und auf Schotterpiste bergab. 600 m weiter am Teer-T links bergab (»gelbes>«) bis zur Teergabelung bei km 27,8. Hier rechts auf Teer bergab. 100 m weiter an nächster Teergabelung rechts Straßenunterführung passieren und geradeaus durch Riedenberg.

28,2 / 420 m Am Teer-T links, bald Bahngleise geradeaus passieren und an Kirche entlang. Nach 400 m an Telefonzelle 90° rechts auf »Kreuzbergstr.«. Bei km 28,8 am Abzweig »Frühlingsstr.« (wer in Riedenberg gestartet ist, biegt hier rechts ab und erreicht nach 100 m den Ausgangspunkt) geradeaus durch den Ort. Ab km 28,9 rechts der »Sinntal-

straße« folgen. Bei km 29,4 am Ortsende von Riedenberg rechts auf Teer bergab. 100 m weiter links dem »Rhön-Sinn-Radweg« folgen, bald unter imposanter Autobahnbrücke entlang.

31,4 / 392 m Rechts auf B 286 bergab bis nach Römershag. Dort dann bei km 32,3 links, Bundesstraße verlassen und auf markiertem Radweg, bald Betonplatten weiter. Bei km 33,7 links über Brücke, sofort rechts und auf Schotter weiter.

34,3 / 345 m An Parkplatz rechts über die Brücke, danach gleich wieder links und am Flüßchen entlang. Nach 500 m Straße kreuzen und weiter auf Radweg.

35,2 / 332 m Links über Brücke und sofort wieder rechts. Anschließend geradeaus auf B 27, noch 300 m bis zum Endpunkt am ehemaligen Bahnhof in Bad Brückenau (35,5 / 330 m).

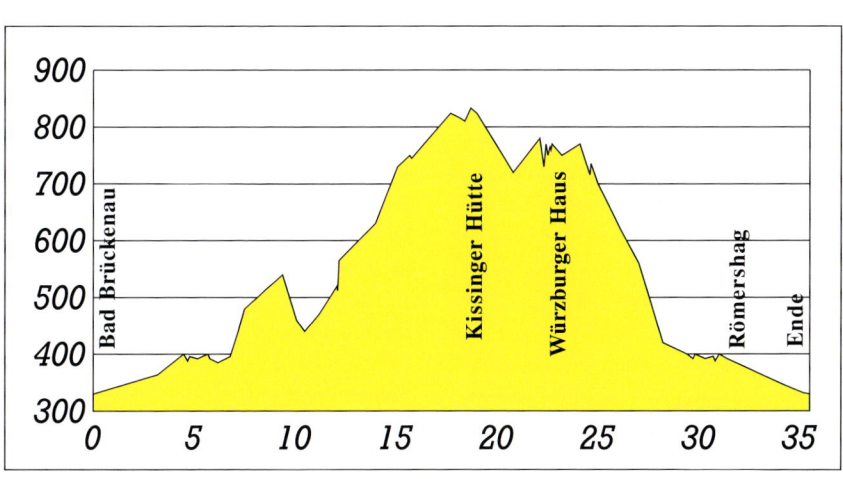

9 Rhöngipfel

Gesamtstrecke: *71,2 Kilometer*
Anstiege: *2125 Höhenmeter*
Schwierigkeit: *schwer*
Reine Fahrzeit: *5 bis 6 Stunden*

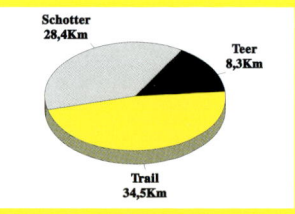

Schotter 28,4Km
Teer 8,3Km
Trail 34,5Km

Karte: *Die recht genaue Fritsch-Wanderkarte (1:50.000) »Naturpark Rhön«, erhältlich vor Ort im Buch- oder Schreibwarenhandel, kann die topographischen Wanderkarten ganz gut ersetzen, zumal man für diese Tour auch noch zwei Blätter bräuchte: Topographische Karte, 1:50.000, Blatt 9 »Rhön-Nordblatt«, Hessisches Landesvermessungsamt, Wiesbaden und topographische Karte, 1:50.000, »Rhön-Südblatt«, Bayerisches Landesvermessungsamt München.*
Anfahrt zum Startplatz: *Von der A 7 über die Abfahrt Bad Brückenau (aus dem Süden) und auf Landstraße anschließend über Wildflecken nach Bischofsheim. Aus dem Norden verläßt man die A 7 an der Abfahrt Eichenzell und fährt auf der B 279 über Gersfeld nach Bischofsheim. Aus östlicher Richtung reist man auf der B 279 über Bad Neustadt a. d. Saale an. In Bischofsheim folgt man den Hinweisen »Schwimmbad« bzw. »Campingplatz« und startet dort die Tour.*
Alternative Startorte: *Gersfeld, Oberweißenbrunn, Wildflecken*
Auskunft: *Verkehrsverein Bischofsheim-Kreuzberg e.V., Rentamt am Kirchplatz 5, 97653 Bischofsheim, Tel. 09772/1452, Fax: 09772/1054.*
Camping: *In Bischofsheim gibt es einen Top-Campingplatz am Schwimmbad, 97653 Bischofsheim, Tel. + Fax: 09772/1350.*
Bikeshop: *Sport Walter, Haselbachstr. 2, Tel. 09772/7133 und Radsport Reder, Haselbachstr. 99, Tel. 09772/1423, beide in 97653 Bischofsheim, Ortsteil Haselbach*

Rhöngipfeltour: Das bedeutet einerseits Höhenmeter satt und verlangt eine gediegene Kondition, bringt aber auf der anderen Seite ein MTB-Erlebnis vom Feinsten. Für die reichlichen Anstiege gibt´s tolle Downhills zur Belohnung. Zwischendurch, und das kann man gar nicht oft genug sagen, können Gipfelstürmer ultimative Weitblicke über das Land genießen. Dabei fällt dann irgendwann der heimliche Mittelpunkt Frankens auf. Egal ob man von der Rhön aus nach Süden, vom Spessart Richtung Osten, von der Frankenhöhe nach Norden oder vom Walberla in der fränkischen Schweiz in westliche Richtung schaut, eines wird man immer sehen: Das Kernkraftwerk Grafenrheinfeld.

Routenverlauf

Bitte gehen Sie niemals ohne die angegebene topographische Karte auf Tour

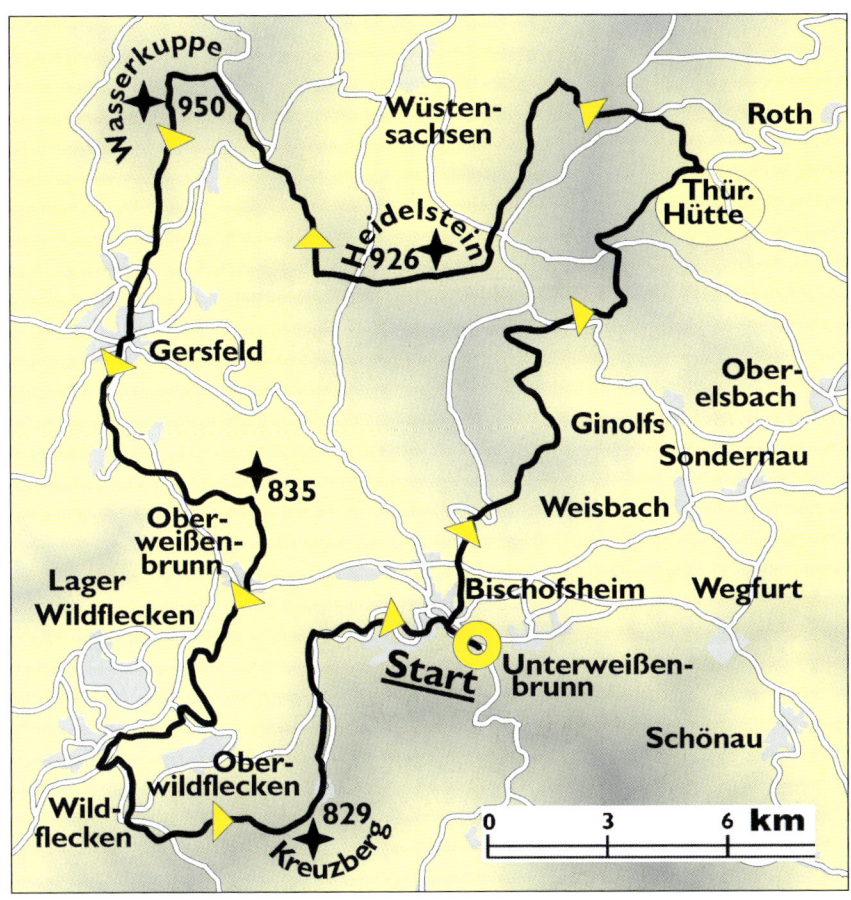

und beachten Sie die Hinweise auf den Seiten 7–9.

km 0,0 / 424 m (Höhe über NN)

Ab Schwimmbad Bischofsheim auf Straße durch Bischofsheim. Nach 800 m am Straßen-T vor evangelischer Kirche rechts. 150 m weiter an Straßengabelung links Richtung »Fladungen«. 30 m weiter an Straßengabelung geradeaus auf »Bauersbergstr.« bergan (»R1«) Richtung »Gersfeld«.

2,3 / 480 m Kurz nach Straßenunterführung der B 279, gegenüber vom Baustofflager 90° rechts auf Teer Richtung »Ebertsholz« (»blauer Tropfen«). 50 m weiter am Wasserhäuschen an Gabelung rechts auf Teer. Bei km 2,5 an Teer-

gabelung vor Wirtshaus 45° rechts bergan und bald an Rand von Siedlung entlang.

3,0 / 520 m Am Teer-T am Ende der
Siedlung rechts. 100 m weiter 45° links
(»blauer Tropfen«) und auf Schotter bergan. Bei km 3,6 am Straßen-T rechts auf
Rhönhöhenstraße an Gasthaus »Bauersberg« entlang. Dann links und direkt neben dem Gasthaus auf Schotter bergan,
Markierung beachten. Bei km 4,1 Straße
queren, dann Richtung »Rotsee« auf Teer
bergan. 200 m weiter an Gabelung 45°
rechts auf Schotter Richtung »Stolleneingang«.

4,8 / 690 m An Waldweggabelung
praktisch geradeaus (links) weiter,
Markierung beachten. 200 m weiter an
Gabelung 45° links, Hinweis »Natur-
kundlicher Wanderpfad«. Bei km 5,4 am
Schotter-T dann rechts.

6,3 / 732 m An Gabelung 45° links
auf Wiesenweg. 100 m weiter am
Schotter-T wieder links. Bei km 7,9 an
Wiesenweggabelung 45° rechts und am
Waldrand entlang. Nach weiteren 100
m am Grasweg-T 90° rechts, Hinweis
»Basaltsee« folgen und am Waldrand
entlang auf Grasweg bergab. Bei km
8,5 dann am Schotter-T links weiter.

10,4 / 792 m Straße queren, Schranke passieren, dann auf Grasweg bergab. Einige Meter weiter geradeaus weiter, bald auf tollem Singletrail. Bei km
11,2 am Schotter-T links über großen
Schotterparkplatz. Anschließend geradeaus an Basaltsee entlang, Markierung
beachten. Danach Wegeschranke pas-

sieren und geradeaus über großen Schotterplatz. Am Ende dieses Platzes bei
km 11,7 dann an Dreiergabelung ganz
links auf Singletrail oder auf mittlerem
Schotterweg Richtung »Thüringer Hütte«
(»blaues Dreieck«). Beide Wege laufen
für ein gutes Stück parallel.

11,9 / 732 m Ab Singletrailkreuzung
Markierung (»blauer, liegender Tropfen«)
ignorieren, geradeaus Kreuzung passieren und Markierung (»blaues Dreieck«)
folgen. Bei km 12,8 geradeaus auf Schotterweg weiter, Schranke passieren und
Straße geradeaus kreuzen. Dann wieder
Schranke passieren und auf breiter Schotterpiste (»blaues Dreieck«) den Hinweisen
zur »Thüringer Hütte« folgen.

15,7 / 710 m Nahe der »Thüringer
Hütte« am Teer-T links bergan Richtung
»Stirnberg«. Nach 300 m an Gabelung
45° rechts auf Schotterweg (»grünes <«),
Schranke passieren. Bei km 16,6 an
Schotterkreuzung 90° links Richtung »Heidelstein«, bald auf Singletrail an Straße
entlang. Rhönhöhenstraße dann bei km
17,5 kreuzen. 100 m weiter, nach recht
steilem Singletrail am Schotter-T 90°
rechts Richtung »Heidelstein«.

18,5 / 865 m Breiten Schotterweg 90°
nach rechts verlassen und auf Grasweg
Richtung »Heidelstein«. Bei km 19,6 am
Singletrail-T links (»X«) Richtung »Heidelstein«. 100 m weiter an Gabelung links
auf schmalem Schotterweg bergan.

23,0 / 815 m Geradeaus über Schotterparkplatz, Straße queren und 3 m weiter an Gabelung 45° links und auf Grasweg parallel zu einem Teerweg, den man

alternativ auch hinauf bis zum Sender Heidelstein befahren kann, bergan. Nach 400 m am Singletrail-T links, (»X«) folgen, weg von Straße. Bei km 23,8 am Gedenkfelsen des Rhönclubs an Trailgabelung 45° rechts.

23,9 / 913 m Weg gabelt: 45° rechts auf Singletrail (»X«) an Wildzaun entlang. 400 m weiter dann geradeaus auf Teerweg bergan bis zum Sender Heidelstein. Dort bei km 24,5, direkt vor dem Tor des Fernsehsenders rechts auf breitem Grasweg (»X«) weiter.

24,6 / 928 m An Kreuzung rechts Richtung »Rotes Moor«. Bei km 25,7 Rhönhöhenstraße kreuzen, weiter (»X«) folgen. Bei km 26,4 an Wegspinne 90° rechts und auf Schotter am »Roten Moor« entlang (»blaues Dreieck«) bis km 28,6. Nun links Richtung »Fuldaquelle«. Bald Straße queren und auf Trialpfad bergan.

29,9 / 824 m Schotterweg queren. Nach 400 m rechts bergab. Bei km 30,5 rechts auf schmalem Schotterweg steil bergan zur Fuldaquelle. Anschließend links auf Schotter neben Straße bergan.

31,7 / 920 m An Segelflugschule links zur Wasserkuppe. Dort links auf Singletrail bergab. 100 m weiter an nächster Gabelung links (»>«) bis Gersfeld. Bis km 34,7 geradeaus, dann rechts auf Schotter weiter. 200 m weiter an Gabelung geradeaus.

35,1 / 840 m An Gabelung (Markierung!) rechts auf Wiesentrail bergab. Nach 300 m Schotterweg queren. Bei

km 35,7 an Schutzhütte rechts auf Teer. An nächster Teergabelung geradeaus und 80 m weiter rechts auf Singletrail bergab.

36,3 / 708 m Nun rechts und auf Teer 1000 m bergab. In Rechtskurve dann erst links, sofort rechts und auf Wiesenpfad weiter bergab.

38,1 / 564 m Rechts Straße queren. Dann links auf Singletrail bergab. Am ersten Haus geradeaus auf Schotter, wieder Straße queren und weiter auf Trail bergab. Bei km 38,4 geradeaus auf »Fliegerstr.«, 500 m weiter beim Rathaus Gersfeld rechts. Bald bei km 39,2 / 490 m an Ampelkreuzung links auf Straße bis kurz vor Aral-Tankstelle. Hier rechts auf Schotter Bach per Brücke queren. Danach links halten. Wenige Meter weiter rechts bergan. Dann links auf Waldtrail an Baumreihe entlang talaufwärts oberhalb vom Bach entlang.

40,4 / 525 m Geradeaus auf breitem Schotterweg weiter, Markierung (»>«) bis km 44,3 beachten. Dann rechts auf Straße durch Weiler Sparbrod. Bei km 40,9 am Abzweig Ringersfeld etwas links Richtung »Kreuzberg«.

41,8 / 580 m Am Kalbenhof links auf Schotter talaufwärts. Nach 600 m am Wege-T links. Nächste wieder rechts und auf Pfad weiter bis km 42,8. Nun am Wege-T rechts an Schutzhütte entlang. Dann Straße halblinks queren und rechts auf Singletrail (Markierung!) bergan.

43,2 / 700 m Auf Schotter rechts über Kuppe. Nach 500 m, kurz vor Straße, an Wegedreieck links, Schranke passieren. Bei km 44,3 Markierung (»>«) ignorieren und auf Schotter steil bergan.

44,8 / 780 m Am Wege-T rechts auf Trail Richtung »Rotes Moor« (»blaues Dreieck« bis Wasserkuppe). Nach 800 m bei Wegweiser am Waldrand links auf Grastrail bergan zum »Himmeldunkberg«. Dort hart rechts auf Grastrail und bergab Richtung »Oberweißenbrunn«.

46,1 / 790 m Geradeaus auf breiterem Grasweg bergab, wie bei Tour 2 oder 3, 500 m weiter an Gabelung rechts auf dem mit Pfosten markierten Weg bergab. An nächster Schottergabelung rechts auf breiter Schotterpiste bergab nach Oberweißenbrunn.

47,2 / 620 m Geradeaus über Teerkreuzung, weiter auf Schotter optisch Richtung Kirche. 600 m weiter geradeaus über Kreuzung »Rockensteinstr.« und auf dieser bergab. Bei km 47,9 etwas rechts auf »Mühlackerstr.«.

48,1 / 610 m In Oberweißenbrunn an der Kirche B 279 queren und geradeaus den Ort passieren. Nach 300 m an Teergabelung geradeaus.100 m weiter an nächster Teergabelung wieder geradeaus (»rotem Dreieck«) und dem »Rhön-Sinntal-Radweg« folgen. Bei km 49,1 und km 49,8 geradeaus auf Teer weiter.

50,0 / 620 m Am Wege-T rechts auf Schotter bergab. 400 m weiter an Gabelung 45° links halten. Nach nochmals 200 m Straße kreuzen und auf Teerweg (»rotes Dreieck«) weiter bis km 51,1. Hier Markierung ignorieren und praktisch geradeaus (etwas links halten) auf Schotterpiste weiter.

52,9 / 595 m Links und für 60 m auf Straße. Dann rechts, sofort links und auf Radweg an Straße entlang bis km 53,2. Hier nun 90° rechts, Schranke passieren und auf Schotter dem Hauptweg bis km 53,8 folgen. Dort an Gabelung rechts bergab.

54,4 / 535 m An Gabelung bei größerem Holzplatz 45° rechts und wieder (»rotem Dreieck«) folgen. 400 m weiter links auf Pflasterstraße.

55,5 / 510 m Kurz vor Güterbahnhof Wildflecken links halten und zunächst auf Straße bergan Richtung »Bad Kissingen«. Nach 400 m von Straße 45° nach links auf Schotter (»gelbes >«). Dann dem Wiesenweg folgen.

56,0 / 550 m Wieder nah an der Straße am Wege-T 90° links und auf Grasweg dem Hinweis »Kreuzberg« bergab folgen. 100 m weiter direkt am Waldrand am Wege-T rechts weiter bergab. Anschließend kurbelt man durch ein Bachtal auf Singletrail bergan (»gelbes >«).

57,6 / 615 m Rechts auf Straße und dann geradeaus über Straßen-T. Danach an der Ziegelhütte links auf Teerweg, sofort Schotter bergan Richtung »Kreuzberg«.

58,6 / 675 m An Gabelung links ab. Nach 280 m über Treppe bergab und Straße am Guckaspaß queren. Anschließend geradeaus über Schotterparkplatz und anschließend auf »Kardinal Döpfner Weg« Richtung »Kreuzberg«.

59,5 / 665 m An Abzweig geradeaus auf Hauptweg weiter bis km 59,8. Hier

45° Grad links und auf Waldweg »Feustelsteig« bergan (»rotes Dreieck«) bis km 61,6. Nun noch 900 m weit auf breiter Schotterpiste bergan bis zum Kreuzberg. Dort geradeaus an Andenkenbuden und dem Kloster (hier gibt´s ein tolles Klostergebräu) entlang auf Teerstraße bergab.

62,8 / 840 m Hier 45° von Teerstraße nach links, Hinweis »Bischofsheim« beachten, u. a. Markierung (»rotes >«).

63,3 / 750 m Schotterweg kreuzen und weiter auf Trail bergab, Markierung beachten. 800 m weiter wieder eine Schotterpiste geradeaus queren und auf Wiesenweg Richtung Straße.

64,5 / 700 m Am Straßenabzweig Straße Richtung Oberwildflecken queren, Hinweisschild »Oberweißenbrunn« beachten (»rotes >«), Wegeschranke passieren und auf Schotterpiste weiter. Schotterpiste gabelt dann sofort: nun ganz rechts, 90°. 400 m weiter an X-Kreuzung rechts halten, Markierung beachten.

66,3 / 680 m An Abzweig 90° rechts (»rotem Dreieck«) folgen. Nach 150 m an Gabelung rechts auf Wiesenweg. Nach weiteren 200 m an Talstation von Schlepplift entlang. Bald auf Teer bis zur Landstraße. Hier links und auf der Straße bis km 67,2 bleiben. Nun 90° links, Schranke passieren und auf Schotter, bald Waldweg bergan (»rotes Dreieck«) Richtung »Osterburg«.

67,5 / 680 m Am Abzweig links auf Singletrail, bald an den Resten der längst vergessenen Osterburg entlang. 200 m weiter an der Treppe geradeaus. Nach nochmals 300 m an Singletrailkreuzung geradeaus. Nun der Markierung (»rotes Dreieck«) über phantastischen, teils recht steilen Singletrail bergab folgen. Das ist ein Megadownhill.

68,3 / 680 m Links halten und auf breiterem Weg 40 m weiter. Dann rechts steil auf Singletrail bergab. Nach 100 m rechts auf breitem Weg weiter bergab. Bald Treppe hinunter, Landstraße kreuzen und weiter auf steilem Trail bergab. Bei km 68,7 am Waldrand dann links und auf Wiesenweg bergab nach Bischofsheim. Bei km 69,1 nochmals Straße kreuzen. Ab km 69,3 auf Teer bergab in den Ort.

69,5 / 500 m Kurz nach dem Sport-platz links auf Teer bergab. Bald an Schulen entlang und auf »Zentweg« weiter bis km 69,8. Hier an Straßenabzweig links bis zum Renault-Autohaus. Dort wieder rechts. 200 m weiter am Marktplatz von Bischofsheim rechts bis zum Gasthof »Adler«. Dort wieder rechts und auf Straße zurück zum Ausgangspunkt am Campingplatz bzw. Schwimmbad (km 71,2 / 424 m).

10 Rhönweekend 1 – Von Bad Brückenau bis Bischofsheim

Gesamtstrecke: 53,8 Kilometer
Anstiege: 1535 Höhenmeter
Schwierigkeit: schwer
Reine Fahrzeit: 4 bis 5 Stunden

Teer 13,9Km

Schotter 28,2Km

Trail 11,7Km

Karte: Topographische Karte, 1:50.000, »Rhön-Südblatt«, Bayerisches Landesvermessungsamt München und »Rhön-Nordblatt« (9), Hessisches Landesvermessungsamt, Wiesbaden. Oder alternativ: Fritsch-Wanderkarte, 1:50.000, »Naturpark Rhön«, erhältlich vor Ort im Buch- oder Schreibwarenhandel. Sie ist sehr genau und von guter Qualität. Außerdem ist auf einem Blatt die gesamte Rhön mit allen markierten Wanderwegen abgebildet.

Anfahrt zum Startplatz: Von der A 7 über die Abfahrt Bad Brückenau–Volkers (aus dem Norden) der B 27 nach Bad Brückenau bis zum ehemaligen Bahnhof folgen. Dort parken und die Tour starten. Wer aus dem Süden anreist, verläßt die A 7 über die Abfahrt Bad Brückenau–Wildflecken.

Alternative Startorte: Römershag, Riedenberg, Oberbach, Wildflecken, Oberwildflecken, Oberweißenbrunn, Gersfeld, Bischofsheim

Auskunft für die Übernachtung am Ende dieser Etappe:
Verkehrsverein Bischofsheim/Kreuzberg e.V., Rentamt am Kirchplatz 5, 97653 Bischofsheim/Rhön, Tel. 09772/1452, Fax 09772/ 1054.

Tip: Ideal und preiswert ist die Pension Strauß, Haselbachstraße 50, 97653 Bischofsheim-Haselbach, Tel. 09772/1271

Camping: In Bischofsheim gibt es einen Top-Campingplatz am Schwimmbad, 97653 Bischofsheim, Tel. + Fax: 09772/1350

Geführte Touren: RWV Haselbach, Winfried Pöpperl, Haselbachstr. 50, 97653 Bischofsheim, Tel. 09772/1271 (Pension Strauß)

Bikeshops entlang der ersten Etappe: Fahrrad Schönrock, Kissingerstr. 39, 97769 Bad Brückenau, Tel. 09741/2427; Drahteselklinik, Bahnhofstr. 12, 36129 Gersfeld, Tel. 06654/7595; Sport Walter, Haselbachstr. 2, Tel. 09772/7133 und Radsport Reder, Haselbachstr. 99, Tel. 09772/1423, beide in 97653 Bischofsheim, Ortsteil Haselbach.

Ein laues Lüftchen säuselt meistens verspielt über die Höhen der hohen Rhön und läßt im Frühling und Sommer bunte Gräser und die verschiedensten Bergblüten träge im Wind wippen. Mitten drin feinste Trails und Wege, die für ein Super MTB-Revier sorgen. Dieser mehr als lohnende Wochenendtrip startet in Bad Brückenau und führt zunächst fast sanft durch das Tal der Sinn. Erst später nach einer ausgiebigen Warmfahrphase bekommt man dann die mitunter heftigen Steilanstiege der Rhön zu schmecken. Aber da wird man von der Anstrengung

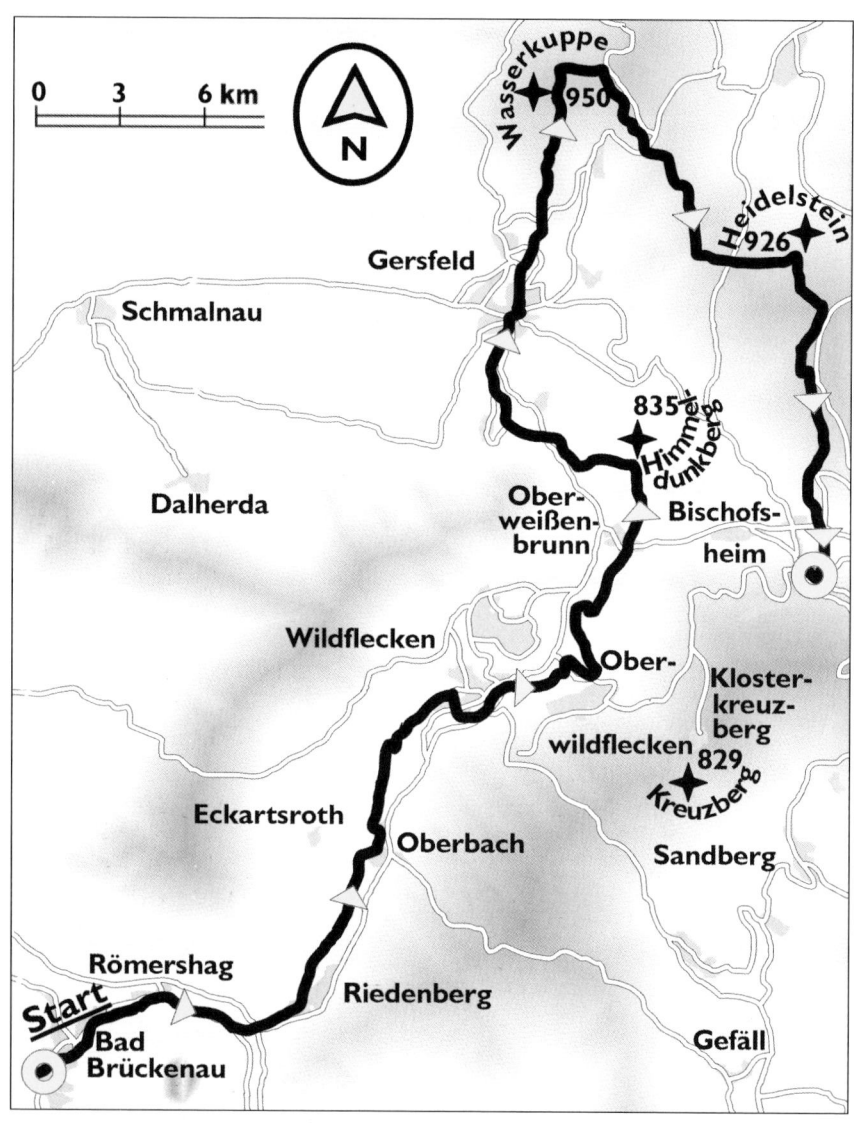

auch schon abgelenkt. Tolle, in diesem Buch ja mehrfach beschriebene Aussichten und Singletrails der Extraklasse, sorgen für den ultimativen Bikegenuß. Davon gibt es reichlich und immer mehr, wenn man Himmeldunkberg, Wasserkuppe, Heidelstein, Kreuzberg und den Gipfel mit der Kissinger Hütte quert.

Routenverlauf

Bitte gehen Sie niemals ohne die ange-gebene topographische Karte auf Tour und beachten Sie die Hinweise auf den Seiten 7–9.

km 0,0 / 330 m (Höhe über NN)

Vom Parkplatz am alten Bahnhof aus zunächst auf B 27 in Richtung »Fulda«. Nach 300 m links ab und auf Radweg an Sinn entlang talaufwärts. Bei km 0,7 Straße kreuzen, weiter auf Radweg. Dann bald B 27 unterqueren, rechts über Brückchen, dann links und ab dem Park-platz auf geschottertem Radweg weiter bis zu einer Fabrik. Hier links über Brücke, anschließend rechts auf Radweg weiter an Sinn entlang.

3,2 / 364 m

In Römershag rechts auf B 286 weiter bis km 4,1. Nun links auf »Rhön-Sinn-Radweg« weiter, bald unter Autobahn-brücke hindurch.

6,2 / 385 m Links auf Teer bergan.

Nach 100 m links auf Straße durch Rie-denberg. Nach 500 m links erst bergab, dann bergan der »Frühlingsstraße« Rich-tung »Jugenddorf St. Anton« folgen.

7,2 / 440 m Am Parkplatz vom Kin-

derheim geradeaus bergan. Ein paar Meter weiter Abzweig ignorieren und geradeaus auf Schotter bergan. 300 m weiter an Gabelung geradeaus auf Hauptweg, jetzt fast eben.

9,4 / 540 m An Kreuzung 90° rechts

auf Hohlweg (»rotes Dreieck«) bergab. 400 m weiter, direkt vor Bachgraben am Wege-T rechts bergab. Bei km 10,1 an Scheune 135° nach links (»rotes Drei-eck«) Richtung »Oberbach«. 100 m wei-ter, nach Wegschranke am Teer-T rechts bergab, Markierung (»rotes Dreieck«) verlassen.

10,5 / 440 m Man fährt geradeaus

auf Teer durch Oberbach. Nach 600 m, nahe der Kirche links auf »Rhönstraße« (»rotes Dreieck«) Richtung »Wild-flecken«.

11,55 / 465 m Hauptstraße 90° nach

links verlassen. Der Straße »Am Küppel« (»rotes Dreieck«) Richtung »Wildflecken« folgen. Bald Bahngleise queren. 250 m weiter, nach Brücke über Sinn auf Teer geradeaus bergan (»rotes Dreieck«) bis nahe dem Ortsrand. Dort bei km 11,9 rechts ab und bald auf geschotterten »Schlagweg«. Markierung (»rotes Drei-eck«) ist hinter einem Baum kaum zu sehen.

12,9 An Gabelung links, bergan auf

breitem Waldweg weiter. Nach 600 m an Schotterkreuzung dann rechts bergab bis zu einem Bauernhof. Hier bei km 13,7 links auf Teer weiter, immer Markie-rung (»rotes Dreieck«) beachten.

14,0 / 524 m Kurz vor nächstem Bau-

ernhof 90° links und auf Schotterweg steil bergan (»rotes Dreieck«). 200 m weiter am Waldrand rechts auf Wiesen-weg optisch Richtung Wildflecken.

15,9 / 530 m Am Teer-T vor Wasser-

häuschen 90° rechts bergab auf Straße »Kapellenweg« (»rotes Dreieck«). Nach

300 m links auf Hauptstraße Wildflecken passieren. Bei km 16,3 am Hotel Wildflecken rechts auf »Bahnhofstr.« (»rotes Dreieck«) Richtung »Steinach«.

16,8 / 510 m Am Güterbahnhof Wildflecken geradeaus auf Pflasterstraße, zunächst parallel an Bahngleisen entlang bis km 17,4. Hier von Pflasterstraße rechts (»rotes Dreieck«) auf Schotter.

19,0 / 540 m Links auf Teerweg an Straße entlang. 240 m weiter für 60 Meter auf Straße, dann rechts auf Schotter durch ein Tälchen bergan. Markierung (»rotes Dreieck«) vorübergehend verlassen.

21,1 / 610 m Geradeaus, wieder Markierung (»rotes Dreieck«) beachten, bald Straße kreuzen. Bei km 22,2 links, weiter bergan, jetzt auf Teer bis nach Oberweißenbrunn. Bei km 23,1 geradeaus auf Teer den zunächst höchsten Punkt queren.

23,8 / 605 m In Oberweißenbrunn, erst hier (»rotes Dreieck«) ignorieren und geradeaus Richtung Kirche. Dort B 279 kreuzen und auf »Mühlackerstr.« bergan Richtung »Wasserkuppe«. Nach 100 m an Straßengabelung 45° links auf »Rockensteinweg« bergan. Nach weiteren 100 m dann am Straßen-T links auf »Hirtenweg« (»HSN«) Richtung »Schwedenschanze« (»rotes >«).

27,0 / 730 m An Gabelung links und auf Singletrail (»rotes >«) bergab. Nach Steg an der »Brendquelle« einige Stufen hinauf und dann links auf breiter Schotterpiste bergab.

27,8 / 705 m Nach Schranke, kurz

vor B 279 an Wegdreieck rechts (»>«). 500 m weiter links auf Singletrail bergab. Bei km 28,6 dann B 279 halb links kreuzen, weiter Markierung beachten und an Schutzhütte entlang bis zum Abzweig bei km 28,7. Hier links auf Trail weiter. Nach 550 m erst links, dann 100 m weiter und dort am Abzweig rechts auf Schotter bergab.

29,7 / 580 m Am Kalbenhof rechts auf Teer Richtung »Gersfeld«. Nach 1000 m dann den Weiler Sparbrod geradeaus passieren. Bei km 30,9 am Ortsende von Sparbrod an Gabelung links, zunächst auf Schotter, bald auf Singletrail (»>«) weiter Richtung »Gersfeld«.

32,2 / 510 m Rechts bergab zur Aral-Tankstelle. Dort links auf B 279 bis zur Straßenkreuzung mit B 284. Nun wieder rechts und auf Straße bis zum Rathaus Gersfeld. Dort links auf »Fliegerstr.«. Nach 500 m Teer dann geradeaus auf Trail bergan (»>«), bald Straße queren und weiter bis zum letzten Haus auf Schotter. Hier nun geradeaus auf Singletrail weiter bergan.

33,2 / 564 m Wieder Straße kreuzen, weiter auf Pfad bergan. Nach 800 m erst links dann rechts und für 1000 m auf Teer bergan. Bei km 35,0 links und auf markiertem (»>«) Singletrail bergan.

35,5 / 730 m Links ab und für 100 m auf Teer bergan bis zur Schutzhütte. Nun links auf Wiesentrail weiter bergan. Schotterweg 300 m weiter geradeaus kreuzen und nun ständig der Markierung (»>«) bergan bis zum Gipfel Wasserkuppe folgen.

38,6 / 950 m Auf der Wasserkuppe rechts halten und bald am Segelflugplatz entlang, (»blauem Dreieck«) bis zum »Roten Moor« folgen. Bei km 39,6 zunächst rechts auf Straße bergab. Nach 800 m hart rechts und an Fuldaquelle entlang auf Trail bergab.

40,8 / 815 m Nach steilem Singletrail links wieder kurz bergan. Anschließend den Hinweisen »Rotes Moor« auf steinigem Trail folgen.

42,1 / 800 m Nach tollem Trialstück Straße queren und weiter Richtung »Rotes Moor«. Bei km 42,7 rechts halten und dann auf breiter Schotterpiste am Roten Moor entlang.

45,7 / 812 m An der Wegespinne Rotes Moor links Richtung »Heidelstein« (»X«). 700 m weiter Rhönhöhenstraße kreuzen und dann bergan bis nahe dem Sender Heidelstein, bei km 47,5. Hier nun an Kreuzung 90° rechts Richtung »Holzberghof«.

47,8 / 900 m Nach 15 m auf Schotter 45° rechts (»blauem Dreieck«) über Singletrail folgen. 600 m weiter Schotterweg kreuzen.

49,1 / 790 m Nach kurzer verblockter Singletrailauffahrt geradeaus über Schotterparkplatz. 80 m weiter am Teer-T rechts bergab Richtung »Holzberghof«. Dann bei km 49,4, kurz vor Bach 90° links und auf Schotter durchs Bachtälchen bergab. Alle Abzweige in der Folge ignorieren. Den Hinweisen Richtung »Bischofsheim«, markiert mit (»blauem Tropfen«), folgen.

51,9 / 530 m An Schotterkreuzung 90° links. 400 m weiter am Teer-T links, 50 m weiter am Teer-T rechts und auf Straße durch Bischofsheim.

53,6 / 439 m Am Gasthof Adler geradeaus. 200 m weiter auf dem Marktplatz von Bischofsheim endet diese 1. Etappe (km 53,8 / 440 m).

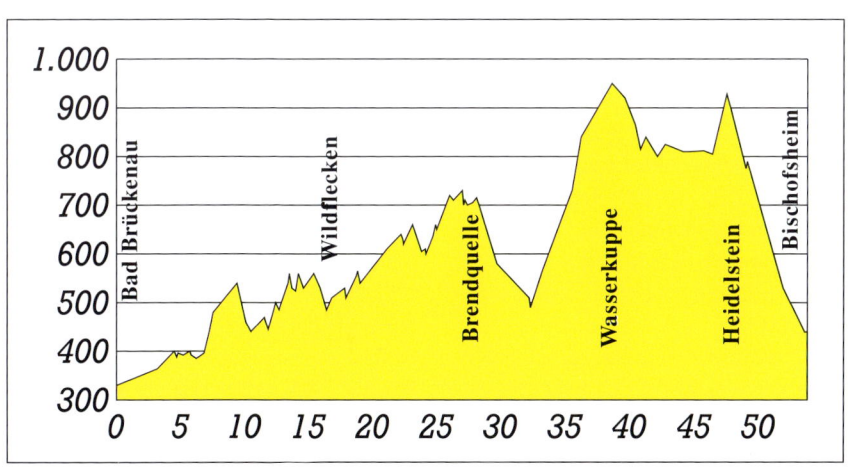

11 Rhönweekend 2 – Von Bischofsheim retour nach Bad Brückenau

Gesamtstrecke: *47,5 Kilometer*
Anstiege: *1030 Höhenmeter*
Schwierigkeit: *mittel*
Reine Fahrzeit: *3 bis 4 Stunden*

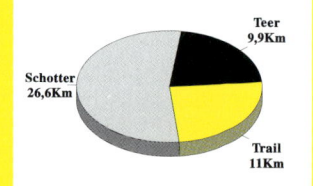

Teer 9,9Km

Schotter 26,6Km

Trail 11Km

Karte: *Topographische Karte, 1:50.000,
»Rhön-Südblatt«, Bayerisches Landesvermes-
sungsamt München und »Rhön-Nordblatt« (9),
Hessisches Landesvermessungsamt, Wiesbaden. Oder alternativ: Fritsch-
Wanderkarte, 1:50.000, »Naturpark Rhön«, erhältlich vor Ort im Buch- oder
Schreibwarenhandel. Sie ist sehr genau und von guter Qualität. Außerdem ist
auf einem Blatt die gesamte Rhön mit allen markierten Wanderwegen abge-
bildet.*
Alternative Startorte: *Unterweißenbrunn, Wegfurt, Schönau, Riedenberg,
Römershag*
Hinweise zu den Punkten **Auskunft**, **Camping**, **geführte Touren** *und*
Bikeshops *siehe Info-Kasten zu Tour 10.*

Routenverlauf

*Bitte gehen Sie niemals ohne die ange-
gebene topographische Karte auf Tour
und beachten Sie die Hinweise auf den
Seiten 7–9.*

km 0,0 / 440 m (Höhe über NN)

Ab Marktplatz Bischofsheim retour bis
zum Gasthof Adler. Hier rechts auf
Straße Richtung »Sandberg«. Bei km 1,0
an Straßenbrücke kurz nach Schwimm-
bad/Campingplatz links auf Teer (»rotes
Dreieck«). 700 m weiter dann durch den
Ort Unterweißenbrunn. Dort bei erstem
Wege-T rechts, 10 m weiter links »In der
Fichte« (»rotes Dreieck«), »Fernradweg
Brendtal«.
2,8 / 425 m An Gabelung auf markiertem linkem Wegstrang bis mitten in
den Ort Wegfurt (km 6,3) hinein. Dort
an Gabelung etwas rechts bergan, auf

geteertem Weg »Untere Au« weiter dem
Radweg »Brendtal« bis nach Schönau
folgen.
8,8 / 331 m In Schönau direkt am
Dorfbräuhaus unterhalb der Kirche gegenüber vom Rhönraddenkmal rechts auf
Straße durch den Ort. 100 m weiter
rechts auf »Burgwallbacher Str.«. Nach
nochmals 80 m am Abzweig »Witzhausen« rechts und nach weiteren 30 m wieder rechts (»Rundweg 1«), auf Teer den
Ort verlassen.
9,5 / 350 m Am Ortsende geradeaus,
Schotter (»1«). 30 m weiter rechts auf
Singletrail (»1«). Bei km 9,9 an Singletrailgabelung rechts bergab. 250 m weiter rechts auf etwas breiterem Waldweg
weiter.
10,5 / 355 m Links durchs Tal bergan
(»NH«) Richtung »Jägerhaus«. Nach
300 m links »Fichtengrabenstraße«.

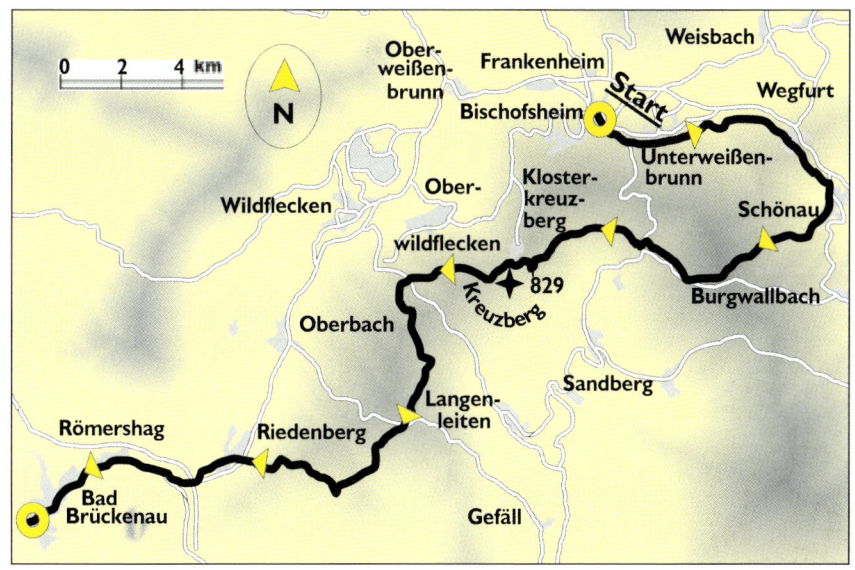

20 m weiter 45° links auf Singletrail (»NH«) Richtung »Kreuzberg«.

13,9 / 540 m Am Schönauer Jägerhaus links auf Schotter bergan (»NH«). Nach 100 m an Kreuzung 90° rechts. 10 m weiter an Gabelung 45° rechts auf »Eichenweg« weiter (»NH«) folgen.

14,8 / 545 m Nach Bergabstück 45° links (»NH«) bergan. Nach 600 m dann links. Bei km 15,6 nochmals links und 100 m weiter Straße queren. Dann links Richtung »Neustädter Haus«.

16,5 / 700 m Bis hierher alle Abzweige ignorieren. Nun auf breitem Schotterweg (Öffentlicher Verkehr!) Richtung »Neustädter Haus«. Dort bei km 17,7 an Schotterparkplatz rechts (»rotes Dreieck«) Richtung »Kreuzberg« folgen. Bald alle Abzweige ignorieren und an Dreiergabelung geradeaus (»blaues Dreieck«) auf Singletrail Richtung »Kreuzberg«.

18,5 / 820 m Geradeaus auf breiter Schotterpiste. 300 m weiter rechts auf Waldweg bergan (»blaues Dreieck«). Bei km 19,7 hart rechts auf Schotter (»ohne Markierung«). 600 m weiter, direkt vor dem Sender Kreuzberg am Schotter-T links. Nach 200 m, vor Tor links auf Singletrail bergab.

20,6 / 900 m Hart rechts, weiter auf Waldtrail bergab. 300 m weiter, am Gasthaus »Hohn« links und zunächst auf Teer (»rotes Dreieck«) weiter. Bei km 21,3 an Dreiergabelung geradeaus auf markiertem Weg bergab. 200 m weiter Schotterpiste kreuzen und auf »Feustelsteig« bergab. Bis km 23,3 alle Abzweige ignorieren.

23,3 / 670 m Links auf Schotter weiter. Bei km 24,6 am »Guckaspass« Straße queren und über Treppe bergan. Bei km 24,9 an Gabelung unter Strommasten links auf breiter Schotterpiste bergan Richtung »Kissinger Hütte«. 600 m weiter am Schotter-T 90° links (»roter Tropfen«).

29,3 / 740 m Kurz nach einzelnem Haus links ab, Richtung »Kissinger Hütte« (»roter Tropfen«) und auf Wiesenweg steil bergan, jetzt immer geradeaus bis zur bewirtschafteten Kissinger Hütte auf dem Gipfel.

30,6 / 833 m An der Kissinger Hütte rechts halten und dem »Julius Kardinal Döpfner Weg« in Richtung »Würzburger Haus« (»rotes Dreieck«) folgen. 400 m weiter an Gabelung Schotterweg geradeaus verlassen und Grasweg folgen Richtung »Berghaus Rhön«. Nach schönem Trail bei km 32,5 breiten Waldweg passieren und weiter auf Schotterpiste bergab (»rotes Dreieck«).

32,8 / 720 m Am Schotter-T am Waldrand 90° rechts bergan (»rotes Dreieck«) durchs Steinbruchgelände. Bald Straße kreuzen und auf rechtem Wiesenweg (»rotes Dreieck«) Richtung »Würzburger Haus«.

36,1 / 770 m Vor Terrasse des bewirtschafteten Würzburger Hauses 45° rechts auf Schotter-Trail bergab (»gelbes >«) Richtung »Riedenberg«. Bald rechts bergab auf Trail, Markierung beachten und bald Teerweg kreuzen. Bei km 36,6 (!) breiten Schlammweg 45° nach links verlassen (»gelbes >«)

und auf Singletrail bergan.

37,0 / 700 m An Kreuzung geradeaus auf Schotter bergab bis zum Waldrand (»gelbes >«). Dort am Teer-T rechts auf Teer bergab, Markierung beachten. Bei km 38,1 nach Rechtskurve 135° links auf breitem Schotterweg weiter. 500 m weiter an Kreuzung 135° rechts auf Wiesenweg (»gelbes >«) bergab. Bei km 38,8 an Gabelung links halten.

39,0 / 560 m Nach schönem Trail geradeaus über Kreuzung und auf Schotterpiste bergab. 600 m weiter am Teer-T links bergab (»gelbes >«) bis km 39,8. Hier rechts. 100 m weiter, an nächster Teergabelung rechts, Straßenunterführung passieren und geradeaus durch Riedenberg.

40,2 / 420 m Am Teer-T links, bald Bahngleise geradeaus passieren und an Kirche entlang. Nach 400 m an Telefonzelle 90° rechts auf »Kreuzbergstr.«, anschließend praktisch geradeaus durch den Ort. Ab km 40,9 rechts der »Sinntalstraße« folgen. Bei km 41,4 am Ortsende von Riedenberg rechts auf Teer bergab. 100 m weiter links dem »Rhön-Sinn-Radweg« folgen, bald unter der mächtigen Autobahnbrücke entlang.

43,4 / 392 m Rechts auf B 286 bergab bis nach Römershag. Dort dann bei km 44,3 links, Bundesstraße verlassen und auf markiertem Radweg, bald auf Betonplatten, weiter. Bei km 45,7 links über Brücke, sofort rechts und auf Schotter weiter.

46,3 / 345 m An Parkplatz rechts über die Brücke, danach gleich wieder links und am Flüßchen entlang. Nach 500 m Straße kreuzen und weiter auf Radweg.

47,2 / 332 m Links über Brücke und sofort wieder rechts. Anschließend geradeaus auf B 27, noch 300 m bis zum Endpunkt am ehemaligen Bahnhof in Bad Brückenau (km 47,5 / 330 m).

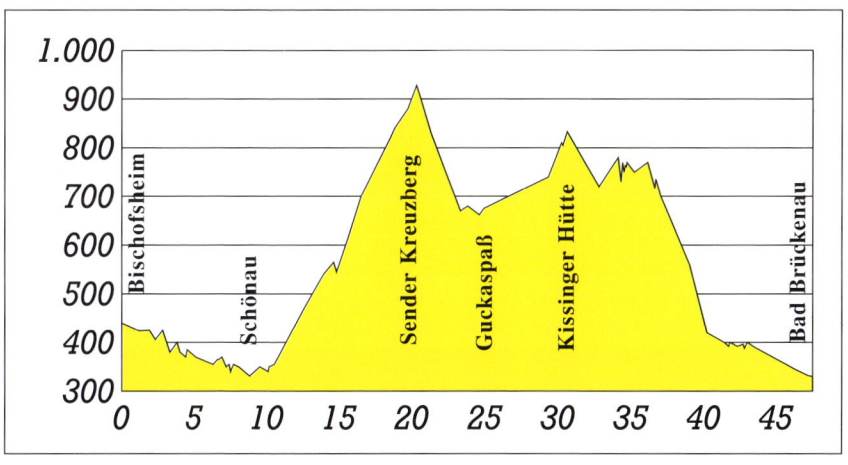

Gesamtstrecke: *45,3 Kilometer*
Anstiege: *1200 Höhenmeter*
Schwierigkeit: *schwer*
Reine Fahrzeit: *3 bis 4 Stunden*

Karte: *Topographische Karte, 1:50.000,*
»Rhön-Südblatt«, Bayerisches Landesvermes-
sungsamt München. Oder Fritsch-Wanderkarte,
1:50.000, »Naturpark Rhön«, erhältlich vor Ort im Buch- oder Schreibwaren-
handel.
Anfahrt zum Startplatz: *Von der A 7 über die Abfahrt Bad Brückenau der B*
27 nach Bad Brückenau bis zum ehemaligen Bahnhof folgen. Dort parken und
die Tour starten.
Auskunft: *Touristinformation Bad Brückenau, Tel. 09741/3669 oder 80411,*
Fax: 80417
Alternative Startorte: *Dreistelz, Wernarz, Eckarts, Schwarzenfels, Wei-*
chersbach, Oberzell, Volkers
Camping: *Etwa 5 Kilometer vom Startpunkt entfernt in Unterleichtersbach.*
Camping Astenmühle, Waldstr.1, 97789 Oberleichtersbach, Tel. 09741/2058
Bikeshop: *Biker´s Best Schönrock, Kissingerstr. 39, 97769 Bad Brückenau,*
Tel. 09741/2427

Teer 6,5Km
Schotter 29,8Km
Trail 9Km

Der Dreistelzberg ist der äußerste Vorposten der Rhön, zumindest in westliche Richtung. Zu Füßen des Berges plätschert die Sinn und alles was sich auf der anderen Talseite erhebt ,gehört zum Spessart, aus Kino und Film ja durch diverse Räuberpossen bestens bekannt. Vergleicht man Rhön und Spessart rein optisch, dann fällt selbst geologisch Unbedarften auf, daß die Entstehungsgeschichte beider Mittelgebirge recht different gewesen sein muß. Der Spessart präsentiert sich mit meist langgezogenen Höhenrücken, die mit zunehmender Höher flacher werden. Die Rhön dagegen hat steile Gipfel. Das liegt daran, daß die Gipfel der Rhön, meist ehemalige Vulkane der Urzeit, in den Gipfelbereichen aus widerstandsfähigen Basalten bestehen. Typisches Beispiel dafür ist der Dreistelzberg, der am Anfang dieser Tour durch Rhön und Spessart passiert wird.

Routenverlauf
Bitte gehen Sie niemals ohne die angegebene topographische Karte auf Tour und beachten Sie die Hinweise auf den Seiten 7–9.

km 0,0 / 330 m (Höhe über NN)
Vom Parkplatz aus zunächst auf B 27 in Richtung »Fulda«. Nach 150 m an Straßenkreuzung 90° rechts. Anschlie-

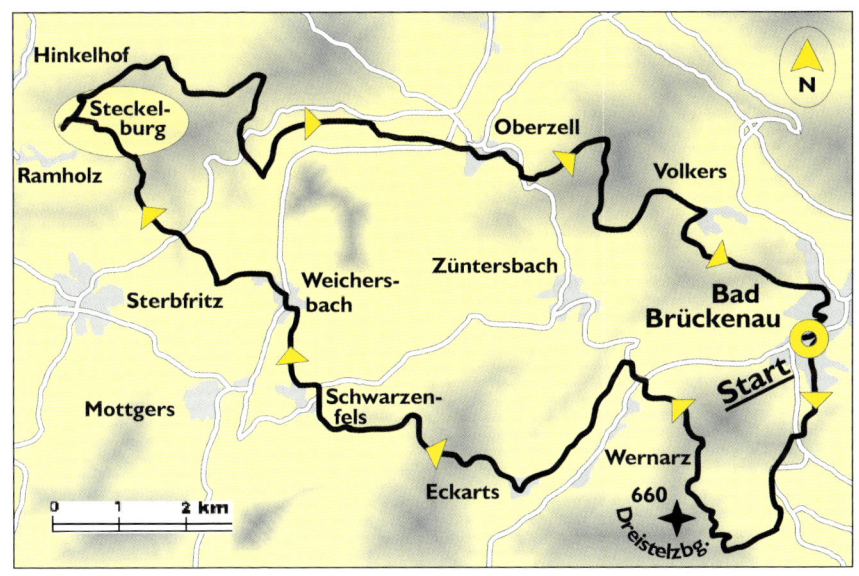

ßend Bahngleise queren und weiter der »Buchholzstr.« folgen (»schwarzes Dreieck«). Nach 500 m an Straßengabelung »Stollstr.« praktisch geradeaus auf Straße (»Dreieck«) weiter bis zum Straßenende bei km 1,3 an einem Altenheim. Hier rechts über Schotterparkplatz und auf Schotterweg (»schwarzes Dreieck«) weiter.

2,0 / 400 m Straße queren und 20 m weiter am Teer-T links bergan Richtung »Rödereiche«. Nach 60 m wieder Schotter. Bei km 2,2 breite Schotterpiste 45° nach links verlassen und auf Waldweg (»Dreieck«) weiter. Weg wird bald zum Singletrail und ab km 2,5 geht es geradeaus weglos über eine Wiese bis zur Straße bei km 2,6. Hier rechts. Nach 30 m Straße 90° nach links verlassen

und auf Wiesenweg weiter bergan.

3,0 / 475 m Straße diagonal von links nach rechts queren und auf breitem Schotterweg weiter bergan, Markierung beachten. 400 m weiter an Gabelung 45° links. Nach nochmals 15 m geradeaus über Wegekreuzung, Markierung beachten.

3,7 / 513 m Im Örtchen Dreistelz rechts auf Straße weiter bis zum Gasthof »Zum Dreistelzhof«. Hier rechts auf geteerten Weg, Hinweis »Dreistelzgipfel« (»roter Tropfen«) bergan folgen. 200 m weiter an einzelnem Haus geradeaus auf Singletrail weiter steil bergan in Richtung »Dreistelz«.

4,4 / 565 m Nach recht steilem Anstieg am Wege-T rechts auf breiter Schotterpiste weiter bergan, bald geradeaus über Schotterkreuzung. Bei km 4,5 an Gabelung 45° nach links, Markierung beachten und auf etwas schmalerem Schotterweg bergan. Nach weiteren 200 m geradeaus über Waldwegkreuzung und dann auf Singletrail weiter recht steil bergan.

4,9 / 660 m Direkt an der Schutzhütte auf dem Dreistelzberg 90° rechts bergab auf Singletrail (»gelber Tropfen«), Hinweis »Bad Brückenau Staatsbad« beachten. Nach 200 m am Wege-T rechts auf breite Schotterpiste. 100 m weiter (!) breite Schotterpiste 45° nach links verlassen und auf Singletrail bergab. Bei km 5,6 und 6,3 jeweils Schotterpiste geradeaus queren und weiter auf tollem Singletrail.

7,15 / 405 m Man erreicht breiteren, verwachsenen Schotterweg. Diesen geradeaus auf verwachsenem Singletrail queren, dann geht's leicht bergan. 250 m weiter am tiefsten Punkt gabelt der Weg, hier links halten und bergan. Nach weiteren 200 m am Wege-T links auf breiterem Grasweg bergab.

8,3 / 390 m Am Wege-T rechts auf Schotter bergan. 40 m weiter an Schotterkreuzung 90° links (»Tropfen«). Nach weiteren 40 m Achtung! 45° nach rechts die breite Schotterpiste verlassen und weiter auf Singletrail, Markierung beachten.

8,6 / 380 m Geradeaus Schotterpiste queren. Einige Meter weiter an Singletrailkreuzung, beide Wege führen ins Tal, rechts (»gelber Tropfen«). Bei km 8,8 geradeaus Schotterpiste und bei km 8,9

alte Bahnlinie kreuzen, weiter Markierung beachten.

9,0 / 320 m Links auf Landstraße Richtung Restaurant »Bellevue«, dann sofort an der Bushaltestelle hart links, fast entgegengesetzt und auf geteertem Fußweg weiter. Dann parallel zur Straße auf Singletrail weiter bergab (»Tropfen«). 100 m weiter rechts halten und auf Singletrail bergab in den Park.

9,3 / 290 m Im Park des Staatsbades ersten Schotterweg 90° links. Nächste wieder links und bald hart rechts. An den Gebäuden des Staatsbades erste links und die nächste rechts, auf Pflasterstraße das Staatsbad wieder verlassen. Bei km 9,8 links auf »Heinrich von Bibra Str.« in Richtung »Eckarts«.

10,3 / 280 m In Eckarts an der Kirche rechts, nächste links auf »Hardtstr.«. 580 m weiter rechts. Nach weiteren 20 m dann auf rechtem Weg der Markierung (»rotes Dreieck«) folgen. Bei km 11,4 an Wasserbehälter links, nächste sofort scharf rechts auf Trail weiter.

12,3 / 430 m Nach Trail rechts auf Schotterweg. 150 m weiter links ab. Bei km 13,3, nach Schranke geradeaus auf Wiesenweg.

14,7 / 430 m Rechts auf Teer. Bei km 15,5 rechts. Danach links bergan zur Burg. Dort rechts (»gelber Tropfen«) Richtung »Weichersbach« auf breiter Schotterpiste.

17,3 / 312 m Im Ort links auf »Schwalbestr.«. 300 m weiter, an der Kirche, rechts. Am Gasthaus dann links auf »Schulwaldstr.«. Bei km 18,3 links der Straße »Geisberg« folgen. 350 m weiter rechts auf Straße »Eheheller« bergan (»gelbe Birne«) bis »Steckelburg«.

19,1 / 365 m Nach dem Ortsrand an Abzweig ganz links. Nächste dann rechts. 300 m weiter an Gabelung wieder rechts und bald auf Schotter weiter. Bei km 20,6 links für ein kurzes Stück auf Straße. Dann rechts, Markierung beachten. Ein paar Meter weiter links auf Trail weiter.

21,2 / 450 m Rechts halten, steil bergan. 100 m weiter scharf links. Am Schotterweg dann erst rechts, sofort links und weiter auf Trail bergan. Bei km 21,6 rechts halten und auf Schotter ein Stück bergab Richtung »Steckelburg«.

22,6 / 450 m An Gabelung auf rechtem Weg weiter. Nach 200 m nochmals rechts halten und wieder bergan.

24,1 / 450 m Auf größerem Platz 90° links, Abstecher über steile Schotterpiste zur Ruine der Steckelburg. Von dort dann auf gleichem Weg retour und geradeaus über diesen Platz (aus Richtung Weichersbach rechts halten) und auf Schotterweg weiter. 600 m weiter auf breiter Schotterpiste geradeaus und ohne Markierung bald bergan.

26,1 / 500 m Am Wege-T rechts auf Teer Richtung Steinbruch. 600 m weiter rechts halten. Bei km 27,5 links und auf Schotter weiter. Nächste rechts. Nach nochmals 500 m an Kreuzung die erste links ab. Bei km 28,9 rechts auf Hauptweg bleiben.

29,6 / 475 m An Kreuzung links auf

Teer bergab und dem Weg mit Markierung (»gelbes Dreieck«), »Ulrich-von-Hutten-Pfad« folgen. Bei km 31,2 kurz vor einem Forsthaus links. 350 m weiter an Gabelung rechts, bald auf Schotter weiter. Bei km 32,4 an Gabelung links auf markiertem Weg nach Oberzell.

34,8 / 340 m Nach Sägewerk Landstraße queren und auf »Niederfeldstraße« durch den Ort. Nächste rechts. Bei km 35,6 rechts Richtung »Züntersbach«. Bald wieder rechts Richtung »Friedhof«. Danach links der Markierung »WW2« über die »Haagstraße« bergan folgen.

36,4 / 395 m Rechts für 350 m auf Straße bergan. Dann links ab und auf Schotter dem »Huttenpfad« Richtung »Volkers« folgen. 900 m weiter rechts auf Schotter weiter bis km 38,2. Dort an einer Schutzhütte rechts bergab (»gelbes Dreieck«).

38,6 / 470 m An Gabelung links. 400 m weiter an einem Grenzstein auf Grasweg bergab. Am nächsten Grenzstein dann links halten. Bei km 40,1 links, wieder auf breiten Weg. 50 m weiter an Gabelung rechts. Nach weiteren 30 m scharf links auf Waldpfad abbiegen und nach Volkers.

41,1 / 485 m Im Ort am »Café Volkers« rechts und weiter dem »Huttenpfad« (»gelbes Dreieck«) Richtung »Bad Brückenau« folgen. 600 m weiter an Gabelung links. Dann sofort wieder links auf Waldweg weiter.

42,4 / 510 m An Gabelung links. Nach 70 m wieder links und ab km

42,8 weiter dem markiertem, aber zunächst stark verwachsenem Huttenpfad folgen. Später auf Singletrail bergab bis nach Bad Brückenau. Dort rechts durch die Fußgängerzone. **45,1 / 330 m** Am Abzweig »Putzstraße« geradeaus zur B 27. Dort rechts zum Ausgangspunkt (km 45,3 / 330 m).

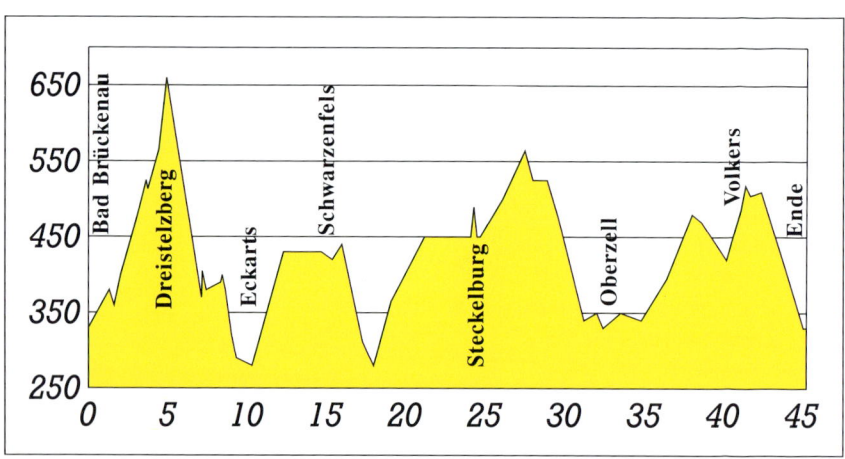

13 Gemündener Tälertour

Gesamtstrecke: *29,2 Kilometer*
Anstiege: *410 Höhenmeter*
Schwierigkeit: *leicht*
Reine Fahrzeit: *1,5 bis 2,5 Stunden*

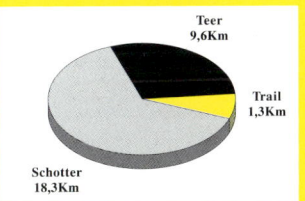

Karte: *Topographische Karte, 1:50.000, Blatt 7 »Naturpark Spessart-Nordost«, Hessisches Landesvermessungsamt, Wiesbaden*
Anfahrt zum Startplatz: *Aus nördlicher Richtung über die A 7 bis zur Abfahrt Hammelburg. Dann über Hammelburg und ab dort, zunächst auf der B 27, den Hinweisen »Gemünden« folgen. Aus südlicher Richtung auf der B 27 über Würzburg am Main entlang in nördliche Richtung. In Karlstadt weiter am Main entlang und nun auf der B 26 nach Gemünden. Hier den Hinweisen Richtung »Innenstadt« folgen und die Tour auf dem ausgeschilderten Parkplatz »Lindenwiese« starten.*
Alternative Startorte: *Langenprozelten, Rieneck, Schaippach*
Auskunft: *Verkehrsamt Gemünden, Hofweg 8, 97737 Gemünden/Main, Tel. 09351/3830, Fax: 09351/4854*
Camping: *Campingplatz Saaleinsel, 97737 Gemünden/ Main, Tel. + Fax: 09351/8574 und Camping Schönrain, 97737 Gemünden/Hofstetten, Tel. 09351/8645, Fax: 09351/ 8721*
Bikeshop: *Bei Reparaturen hilft Fahrrad Fischlein, Mainstr. 6, 97737 Gemünden/Main, Tel. 09351/8931.*

Gemünden ist die Stadt der drei Flüsse. Main, Fränkische Saale und Sinn fließen hier zusammen. Daher charakterisieren zahlreiche Brücken unter anderem das Bild der Stadt, die fast noch ihren mittelalterlichen Charme bewahrt hat. Eigentlich kaum zu glauben, wenn man bedenkt, daß die Altstadt einige wenige Tage vor Kriegsende sinnloserweise noch nahezu komplett zerstört wurde. Wie bei einem Megapuzzle machten sich die Gemündener damals daran, ihre wunderschönen und geschichtsträchtigen Gebäude aus dem Schutt heraus wieder Stück für Stück zusammenzusetzen. Also,

allein das Städtchen ist schon eine Reise wert. Und wenn man schon mal da ist, kann man ja gleich noch die nachfolgend beschriebene leichte Tour unter die Räder nehmen.

Routenverlauf

Bitte gehen Sie niemals ohne die angegebene topographische Karte auf Tour und beachten Sie die Hinweise auf den Seiten 7–9.

km 0,0 / 160 m (Höhe über NN)

Ab dem Parkplatz »Lindenwiese« zunächst auf Teer zurück zur Straße.

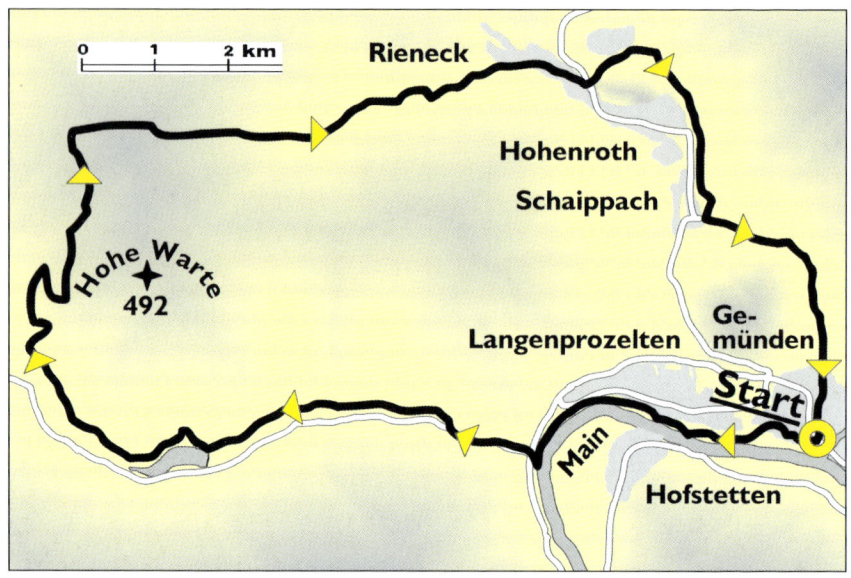

Dann die Brücke über die Fränkische Saale queren. Anschließend die zweite links ab. Nachdem man die B 26 und die Bahnstrecke unterquert hat, hält man sich rechts und folgt dem markierten Schotterweg (»B«). 800 m weiter geradeaus auf Teer bis km 1,03. Nun ganz links halten und auf Schotter weiter.

1,4 / 155 m An der ICE-Brücke rechts, nächste links und für 150 m auf Teer weiter. Bei km 2,1 links halten und nun dem Mainradweg am Fluß entlang folgen.

4,3 / 150 m Achtung! Den Mainradweg an unscheinbarer Stelle nach rechts verlassen und an einem Bächlein entlang die Bahnstrecke unterqueren. Anschließend (Vorsicht!) die vielbefahrene B 26 kreuzen und auf Straße geradeaus durch das Sindersbachtal bergan.

5,8 / 180 m Rechts ab und auf Teerweg dem Hinweis Richtung »Stausee« folgen. Bei km 7,6 an einer Kapelle rechts halten und der Markierung (»roter Punkt«) bis zum Pumpspeichersee bei km 9,0 folgen. Nun rechts halten. 175 m weiter direkt vor den Betriebsanlagen des Sees rechts und auf Schotterpiste bergan. Bei km 9,3 an Abzweig links auf Schotter weiter bergan, ab km 11,9 dann für kurze Zeit bergab.

12,7 / 320 m Rechts auf Schotter weiter talaufwärts. Bei km 13,9 an nächstem Abzweig scharf links auf Schotter, dann geradeaus weiter bis zum Wege-T bei km 14,9. Hier links ab und weiter auf Schotterpiste.

15,9 / 446 m An einem Jägerdenkmal die zweite Möglichkeit nach rechts (»B«,

»roter Balken«) und weiter auf Schotterpiste. Nach ziemlich genau 1000 m an Wegekreuzung geradeaus auf Waldweg weiter. Bei km 17,8 an Gabelung links halten und der Markierung (»roter Balken«) über Trail bergab folgen.

19,1 / 310 m Etwas rechts halten und weiter bis zum breiten Schotterweg. Hier links und bergab nach Rieneck. 800 m weiter im »Gertental« am Wege-T rechts. 280 m weiter an einer Schutzhütte links, weiter talabwärts.

21,3 / 220 m Geradeaus auf Teer durch Rieneck. Bei km 22,6 rechts auf Hauptstraße. 75 m weiter dann links und dem Hinweis »Sinngrund-Radweg« zurück nach Gemünden folgen.

23,0 / 183 m Nach Sinnbrücke rechts weiter in Richtung »Gemünden«. 600 m weiter rechts Brücke queren, dann links. Sofort wieder links, Bahnunterführung passieren. Bei km 25,8 an Teergabelung rechts. 560 m weiter, nach Brücke links durch Eisenbahnunterführung und weiter durchs Tal Richtung »Gemünden«.

27,6 / 165 m Nun auf Straße geradeaus. Bald links Brücke über Fränkische Saale queren und zurück zum Ausgangspunkt (km 29,2 / 160 m).

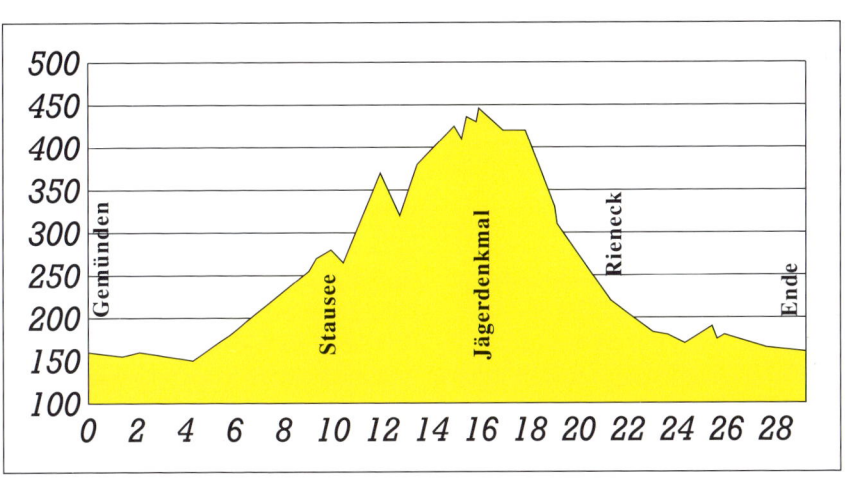

Gesamtstrecke: *79,9 Kilometer*
Anstiege: *1505 Höhenmeter*
Schwierigkeit: *technisch eher leicht,*
            konditionell schwer
Reine Fahrzeit: *4,5 bis 5,5 Stunden*

Karte: *Topographische Karte, 1:50.000, UK L22, »Naturpark Spessart«, Blatt Süd, Bayerisches Landesvermessungsamt, München*
Anfahrt zum Startplatz: *Auf der A 3 bis zur Abfahrt Aschaffenburg-Ost. Dann den Hinweisen durch Haibach bis zum Ortsanfang Grünmorsbach, wo von der B 8 die Straße nach Dörrmorsbach abbiegt. Direkt an diesem Punkt startet diese Tour.*
Alternative Startorte: *Aschaffenburg (man radelt auf dem Radweg neben der B 8 zum Startpunkt) sowie Mespelbrunn, Dammbach, Krausenbach, Rohrbrunn, Rothenbuch, Weibersbrunn*
Auskunft: *Gemeinde Haibach, Hauptstr. 6, 63808 Haibach/Unterfranken, Tel. 06021/6480*
Camping: *Der südliche Spessart ist campingfreie Zone. Den nächsten Platz findet man am Main, beispielsweise bei Großheubach.*
Geführte Touren: *Auf Anfrage bei Go crazy Sportreisen, Friedrich-Stoltze-Str. 4b, 65820 Schwalbach, Tel. 06196/83336*
Bikeshop: *Bike und Sport Rückert, Würzburger Str. 106, 63808 Haibach, Tel. 06021/66384*

Diese lange und höchst interessante Tour führt uns durch den südlichen Spessart. Man startet dabei fast noch am Stadtrand von Aschaffenburg und darf sich wundern, wie schnell man von dort aus in die ruhigen und weitläufigen Spessartwälder abtauchen kann.

Routenverlauf

Bitte gehen Sie niemals ohne die angegebene topographische Karte auf Tour und beachten Sie die Hinweise auf den Seiten 7–9.

km 0,0 / 280 m (Höhe über NN)

Am Ortsanfang Grünmorsbach von der B 8 rechts ab und auf Straße Richtung »Dörrmorsbach«. Dort im Ort bei km 3,0 geradeaus auf »Hohe Warte Weg«. 125 m weiter rechts abbiegen und erst noch auf Teer, dann auf Schotter der Markierung »roter Punkt« und den Hinweisen »Hohe Warte« folgen.

7,4 / 392 m Zunächst noch geradeaus am »Hohe Wart Haus« entlang. 250 m weiter an Kreuzung erst links und dann bei nächster Möglichkeit sofort rechts bergab in Richtung »Mespelbrunn«

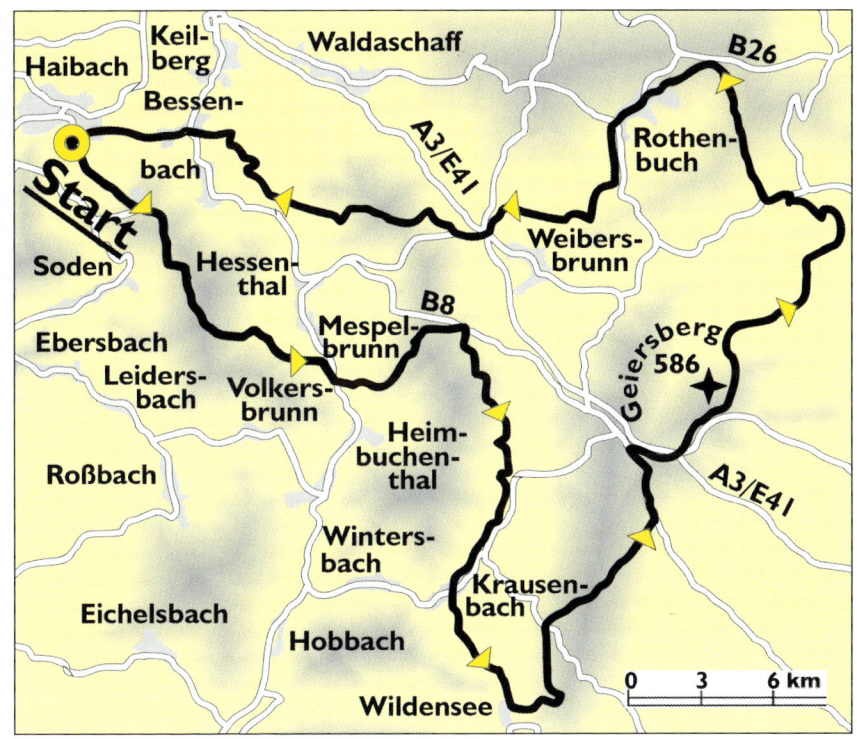

(»roter Punkt«). Bei km 9,1 links halten und auf Teergruß weiter.

10,6 / 270 m In Mespelbrunn, kurz vor der Hauptstraße rechts auf »Elsavaweg« abbiegen. Nach 475 m dann links »Im Gründchen«. Anschließend rechts auf Hauptstraße 200 m weiter. Dann wieder links der Teerstraße »Zum Schloß« folgen. Am Wasserschloß anschließend links entlang und durch den »Ingelheimer Grund« bergan in Richtung »Echterspfahl«.

12,3 / 300 m An Gabelung links halten (»roter Schrägbalken«). Bei km 13,9

an nächster Gabelung dann rechts halten.

15,4 / 484 m Direkt an der Straße, gegenüber dem Wirtshaus »Echterspfahl« hart rechts und zunächst auf markierter Schotterpiste (»roter Balken«) in Richtung »Dammbachtal-Krausenbach«. Nach 300 m an Gabelung rechts halten. 100 m weiter dann links und nun auf nicht markiertem Hauptweg bergab und alle Abzweige ignorieren.

20,6 / 320 m Geradeaus weiter, nun wieder der Markierung (»roter Balken«) folgen. Bei km 22,2 an Schranke rechts bergan. Knapp 200 m weiter an Abzweig links (»roten Balken«), ab km 22,5 dann wieder bergab.

23,9 / 245 m Man erreicht Krausenbach. Hier links ab und der »Mühlgasse« bis zur Hauptstraße folgen. Dort rechts und 700 m durch den Ort fahren. Dann links ab und dem Hinweis »Hundsrück« (»rotes Dreieck«) zunächst auf Teerweg, ab km 25,3 auf Schotter folgen.

27,1 / 425 m Links halten. Nach 600 m dann auf Pfad (»3«), anschließend Waldweg weiter bis zu einem Strommasten. Hier links halten. Bald auf Teer, erst an Weiden dann am Bauernhof »Hundsrück« (mit Einkehrmöglichkeit) entlang.

30,2 / 420 m Straße queren und weiter auf markiertem Weg (»rotes Dreieck«). Bei km 32,2 am sogenannten Kreuztor auf mittlerem Weg (»rotes Kreuz«) folgen. Nach 1000 m rechts auf Hauptweg weiter. Dann nach weiteren 150 m am Wege-T links und auf Schotterstraße weiter bis km 34,5. Nun links auf Teerstraße abbiegen.

36,7 / 490 m Am Straßen-T rechts auf B 8. Nach 1000 m Brücke über A 3 passieren und anschließend bei km 37,9 links auf Schotterweg abbiegen. Einige Meter hart rechts halten und auf Singletrail (»H«) weiter. Bei km 39,0 an Wegekreuzung rechts, weiter bergan.

40,1 / 586 m Links auf Teerstraße am Sender Geiersberg entlang. Bald auf Waldweg weiter, bis km 41,9, dabei immer geradeaus halten. Hier ab der Wegespinne nun etwas rechts und der Markierung (»roter Balken«) auf Hauptweg

folgen. Bei km 42,2 und km 44,4 jeweils geradeaus über Kreuzung.

48,5 / 255 m Am alten Sägewerk in Lichtenau rechts (»roter Balken«) bis zur Fahrstraße durch das Hafenlohrtal. Auf dieser dann links und 710 m talaufwärts. Dort rechts abbiegen und durch das Mausbachtal (»rotes Kreuz«) bergan.

52,7 / 372 m Nun Markierung verlassen und rechts auf Schotterweg weiter bergan bis zum »Niklaskreuz« an der B 26. Diese *nicht* queren, sondern links halten und der Markierung (»roter Kreis«) Richtung »Rothenbuch« folgen.

54,8 / 408 m Am Waldrand bei einer Schutzhütte etwas links halten. Bald auf Straße durch Rothenbuch. Bei km 55,5 dann links auf Hauptstraße durch den Ort. 1000 m weiter, kurz vor dem Ortsende erst rechts auf »Baumgartenstraße«, dann links auf »Mühlstraße« weiter. Bei km 56,8 an Gabelung links auf Schotter, zunächst durch das Hafenlohrtal bergab.

58,8 / 325 m An Gabelung links auf breiten Schotterweg. Nach 135 m dann Kreuzung »Breitbuch« geradeaus bergan queren. Bei km 59,7 am Wege-T rechts, jetzt Markierung (»roter Punkt«) folgen. 900 m weiter an Wegdreieck rechts ab. Nach nochmals 150 m, an Kreuzung »Pottasche« geradeaus und Markierung (»rotes Kreuz«) beachten.

62,2 / 484 m An Wegekreuzung (!) links auf Waldweg weiter (»rotes Kreuz«). 900 m weiter links auf Straße und anschließend dann rechts Brücke über A3 queren. Bei km 63,3 Straße nach rechts verlassen und auf Schotterweg (»rotes Kreuz«) weiter. Nach weiteren 1800 m nach Linkskurve geradeaus über Kreuzung und auf Schotter weiter bis km 65,5. Nun rechts ab. 230 m weiter geradeaus.

66,1 / 469 m Am Wege-T erst links ab, 110 m weiter rechts ab, nun (»rotem Dreieck«) folgen. Bei km 66,9 90° rechts und (Achtung!) kaum sichtbarem Grastrail folgen. 1200 m weiter geradeaus und wieder auf Schotterweg weiter. Bei km 68,4 dann geradeaus über Wegespinne. An der Gabelung bei km 69,9 dann rechts, 270 m weiter an nächster

Gabelung dann links und der Markierung (»4«) folgen.

71,2 / 330 m Von rechts kommt man auf eine breite Schotterpiste. Hier geradeaus und weiter bergab. Nach 415 m auf breitem Schotterweg rechts bergab. Bei km 72,4, Schranke passieren, dann rechts auf Teer, nächste links und sofort wieder rechts und auf Schotter bergab nach Straßbessenbach. Im Ort dann von der »Waldstraße« rechts in die »Kirchstraße« abbiegen. 100 m weiter links und ab km 71,4 rechts auf Radweg an B 8 entlang zurück zum Ausgangspunkt in Grünmorsbach (km 79,9 / 280 m).

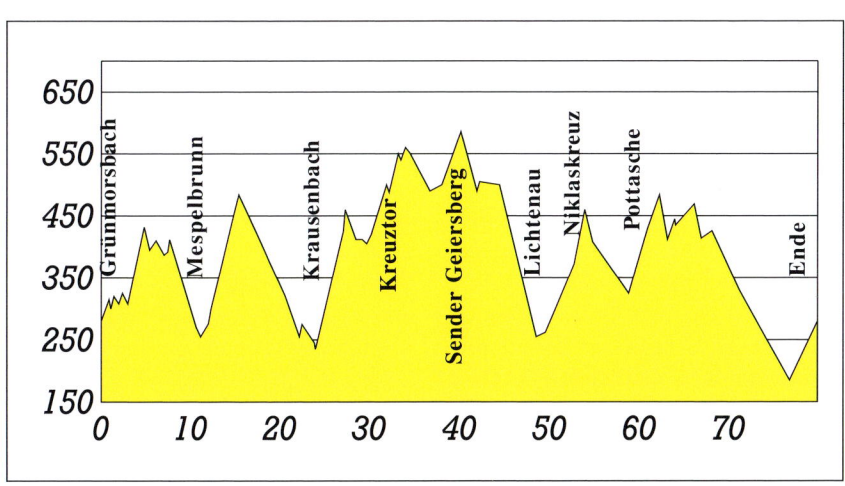

15 Hochspessart und Maintal

Gesamtstrecke: *78,1 Kilometer*
Anstiege: *860 Höhenmeter*
Schwierigkeit: *technisch leicht,*
konditionell mittel
Reine Fahrzeit: *4 bis 5 Stunden*

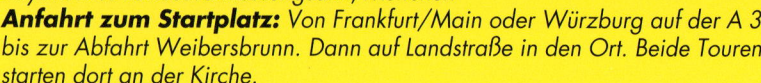

Karte: *Topographische Karte, 1:50.000,*
UK L22, »Naturpark Spessart«, Blatt Süd,
Bayerisches Landesvermessungsamt, München
Anfahrt zum Startplatz: *Von Frankfurt/Main oder Würzburg auf der A 3*
bis zur Abfahrt Weibersbrunn. Dann auf Landstraße in den Ort. Beide Touren
starten dort an der Kirche.
Alternative Startorte: *Windheim, Hafenlohr, Marktheidenfeld, Zimmern,*
Erlbach, Pflochsbach, Lohr
Auskunft: *Gemeindeverwaltung Weibersbrunn, Tel. 06094/515*
Geführte Touren: *Auf Anfrage bei Go crazy Sportreisen, Friedrich-Stoltze-Str.*
4b, 65820 Schwalbach, Tel. 06196/83336
Camping: *In einem Umkreis von 20 km steht leider kein Campingplatz zur*
Verfügung.
Bikeshop: *Das Allernötigste bekommt man im Fahrradgeschäft von Erich Roth,*
Tel. 06094/8226

Sehr wahrscheinlich hat auch der jüngere Pedalfreak die x-te Wiederholung der angestaubten Räuberposse »Wirtshaus im Spessart« bei einem dieser äußerst abwechslungsreichen TV-Sender schon einmal irgendwie abbekommen. In der ersten Reihe oder zwischen Spots, wie »Rindfleisch aus deutschen Landen« und »Keiner wäscht reiner...« verpassen die junge Lilo Pulver (Mann, wie die Zeit vergeht) und der damals wahrscheinlich noch cleane Harald Juhnke dem Spessart ein bis heute unzerstörbares Klischee. Nun, das Wirtshaus gibt´s nicht mehr und die Räuber sind woanders hingezogen. Was bleibt, sind weite und menschenleere Wälder, durchzogen von schier endlosen Kilometern Schotterpiste und diversen Singletrails als Leckerbissen oben drauf. Der Spessart ist also mehr Tourengebiet als Hardcore-Revier.

Routenverlauf

Bitte gehen Sie niemals ohne die angegebene topographische Karte auf Tour und beachten Sie die Hinweise auf den Seiten 7–9.

km 0,0 / 353 m (Höhe über NN)

Ab der Kirche Weibersbrunn auf Straße Richtung »Lichtenau« leicht bergab bis

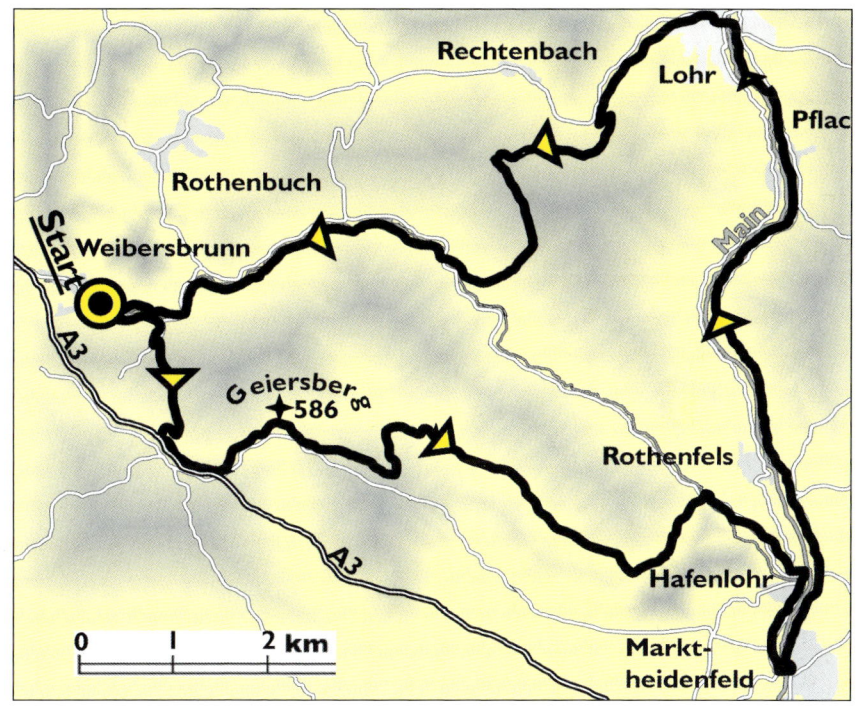

zum Ortsende. Direkt am Ortsschild dann rechts auf Schotter bergan.

2,6 / 328 m Links auf Straße. Nächste rechts und auf Schotter (»rotes Kreuz«) durch das Tälchen bergan. Bei km 4,3 gabelt das Tal: Hier rechts halten. Nach weiteren 140 m links (keine Markierung), weiter talaufwärts.

6,4 / 465 m An der A 3 links unterhalb des Rasthofes auf Teer kurz bergab. Dann geradeaus auf Singletrail weiter. Nach 700 m an einer Kläranlage rechts auf Schotter bergan.

8,3 / 500 m An Schottergabelung

rechts. Kurz vor der Straße, genau bei Wegeschranke links. Nächste wieder links (»H«) und auf Trail weiter. Nach 600 m an Kreuzung rechts bergan. Bei km 10,0 dann links auf Teer. Direkt nach Sender »Geiersberg« rechts auf Schotter. 600 m weiter geradeaus auf Grasweg. 150 m danach dann rechts ab.

11,4 / 535 m An Gabelung rechts auf Schotter. Nächste links, Schranke passieren und auf »Rederweg« (»roter Punkt«) weiter bis zum Parkplatz am »Torhaus Aurora«. Nun links (»roter Kreis«) Richtung »Sylvan«. Bei km 14,7 an Gabelung rechts auf schmalerem Weg bergab.

16,1 / 370 m An Schotterkreuzung weiter Richtung »Sylvan«. 390 m weiter links, Brücke und Gatter passieren. Anschließend dann rechts am Forsthaus entlang und dann am »Heinrichsbach« entlang talwärts, Markierungen ignorieren.

20,7 / 300 m Nahe dem einsam gelegenen Haus geradeaus über Kreuzung. Danach rechts auf Waldweg weiter. 2200 m weiter rechts ab und auf Schotter bis zum nächsten alleinstehenden Haus. Hier links (»roter Kreis«). Nach weiteren 1400 m dann links und 180 m weiter nochmals links halten. Weiter talwärts fahren.

26,2 / 180 m Rechts auf Straße durch Windheim. Nach der Kirche links, »An der Hohle«. 410 m weiter rechts (»roter Kreis«). Nahe Hafenlohr dann rechts bergab und bei der Trafostation links. Bei km 29,7 rechts auf Hauptstraße. 180 m weiter rechts durch »Bahnhofstraße«. Bei km 31,8 rechts auf Landstraße weiter. Bald links Mainbrücke queren. Sofort danach in Marktheidenfeld (km 32,8) links und auf markiertem Radweg (mal Teer, mal Schotter oder Trail) am Main entlang nach »Lohr«.

50,8 / 155 m In »Sendelbach« zweite links. Dann rechts »Auweg« folgen. Nach 370 m links auf »Schiestelweg« zum Main. Dann die nächste Brücke nach Lohr queren. Im Ort erst etwas rechts, dann auf »Grabenstraße« weiter. Kurz nach Busbahnhof Gleise queren

und links Richtung »Krankenhaus«. Nächste rechts (»Schrägbalken«) auf »Schafhofweg«. Dann geradeaus an Bächlein entlang.

53,7 / 170 m Rechts über Brücke. Dann links auf »Brunnenwiesenweg« bis zum Campingplatz. Hier links. Nach weiteren 470 m rechts halten und weiter bis zum Wege-T bei km 57,1. Hier links ab. 450 m weiter dann rechts (»Schrägbalken«).

58,5 / 335 m Achtung: Links auf Waldtrail. Nach wenigen Metern geradeaus. Bei km 58,9 dann rechts auf Pfad heftig bergan bis km 59,7. Hier links auf Schotter und nach weiteren 100 m geradeaus, wieder auf Trail.

60,6 / 485 m Rechts ab und 880 m weiter auf Schotter bis zum Wegestern. Nun links Richtung »Forsthaus Aurora« (»roter Kreis«). Dort rechts durchs Gatter zum nächsten Wegeplatz. Hier geradeaus auf Singletrail (»rotes Dreieck«).

65,2 / 450 m Links über Schotterweg. Dann sofort rechts auf Trail weiter. Nach 600 m wieder rechts zum Schotterweg. Diesen queren, noch 100 m auf Trail, dann rechts auf Schotter bergab.

67,0 / 235 m Am Forsthaus »Diana« rechts, auf Teer 980 m weiter bis »Erlenfurt«. Dort dann links und auf Schotter im Hafenlohrtal bergan nach Weibersbrunn. Ab km 75,6 auf Straße weiter talaufwärts bis zum Ausgangspunkt an der Kirche in Weibersbrunn (km 78,1/ 353 m).

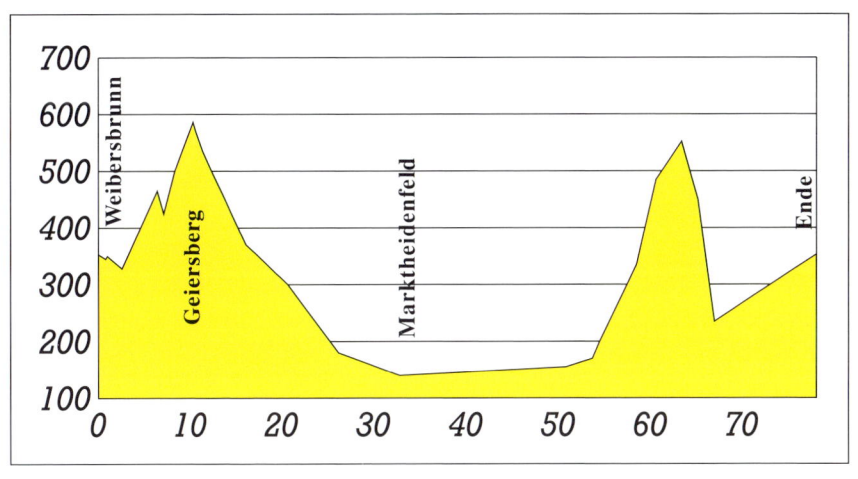

16 Odenwälder Limestour

Gesamtstrecke: *50 Kilometer*
Anstiege: *801 Höhenmeter*
Schwierigkeit: *mittel*
Reine Fahrzeit: *2,5 bis 3,5 Stunden*

Karte: *Topographische Karte, 1:50.000, Blatt 2 »Odenwald Nordost«, Hessisches Landesvermessungsamt*

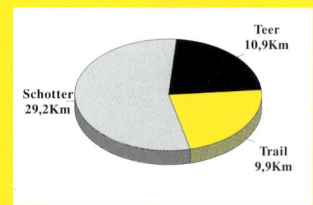

Anfahrt zum Startplatz: *Aus Richtung Rhein-Main auf der A 3 bis zur Abfahrt Stockstadt und dann auf der B 469 durch das Maintal nach Miltenberg. Aus Richtung Würzburg oder südlicher Richtung via A 3 bis zur Abfahrt Wertheim und dann auf Landstraße über Wertheim am Main entlang nach Miltenberg. Die Tour startet an Miltenbergs nördlichem Ende, direkt am Mainzer Stadttor.*
Alternative Startorte: *Großheubach, Kleinheubach, Laudenbach, Vielbrunn, Boxbrunn, Amorbach, Reuenthal, Breitendiel*
Auskunft: *Verkehrsbüro Miltenberg, Engelplatz 69, 63897 Miltenberg, Tel. 09371/404119, Fax: 09371/404105*
Camping: *Campingplatz Mainwiese, 63897 Miltenberg, Tel. 09371/3985 oder 68723*
Bikeshops: *Sporthütte Wild, Untere Walldürner Str. 11, 63897 Miltenberg, Tel. 09371/3154, Fax: 09371/ 69939. Zweiradcenter am Kupschmarkt, Laurentiusstr. 21/23, 63897 Miltenberg, Tel. 09371/65783, Fax: 09371/ 65784. Zweiradteam, Mainzer Str. 41, 63897 Miltenberg, Tel. 09371/99983*
Geführte Touren: *Auf Anfrage bei Sporthütte »Wild«, Telefon und Anschrift unter Bikeshops*

Äppelwoi und Handkäs, dazu der latente Fluglärm der Maschinen, die Richtung Rhein-Main-Metropole Frankfurt unterwegs sind und dann noch die Mundart der Einheimischen, die für Fremde und Ignoranten wie hessisch pur klingt. Recht entrüstet, manchmal fast beleidigt, wird man dann darauf hingewiesen, daß man unterfränkisches Land unter den Stollenreifen hat. »Schon die Römer haben vor rund 2000 Jahren den Limes oben über die Höhe gebaut, dahinter, das ist dann Hessen«, sogar weltoffene Bürger aus Miltenberg schmunzeln über diese Situation. Hoffentlich sind die sich darüber im klaren, daß die Römer allerdings auf der heute hessischen Seite des Schutzwalls gegen die barbarischen Germanen ihre Lager hatten und von der heute fränkischen Seite immer wieder angegriffen worden sind. Deshalb zogen die Römer auch nach nur 55 Jahren entnervt wieder ab und überließen den Odenwald seinem Schicksal.

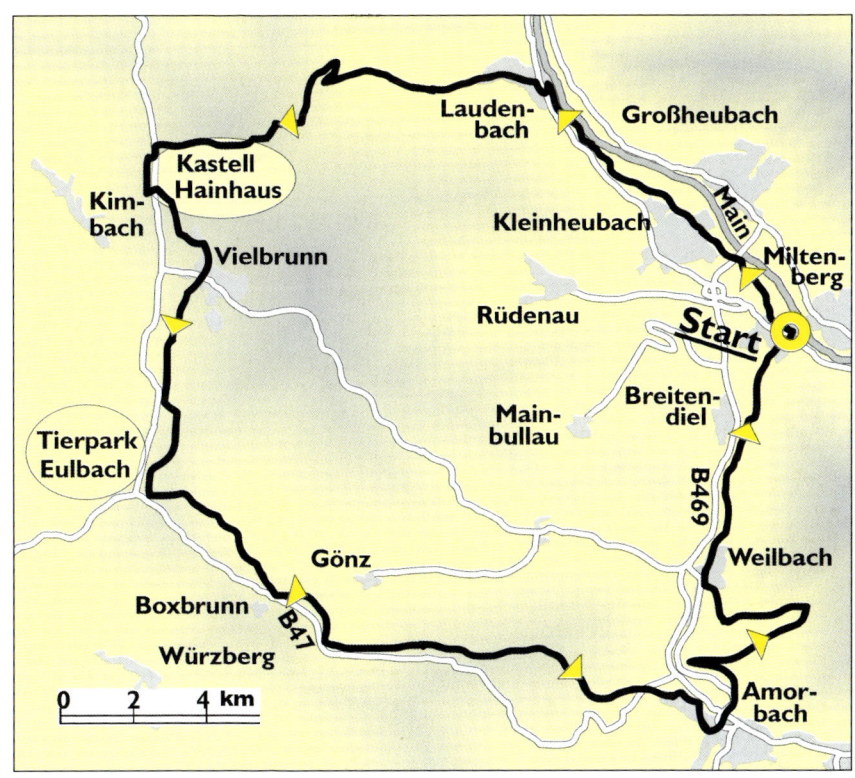

Routenverlauf

Bitte gehen Sie niemals ohne die ange-
gebene topographische Karte auf Tour
und beachten Sie die Hinweise auf den
Seiten 7–9.

km 0,0 / 130 m (Höhe über NN)

Man startet am »Mainzer Stadttor« und
rollt zunächst auf der »Maintalstraße«
Richtung »Laudenbach«. 200 m weiter
rechts, Straße verlassen, eine kleine
Treppe hinunter und dann links flußabwärts halten (»R«). Bei km 0,6 rechts,

dann Gleise queren. An übernächstem
Abzweig links halten.

2,6 / 127 m Am Schloß etwas rechts
halten und auf Teer Klein-Heubach passieren. Markierung (»R«) bald verlassen
und auf Radweg weiter nach »Laudenbach«.

6,9 / 124 m Links durch Unterführun-
gen. Anschließend geradeaus bis zum
Waldrand weiter. Dort links durch Laudenbach. Am Gasthaus »Goldener
Engel« links auf »Dorfstraße« weiter
(»gelber Balken«). Bei km 7,3 rechts.

95 m weiter wieder rechts und auf »Mühlenstraße« weiter.

8,1 / 150 m Geradeaus in den »Mühlweg«. Nach 470 m auf größerem Platz ganz rechts und auf Schotter (»gelber Balken«) weiter. Bei km 9,4 erst rechts, nächste links und weiter talaufwärts bis zum Forsthaus »Brunnthal« bei km 10,0. Nun auf unmarkiertem Weg links bergan und bis km 11,6 geradeaus bleiben. Hier und am Wege-T rechts ab.

12,2 / 350 m Links ab und weiter auf Schotter bergan. 100 m weiter wieder links und anschließend auf breiter Schotterpiste geradeaus bis km 13,7. Am Abzweig hier rechts und der Markierung (»gelber Balken«) folgen.

14,2 / 400 m Kurz vor der Landstraße links ab. 600 m weiter rechts auf Waldweg weiter. Dann nach 80 m Bach queren und anschließend rechts auf Schotter bergan (»X«).

15,0 / 360 m Rechts auf Teerstraße 300 m weiter. Dann links ab und geradeaus auf Schotter weiter bis km 16,5. Nun an Wegekreuzung rechts. 100 m weiter an Jägerstand links weiter.

17,6 / 440 m Rechts auf Straße weiter. Nach 160 m links über den Parkplatz und auf Schotter weiter zum ehemaligen Castell Hainhaus. Ab dort folgt man der Markierung (»L«) über Singletrail. Bei km 18,8 links auf Schotter weiter, bald Straße queren und dann an nächstem Abzweig rechts (»rotes Dreieck«) weiter.

19,3 / 440 m Geradeaus an Wiese entlang. Nach 400 m rechts auf Schot-

ter, dann sofort links und auf Teer durch Vielbronn. Bei km 20,7 rechts auf »Kirnbacher Straße«. 50 m weiter dann links halten (»rotes Dreieck«). Bei km 21,1 rechts auf Teer 160 m bergan. Dann links ab.

21,8 / 452 m An Kreuzung bei Schutzhütte rechts Richtung »Eulbach«. Bald auf kaum sichtbarem Weg (schlecht markiert) über eine Wiese bis zum gegenüberliegenden Wald. Dort geradeaus weiter. Bei km 22,4 am Wege-T rechts auf Grastrail weiter, bis man kurz vor der Straße bei km 23,1 links Richtung »Sassenhof« abbiegt. 310 m weiter rechts zunächst für 400 m auf Schotter, dann rechts auf Pfad weiter.

24,7 / 480 m Links auf Schotter weiter. Nach 540 m am Abzweig »Eulbacher Park« links auf Wiesenweg (»weiße Raute«) abbiegen. Es folgt verwachsenes und schlecht markiertes Terrain. 800 m weiter links an Zaun entlang. Nach weiteren 70 m rechts auf Waldweg weiter und dann geradeaus weiter bis km 26,8. Hier an Gabelung zunächst rechts. Dann geradeaus (»weiße Raute«) Richtung »Amorbach«.

28,3 / 488 m Nach kurzem Stück auf Teer, nahe Boxbrunn links am Waldrand entlang und dann immer geradeaus über den »Russenpfad« bis km 34,8. Hier rechts die B 47, queren und auf Straße durch Amorbach.

37,3 / 156 m In Amorbach bei der Brauerei links. Nach 140 m am »Weineckle« geradeaus. Am Stadttor dann links (»blaue Raute«) an Kirche entlang. Anschließend über Treppen der Markierung (»X«) bergab folgen. Dann links an Straße entlang. Bei km 37,9 Straßenunterführung rechts passieren. Danach Gleise kreuzen und bald geradeaus auf »Gotthardsweg« bergan.

38,8 / 205 m Es geht rechts auf Treppenpfad fies bergan. 400 m weiter links zum Gotthardsberg mit alter Ruine. Dann hierher retour und der Markierung (»X«) zur Sattelhütte folgen. Dort dann links ab.

42,0 / 203 m In Reuenthal links auf Teer. Nach 500 m rechts auf Schotter weiter. Bei km 43,9 geradeaus durch Weilbach. 630 m weiter rechts ab und

der Markierung (»blaue Raute«) folgen. Bei km 44,7 am Gasthaus »Zum Löwen« geradeaus auf Fahrradweg Richtung »Breitendiel«. Bald geradeaus auf »Hartungsstraße« weiter.

47,6 / 140 m Links über Bahngleise. Dann rechts am Fluß entlang. 600 m weiter rechts Bahngleise kreuzen und dann der Markierung (»10«) über Pfad folgen. Bei km 48,35 links halten.

49,4 / 135 m Gegenüber der Großbäckerei »Hess« rechts auf Straße weiter. Nach 200 m rechts und zurück zum Ausgangspunkt am Mainzer Tor (km 50,0 / 130 m).

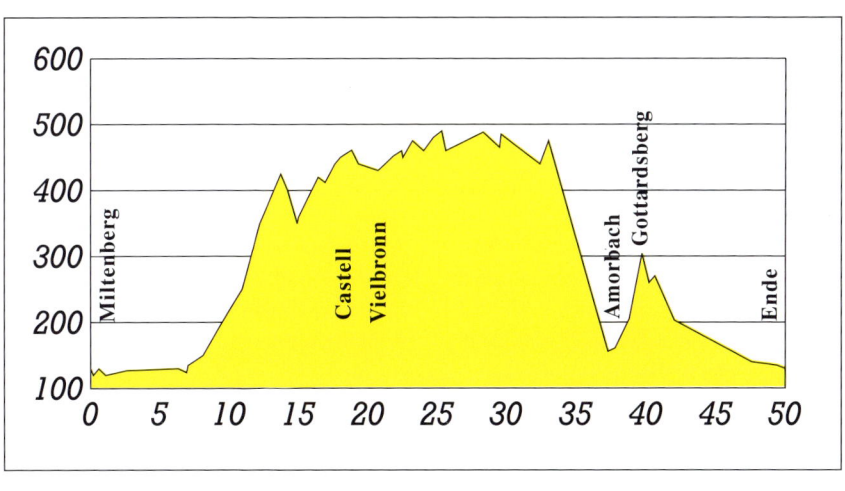

17 Von Rothenburg zur Frankenhöhe

Gesamtstrecke: *20,35 Kilometer*
Anstiege: *310 m*
Schwierigkeit: *leicht*
Reine Fahrzeit: *etwa 1 Stunde*

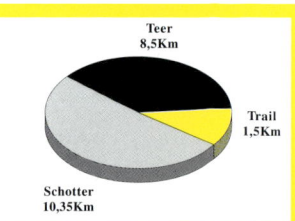

Karte: *Topographische, Karte 1:50.000, UK L26, »Naturpark Frankenhöhe«, Bayerisches Landesvermessungsamt München*

Anfahrt zum Startplatz: *Über A 7 Abfahrt Rothenburg. Dann in Rothenburg Richtung »Bad Mergentheim«, anschließend Hinweisen Richtung »Detwang« folgen. Dort in den Ort hinein, Richtung Kirche, Hinweisen »Radweg Liebliches Taubertal« folgen.*

Alternative Startorte: *Steinbach, Schweinsdorf*

Auskunft: *Fremdenverkehrsamt Rothenburg, Marktplatz 2, 91541 Rothenburg, Tel. 09861/40492*

Camping: *Es gibt unterhalb Rothenburgs im Taubertal in Detwang gleich zwei Möglichkeiten. Camping Tauberromantik, 91541 Rothenburg-Detwang, Tel. 09861/6191 und Camping Tauberidyll, 91541 Rothenburg-Detwang, Tel. 09861/3177*

Jugendherberge: *Roßmühle, Mühlacker 1, 91541 Rothenburg, Tel. 09861/94160 und Spitalhof, Spitalhof, 91541 Rothenburg, Tel. 09861/94160*

Bikeshop: *Im Fahrradgeschäft Rad & Tat, Bensenstr. 17, 91541 Rothenburg, Tel. + Fax: 09861/87984 kann man Hilfe in Form von Reparaturen und diversen Ersatzteilen bekommen.*

Rothenburg ob der Tauber, ein Name, eine Stadt, deren Ruf durch die Welt hallt. Kolonnenweise werden Touristen durch das historische Rothenburg geführt. Haarklein wird alles erklärt und das in ´zig Sprachen – von Einheimisch bis Japanisch. Die wunderschöne mittelalterliche Stadt ist wirklich einen Besuch wert. Deswegen führt diese Tour aus der Einsamkeit der Frankenhöhe dann zum Schluß auch mitten durch die Stadt oder besser gesagt durchs Gewühl. Jedenfalls sorgen Mountainbiker zwischen mittelal-

terlich gekleideten Fremdenführern und inmitten globalem Sprachengewirr mal für Farbtupfer.

Routenverlauf

Bitte gehen Sie niemals ohne die angegebene topographische Karte auf Tour und beachten Sie die Hinweise auf den Seiten 7–9.

km 0,0 / 340 m (Höhe über NN)

Man startet die Tour an der Kirche in Detwang gegenüber vom Gasthof

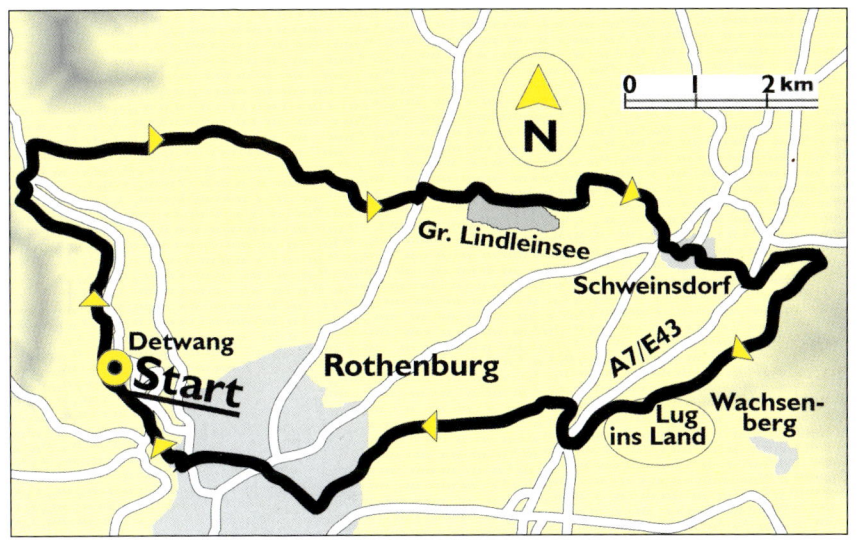

»Schwarzes Lamm«. Zunächst auf Teer bergab, Radweg-Hinweis »Liebliches Taubertal« folgen. Nach 300 m auf Höhe des Campingplatzes an Teergabelung links, Holzbrücke passieren und danach rechts an der Tauber entlang flußabwärts durchs Tal, 200 m lang auf gepflasterten Platten, recht holprig, dann auf Schotter. Bei km 1,2 am Teer-T links, dem Radweg an Kläranlage entlang folgen.

2,2 / 320 m Kurz nach dem Bachbrücklein an Gabelung geradeaus, weiter an Tauber entlang. 300 m weiter Teerweg nach rechts verlassen und Holzbrücke queren. Anschließend auf Pflaster weiter. Bei km 2,7 links auf Straße, übernächste dann rechts auf Teer durch Steinbach (»blaues Kreuz«).

3,6 / 330 m Am Ende des Ortes geradeaus durchs Steinbachtal auf Schotterweg bergan (»blaues Kreuz«).

5,0 / 355 m Bach per Steg queren und jetzt auf anderer Bachseite weiter durchs Steinbachtal bergan auf breiterem Schotterweg, im Sommer stark verwachsen. Einige Meter weiter an Gabelung praktisch geradeaus (links) weiter talaufwärts (»blaues Kreuz«). 200 m weiter 90° links, Furt durch den Bach passieren und weiter der Markierung (»blaues Kreuz«) talaufwärts auf Singletrail folgen.

5,5 / 360 m An Singletrailabzweig 90° rechts über Brücke und dann links weiter talaufwärts. Ein paar Meter weiter am Singletrail-T links bergan.

6,5 / 390 m Erst auf Schotter, dann

auf Teer geradeaus Richtung Landstraße. Genau vor Landstraße links. 200 m weiter, bei der Töpferei dann rechts die Landstraße kreuzen, weiter Markierung (»blaues Kreuz«), jetzt auf ebener Schotterpiste folgen. Bald wird der Weg schmaler. Bei km 7,2 am Wege-T 90° links. 100 m weiter an Wald- bzw. Feldrand etwas nach links und auf Wiesenweg praktisch in etwa 20 m Entfernung am See entlang.

8,0 / 400 m Am Teer-T rechts auf Teer. 700 m weiter geradeaus Bahngleise queren und weiter Markierung (»blaues Kreuz«) Richtung »Windelsbach« folgen. Bei km 9,2 am Teer-T links. 100 m weiter Hauptstraße geradeaus queren.

9,6 / 400 m In Schweinsdorf an der Bushaltestelle »Mitte« rechts auf Teerstraße (»blaues Kreuz«). Einige Meter weiter dann 90° rechts und auf Teerweg etwas bergab. Die nächste links und auf Teerweg wieder bergan.

10,3 / 430 m Direkt nach Autobahnunterführung links auf Teer und 10 m weiter an Gabelung sofort wieder rechts auf Schotterweg. 200 m weiter nach rechts halten und auf kaum sichtbarem Grasweg (»blaues Kreuz«) bergan. Bei km 10,9 dann am Schotterweg-T rechts auf Schotter leicht bergan.

12,9 / 470 m Am Wasserbehälter und Aussichtspunkt »Lug ins Land« am Wiesenweg-T 90° rechts bergab. 100 m weiter an Angabelung geradeaus bergab. Bei km 13,7 an größerem Gebäude 90° rechts Gleise der Feldbahn queren, auf Schotter etwas bergan. Danach rechts

auf Straße Autobahnunterführung passieren. Anschließend parallel zur Straße auf Schotter weiter.

14,2 / 400 m 90° links auf Teer und dem Hinweis Richtung »Rothenburg« folgen, Hinweisschild »Jakobsweg« beachten.

15,7 / 410 m Abzweig ignorieren und geradeaus an Bahngleisen entlang bergan. Ab km 16,2 geradeaus auf Teer durch das Gewerbegebiet. Bei km 16,5 dann vor Hauptstraße rechts auf Radweg durch Rothenburg.

17,2 / 420 m Nach Bahnübergang etwas links und auf »Ansbacher Str.« geradeaus. 300 m weiter geradeaus durchs Stadttor in der Altstadt. Ab km 17,6 auf »Rödergasse« entgegen der Einbahnstraße und anschließend geradeaus durch die Fußgängerzone schieben und das alte Rothenburg mitten in Tourimassen aller Herren Länder soweit wie möglich genießen.

17,9 / 415 m Am Ende der »Rödergasse« geradeaus auf Pflasterstraße über Marktplatz. Bei km 18,2 wieder Stadttor passieren. Danach an Teergabelung etwas links halten, dann geradeaus durch den Park. Anschließend kleines Tor passieren und auf Pflasterweg bergab. Bald auf schmalem Teerweg geradeaus bergab. Bei km 18,7 an Gabelung links bergab.

18,9 / 336 m Nach Holzbrücklein rechts auf breitem Teerweg an Tauber entlang bzw. auf parallel laufendem Singletrail.

19,5 / 330 m Geradeaus auf Straße

weiter an Tauber entlang. Anschließend Landstraße queren und auf Plattenweg weiter an Tauber entlang. Bei km 20,1 am Wege-T rechts, weiter auf Platten-weg. 200 m weiter rechts auf Teer berg-an bis zum Ausgangspunkt am Gasthof »Schwarzes Lamm« bei km 20,35/ 340 m.

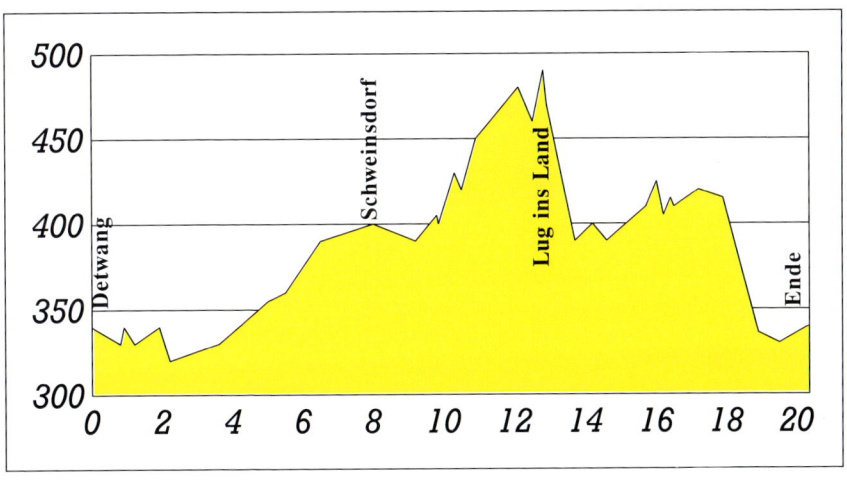

18 Liebliches Taubertal

Gesamtstrecke: 24,4 Kilometer
Anstiege: 590 Höhenmeter
Schwierigkeit: leicht
Reine Fahrzeit: etwa 1,5 Stunden

Karte: Topographische Karte, 1:50.000,
UK L26, »Naturpark Frankenhöhe«, Bayerisches Landesvermessungsamt München
Anfahrt zum Startplatz: Über A 7 Abfahrt Rothenburg. Dann in Rothenburg Richtung »Bad Mergentheim«, anschließend Hinweisen Richtung »Detwang« folgen. Dort in den Ort hinein, Richtung Kirche, Hinweisen »Radweg Liebliches Taubertal« folgen
Alternative Startorte: Steinbach, Bettwar, Tauberscheckenbach, Tauberzell
Auskunft: Fremdenverkehrsamt Rothenburg, Marktplatz 2, 91541 Rothenburg, Tel. 09861/40492
Camping: Es gibt unterhalb Rothenburgs im Taubertal in Detwang gleich zwei Möglichkeiten. Camping Tauberromantik, 91541 Rothenburg-Detwang, Tel. 09861/6191 und Camping Tauberidyll, 91541 Rothenburg-Detwang, Tel. 09861/3177
Jugendherberge: Roßmühle, Mühlacker 1, 91541 Rothenburg, Tel. 09861/94160 und Spitalhof, 91541 Rothenburg, Tel. 09861/94160
Bikeshop: Im Fahrradgeschäft Rad & Tat, Bensenstr. 17, 91541 Rothenburg, Tel. + Fax: 09861/87984 kann man Hilfe in Form von Reparaturen und diversen Ersatzteilen bekommen.

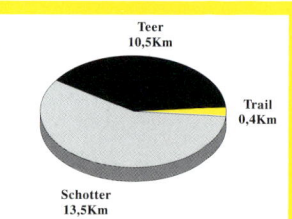

Wenn man schon mal in Rothenburg ob der Tauber weilt und neben einem Trip in die Welt der Romantik ein wenig Abwechslung sucht, dann ist diese Tour hier genau richtig. Ein wenig höher als das Flüßchen Tauber zieht ein einsamer Radweg am Hang entlang, sommertags oft von wildem, blau blühendem und duftendem Oregano zugewachsen. Später kommt man an Weinstöcken entlang und ist immer noch mit sich und seinem Bike allein. Dann aber kann etwas für germanische Verhältnisse recht ungewöhnliches passieren. Der Rückweg führt retour über den Radweg »Liebliches Taubertal« und da kann man schon mal in einer Kolonne radelnder Japaner stecken bleiben. Denjenigen unserer Leser, die sich darüber wundern, sei an dieser Stelle gesagt, daß für japanische Radtouristen die Tour entlang der Tauber ein absolutes Muß ist.

Routenverlauf

Bitte gehen Sie niemals ohne die angegebene topographische Karte auf Tour und beachten Sie die Hinweise auf den Seiten 7–9.

km 0,0 / 340 m
(Höhe über NN)

Wie bei Tour 17 ab der Kirche in Detwang, gegenüber vom Gasthof »Schwarzes Lamm«, zunächst auf Teer bergab; Radweg-Hinweis »Liebliches Taubertal« folgen. Nach 300 m auf Höhe des Campingplatzes an Teergabelung links, Holzbrücke passieren und danach rechts an der Tauber entlang flußabwärts durchs Tal, 200 m lang auf gepflasterten Platten, recht holprig, dann auf Schotter. Bei km 1,2 am Teer-T links, Radweg an Kläranlage entlang folgen.

2,2 / 320 m Kurz nach dem Bachbrücklein an Gabelung geradeaus, weiter an Tauber entlang. 300 m weiter Teerweg nach rechts verlassen und Holzbrücke queren. Anschließend auf Pflaster weiter. Bei km 2,7 links auf Straße. Die übernächste Straße geht es dann rechts ab und auf Teer durch den Steinbach (»blaues Kreuz«) hindurch.

3,5 / 330 m Auf Schotter noch 100 m am Steinbach entlang talaufwärts. Dann 90° links auf Pflaster bergan der Markierung (»Weinrebe«) folgen.

4,5 / 348 m An Gabelung rechts, auf gleicher Höhe etwa bleiben und auf Schotterpiste weiter am Hang des Tals entlang.

5,7 / 355 m Jetzt auf Pflasterweg bergab, bald Linkskurve mitnehmen und

bei km 6,0 geradeaus auf Teerstraße (Markierung beachten) bergab. 100 m weiter, kurz nach dem Ortsschild Bettwar rechts (»Weinrebe«) auf Teer Richtung »Haardtsteige« bergan bis km 6,3. Dort an Gabelung bei 10-t-Schild links auf Schotter bergab.

6,8 / 340 m Alle Abzweige ignorieren, Schotterlinkskurve mitnehmen und dann geradeaus bergan auf Schotterweg Markierung folgen, praktisch weiter oberhalb der Tauber entlang. Bei km 7,4 nach kurzer Abfahrt auf Pflaster am Wege-T rechts bergan.

8,0 / 345 m An Pflastergabelung geradeaus weiter auf Schotter. 800 m weiter geht es auf Teer bergab zur Straße. Dort bei km 9,1 geradeaus auf Straße bergab in den Ort Tauberscheckenbach hinein.

9,4 / 312 m Am Straßen-T rechts durch den Ort bis km 9,55. Dort an Hausnummernschild 41–56 rechts, Hinweisschild »Ferienwohnungen« (»Weinrebe«) beachten, auf Teer bergan. Einige Meter weiter an Gabelung links, weiter Markierung beachten.

9,7 / 330 m Weg gabelt: Linken Strang wählen und auf Schotter in etwa auf gleicher Höhe weiter. Ab km 10,6 auf Teer an Weingärten entlang. Nach 900 m am Teer-T 90° links und auf Teer steil bergab.

11,8 / 305 m In Tauberzell gegenüber Gasthaus »Zum Ochsen« rechts auf Straße durch den Ort. Nach 80 m an der Kirche rechts auf Straße bergan Richtung »Uffenheim«. Bei km 11,95 direkt am Ortsausgang 45° links auf Schotter bergan. 150 m weiter an Gabelung links auf Schotter (»Weinrebe«) weiter.

13,2 / 355 m An einer Angabelung im kleinen Bachtälchen 135° nach links und durchs Tälchen auf Grasweg bergab (»roter Punkt«). 200 m weiter am Waldrand am Wege-T 90° links. Nach weiteren 8 m an Gabelung am Strommast 90° rechts (»roter Punkt«) bergab.

13,6 / 300 m Straße queren, rechts halten, nach ein paar Metern 45° links und auf Radweg dem Hinweis »Liebliches Taubertal« folgen. Bei km 13,7, am Gasthaus »Holdermühle« am Teer-T 90° nach links und dem Radweg zunächst Tauberaufwärts folgen.

14,4 / 295 m An Teerkreuzung 90° rechts bergan. 500 m weiter an Gabelung links weiter auf Teer bergan.

15,8 / 335 m Am Teer-T rechts auf Teer, 10 m weiter auf Schotter bergan.

17,2 / 345 m An Wegegabelung praktisch geradeaus, etwas rechts auf Schotter bergan. 100 m weiter am Teer-T am Waldrand links bergab.

17,7 / 310 m Am Ortsrand von Tauberscheckenbach an Teerkreuzung rechts und dem Radweg »Liebliches Taubertal« flußaufwärts folgen.

20,0 / 316 m Nahe Bettwar am Teer-T links, Tauber per Brücke queren, sofort rechts und auf Teer weiter Tauber aufwärts durch den Ort. 400 m weiter am Teer-T rechts über eine Brücke. Ein Stück weiter am Sportplatz am Wege-T rechts auf Teer und Bettwar auf Straße verlassen.

20,9 / 325 m An Straßengabelung etwas links, praktisch geradeaus weiter auf Radweg an Tauber entlang.

22,2 / 324 m An Holzbrücke geradeaus. 300 m weiter erst rechts, dann links und auf Radweg bleiben.

23,2 / 330 m Kurz nach Kläranlage rechts auf Schotter, später Plattenweg, weiter.

24,1 / 330 m Nach Holzbrücke am Campingplatz rechts. 250 m weiter links und zurück zum Ausgangspunkt am Gasthof »Schwarzes Lamm« (km 24,4 / 340 m).

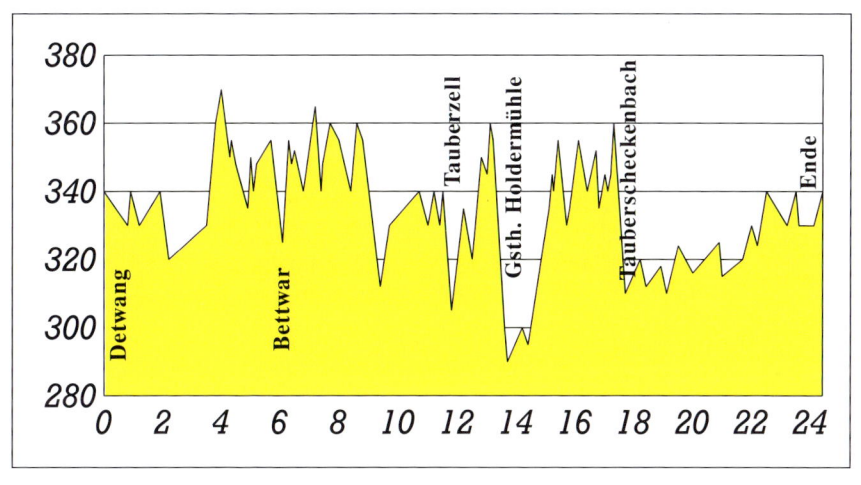

19 Bullenheimer Berg

Gesamtstrecke: *14,6 Kilometer*
Anstiege: *405 Höhenmeter*
Schwierigkeit: *leicht*
Reine Fahrzeit: *knapp 1 Stunde*

Karte: *Topographische Karte, 1:50.000, UK L 25, Blatt »Naturpark Steigerwald«, Bayerisches Landesvermessungsamt München*
Anfahrt zum Startplatz: *Von der A 7 über die Abfahrt Gollhofen nach Ippesheim, anschließend nach Bullenheim. In Bullenheim an Straßenabzweig Richtung »Enheim« rechts, dem Holzhinweisschild »Aussichtssturm« ein Stück folgen. Am Haus »Weinbau Soldner« startet die Tour.*

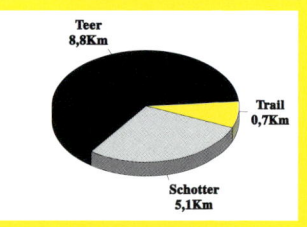

Routenverlauf

Bitte gehen Sie niemals ohne die angegebene topographische Karte auf Tour und beachten Sie die Hinweise auf den Seiten 7–9.

km 0,0 / 280 m (Höhe über NN)

Aus der Richtung betrachtet, aus der man mit dem Auto angefahren ist, biegt man am Haus »Weinbau Soldner« rechts ab und folgt der Markierung (»blaues Kreuz«). Nach 50 m dann 90° links Richtung »Kunigundenkapelle«.

0,6 / 320 m An Kreuzung »Steigerradweg« verlassen und geradeaus bergan auf Betonplatten. 100 m weiter ersten Linksabzweig ignorieren, dann am Betonplatten-T 90° links und durch den Weinberg auf etwa gleicher Höhe fahren.

1,2 / 318 m An Teerkreuzung rechts und 200 m bergan bis zum Waldrand. Dort am Waldrand am Teer-T 90° links und oberhalb des Weinberges, bei km

1,8 an »Aussichtskanzel« (perfekte Übersicht über das Fränkische Weinland) entlang.

2,3 / 325 m An Teergabelung geradeaus weiter bergan. Nach kurzer Abfahrt bei km 2,6 Teerlinkskurve mitnehmen und am Rand des Weinberges zunächst bergab, alle Abzweige momentan ignorieren.

3,0 / 300 m An Teerkreuzung 90° rechts, ein kurzes Stück über den Radweg »Steigerwald« und nach 50 m bei einer Banksitzgruppe am Teer-T 90° rechts und zu Füßen des Weinhügels bergan. Bei km 3,9 an Wegekreuzung geradeaus auf Betonplattenweg weiter. 100 m weiter am Betonplatten-T rechts, nächste Kreuzung ignorieren und auf Teer leicht bergan.

4,1 / 340 m An Abzweig auch geradeaus auf Teerweg bergab Richtung Wald. 200 m weiter an Gabelung Teer verlassen, etwas links halten und auf Schotterpiste bald an Jägerstuhl entlang und dann der Markierung (»Kelten«) folgen. Der Weg geht als Wiesenweg bis zum Waldrand in der letzten Wiesenecke. Dort 90° rechts (»Kelten«) und auf Singletrail durch den Wald.

4,7 / 350 m Wieder am Waldrand rechts auf Wiesenweg. 10 m weiter am Weinberg am Teer-Abzweig 90° links (»Kelten«) auf Teer bergan. Bei km 4,8 an Abzweig geradeaus auf Wiesenweg bergan Richtung Waldrand. Dort bei km 5,0 geradeaus Wegeschranke passieren und geradeaus auf Singletrail bergan. 100 m weiter an Schotterkreuzung rechts auf »Kapellenweg«.

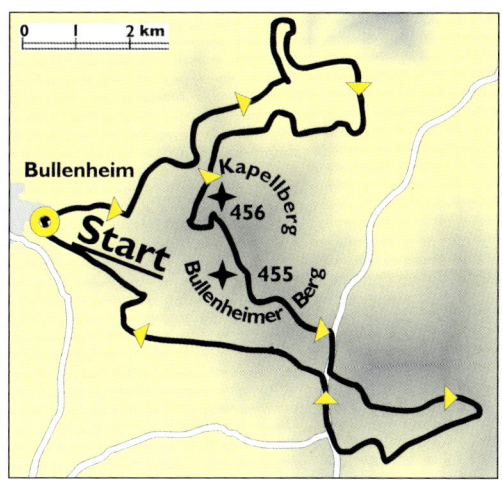

6,3 / 400 m Auf verwachsenem Waldweg geradeaus bergan am Waldrand (keine Abbiegemöglichkeit). 200 m weiter an Kreuzung geradeaus auf Schotterpiste. Bei km 6,7 breiten Schotterweg 45° nach links verlassen und auf Singletrail »Kapellenweg« bergan Richtung »Nenzenheim« (»blauer Tropfen«). Nach 200 m am Wege-T links und auf breiter Schotterpiste bergan bis zum Aussichtsturm. Dann zunächst auf gleichem Weg retour und auf Schotterpiste bergab, alle Abzweige ignorieren.

7,3 / 416 m Geradeaus auf Schotter bergab. 600 m weiter an Gabelung kurz vor Schranke 45° links und auf Waldweg (»Kelten«) bergan.

8,4 / 395 m Am Wege-T auf Schotter rechts leicht bergab. 200 m weiter am Waldrand am Teer-T nach Wegeschranke 90° links und auf Teer bergab.

8,7 / 370 m Am Straßen-T rechts auf Straße bergab Richtung »Schloß Frankenberg«.

9,1 / 370 m Straße 90° nach links verlassen und auf begrastem Waldweg Richtung »Iffigheimer Berg« (»Kelten«). Es geht an Feldrand bzw. Waldrand entlang auf Grasweg leicht bergan.

9,6 / 392 m Am Waldrand am Schotter-T 90° links Richtung »Hoher Landsberg« (»blaues Kreuz«).

10,0 / 425 m An Abzweig fast entgegengesetzt rechts Richtung »Schloß Frankenberg« (»Weinrebe«).

10,5 / 412 m Genau vor dem Burgtor der Burg Frankenberg mit Gaststätte rechts auf Teer bergab.

11,0 / 380 m Am Straßen-T unterhalb der Burg rechts auf Straße. 200 m weiter an Straßenkreuzung mit Abzweig nach

»Bullenheim« geradeaus auf Straße Richtung »Nenzenheim«.

11,6 / 375 m An der Stelle, wo man vorhin aus entgegengesetzter Richtung auf Straße heruntergekommen ist, 90° links auf Waldweg Richtung »Hütteneiche«. Abzweig bald ignorieren und auf sandigem breiten Weg bergab, dann anschließend über Lichtung. Ab km 11,8 geht es dann auf Singletrail bergab.

11,7 / 380 m An Wiesenweggabelung etwas links halten, ein kurzes Stück darauf Gittertor passieren und anschließend links auf Teer bergab.

14,5 / 316 m Am Teer-T links Tor passieren (»Hase«) Richtung »Bullenheim« bzw. zum Ausgangspunkt (14,6/ 280 m).

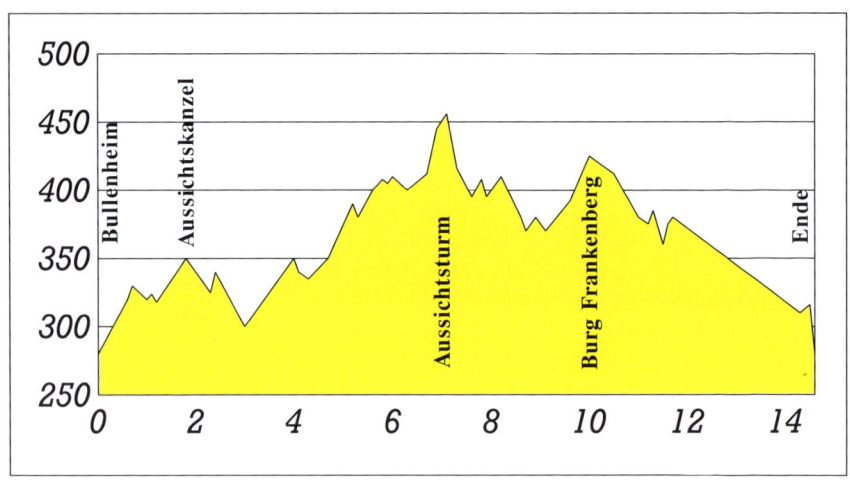

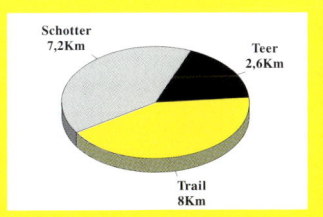

Gesamtstrecke: *17,8 Kilometer*
Anstiege: *500 Höhenmeter*
Schwierigkeit: *leicht*
Reine Fahrzeit: *etwa 1 Stunde*

Karte: *Topographische Karte, 1:50.000,*
UK L 25, Blatt »Naturpark Steigerwald«,
Bayerisches Landesvermessungsamt München
Anfahrt zum Startplatz: *Von der A 3 Abfahrt Wiesentheid über Rüdenhau-*
sen auf der B 286 bis Castell. Den Ort passieren und 50 m vor Ortsausgang am
Abzweig »Kugelspielweg« diese Tour starten.

Diese Tour ist zwar kurz und nicht allzu anstrengend, dafür aber ein fahrtechnischer Leckerbissen. Es gibt Singletrails, so weit das Auge reicht. Und so sind auch die meisten Kilometer dieser Edelrunde auf Trails von Feinstem zurückzulegen. Zwischendurch gibt es dann die wahrscheinlich beste Aussicht im ganzen Steigerwald. Vom Schloß Schwanberg aus genießt man den weitreichenden Blick über das westliche und südliche Franken, der bis weithin zum Spessart reicht. Ein herrlicher Kontrast zu den wunderschönen grünen Weinstöcken zu Füßen.

Routenverlauf

Bitte gehen Sie niemals ohne die angegebene topographische Karte auf Tour und beachten Sie die Hinweise auf den Seiten 7–9.

km 0,0 / 300 m (Höhe über NN)

50 m vor dem Ortsausgang von Castell von B 286 auf gepflastertem »Kugelspiel-weg« Richtung »Schloß Schwanberg«. 400 m weiter an Pflasterabzweig geradeaus, Markierungen und Hinweis »Schwanenbergweg« ignorieren.

1,5 / 300 m Am Wiesenweg-T links. 30 m weiter vor Baumgruppe rechts Graben queren und auf Wiesenweg durch die Feldmark.

1,9 / 300 m An Wegekreuzung 90° links auf Betonplattenweg Richtung Wald leicht bergan. 100 m weiter am Waldrand geradeaus, Wegeschranke passieren und auf Schotter der Markierung (»Käfer«) folgen.

2,4 / 335 m Am Abzweig Rechtskurve auf Schotterweg mitnehmen, Hinweis »Wiesenbronn« zunächst folgen, hier Markierung (»Käfer«) Richtung »Schwanenbergweg« ignorieren. Einige Meter weiter an Schotterabzweig geradeaus.

5,2 / 348 m An Wegekreuzung 90° links und auf Waldweg »Seeleinssteige« (»grünes Dreieck«, »Käfer«) bergan. Nach 100 m Waldweg kreuzen und geradeaus weiter auf Hohlweg steil bergan. Bei km 5,5 am Waldweg-T 90° links (»grünes Dreieck«). 40 m weiter am Schotter-T rechts auf festem Schotterweg (»grünes Dreieck«) Richtung »Schloß Schwanberg« bergan.

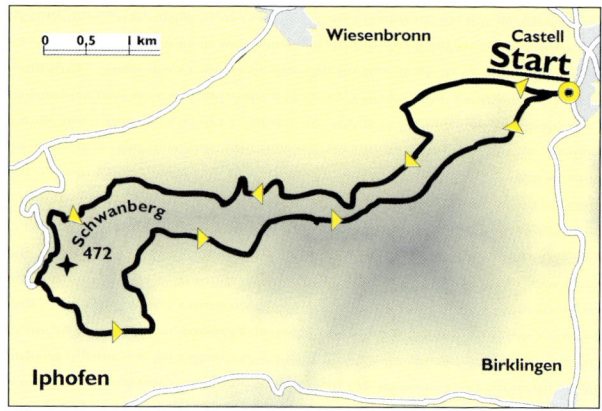

6,0 / 450 m An Jägerstuhl 45° nach rechts, Markierung verlassen und auf Singletrail durch den Wald leicht bergab.

6,9 / 440 m An Wegegabelung links halten und auf breiterem Waldweg leicht bergan. 200 m weiter, kurz vor Pavillon, gegenüber einer Bank 90° rechts auf Waldweg.

7,3 / 452 m Waldweg gabelt am Schotter-T. Hier rechts weiter durch den Park. Nach 300 m an einigen Steinfiguren nahe einem Steinobelisken 90° rechts und Treppe hinunter. Vorsicht, glatt! Nach Treppe Waldweg kreuzen und auf Singletrail bergab (geradeaus!). Anschließend nach kurzer Abfahrt auf Singletrail am Wege-T links weiter bergab auf breiterem Weg. Bei km 7,7 links bergan halten.

7,8 / 440 m An genialem Aussichtspunkt 90° links auf Schotter dem »Schwanenbergweg« bergan folgen. Nach Treppe dann auf Pflasterweg geradeaus an der Burg entlang. Nach ein paar Treppen aufwärts bei km 8,1 vor Kirche rechts ein Stück auf Straße.

8,4 / 468 m Man rollt geradeaus auf Straße »Landrat-Schadt-Str.« an Parkplatz entlang bis km 8,7. Hier in der ersten Rechtskehre der Straße, 3 m vor Hinweisschild »Schloß Schwanberg«, praktisch kurz vor nächstem Aussichtspunkt mit Gleitschirmfliegerstartplatz hart links (135°) und auf Singletrail leicht bergab auf »Schwanbergweg«. Markierung ist allerdings erst später links am Wegesrand zu sehen.

9,45 / 470 m An Trailgabelung Markierung »Schwanbergweg« verlassen und rechts halten, ohne Markierung durch den Wald. Einige Meter weiter an Singletrailgabelung rechts halten und bei km 9,6 am Singletrail-T links. Man fährt auf Singletrail praktisch immer an der Kante des Berges entlang. 100 m weiter nach kurzem Anstieg dann anschließend wieder an Singletrailgabelung rechts halten, weiter an Kante des Berges entlang.

10,6 / 456 m Von links gabelt der markierte »Schwanbergweg« an. Nun geradeaus weiter der Markierung folgen, weiter an der Kante des Berges entlang.

11,6 / 450 m Am Singletrail-T 90° rechts und dem Hinweis »Schwanbergweg« folgen. Einige Meter weiter an Abzweig geradeaus dem »Keltenweg« Richtung »Bildeiche« folgen. 200 m weiter an Gabelung 45° links, Markierung (»Kelten«) folgen.

12,5 / 465 m Am Wege-T am Waldrand links weiter, praktisch geradeaus (»blaues Dreieck«). Bei km 13,1 an Singletrailgabelung »Keltenweg« verlassen, geradeaus auf »Bibartweg« (»blaues Dreieck«) Richtung »Birklingen«. 400 m weiter geradeaus Schotterpiste queren und auf Waldtrail der Markierung (»Ahornblatt«) folgen.

14,0 / 465 m An Trailkreuzung 90° rechts (»Ahornblatt«). Nach 500 m be-

ster Singletrail am Waldweg-T rechts (»Ahornblatt«) auf »Bibartweg« bzw. »Kammweg« Richtung »Castell«. Bei km 15,0 am Schotter-T nach links, Markierung »Salamander« folgen.

15,2 / 408 m Achtung! Wo Anstieg der Schotterpiste beginnt, 45° links und dem Hinweis »Kammweg« Richtung »Castell« über Trail (»Kelten«) bergab folgen.

16,4 / 375 m Nach tollem Trail wird der Weg breit. 100 m weiter an Abzweig auf Pflasterweg geradeaus am Waldrand bzw. Weingartenrand entlang, scheinbar Richtung Kirche Castell.

16,9 / 370 m Pflasterlinkskurve mitnehmen und bergab. 300 m weiter an Abzweig geradeaus Tor passieren. Nach 150 m rechts herum und zurück zum Ausgangspunkt (km 17,8 / 300 m).

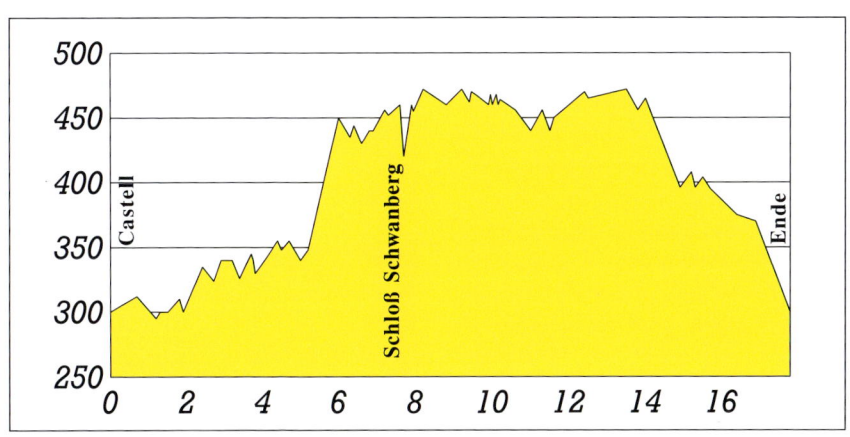

21 Maintalrunde

Gesamtstrecke: *28,0 Kilometer*
Anstiege: *550 Höhenmeter*
Schwierigkeit: *leicht*
Reine Fahrzeit: *1,5 bis 2,5 Stunden*

Karte: *Topographische Karte, 1:50.000, UK L23, Blatt »Naturpark Haßberge«, Bayerisches Landesvermessungsamt München*
Anfahrt zum Startplatz: *Von der A 70 Schweinfurt–Bamberg über die Ausfahrt Knetzgau auf Landstraße nach Sand. Dort am Ortsende Richtung Zeil am REWE-Markt links, nächste wieder links und auf Schotterparkplatz nahe der Kirche diese Tour starten.*
Alternative Startorte: *Zeil, Ziegelbach, Steinbach, Ebelsbach, Eltmann*
Auskunft: *Gemeinde Sand am Main, Rathaus, 97522 Sand, Tel. 09524/822226, Fax: 09524/822250*
Camping: *Gemeinde Sand am Main, Rathaus, 97522 Sand, Tel. 09524/7002*
Bikeshop: *Peter´s Bike Shop in der Brückenstraße, in 97437 Haßfurt, Tel. 09521/2213. Achtung: Das Geschäft hat oft nur nachmittags geöffnet.*

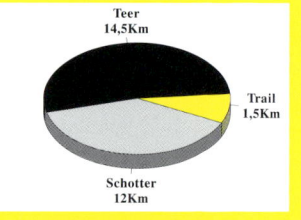

Dort, wo der Main die Haßberge vom Steigerwald trennt, bietet sich eine Maintalrunde geradezu an. Man startet also in Sand und rollt über Zeil bald bergan in die Haßberge. Spektakulär ist das zwar nicht, aber immerhin wird der teilweise recht steile Anstieg mit einer schönen Aussicht von der Bergkapelle aus belohnt. Nach einigen Metern gemütlichen Kurbelns über die Höhe beginnt die Tour richtig Spaß zu machen. Auf einem netten Singletrail geht es an Weinstöcken entlang wieder hinab bis ins Tal. Bevor man per Radweg wieder an das andere Mainufer wechselt, wartet aber noch ein kürzerer Anstieg durch die zum Main hin steil abfallenden Haßberge. Ab Eltmann startet dann die dritte Auffahrt dieser Runde, und zwar in die Steigerwald-

höhen hinauf. Dicht bewaldet und nahezu aussichtsfrei präsentiert sich das Gelände hier. Dafür beginnt die Abfahrt aber mit einem schönen Singletrail. Bald wird der Weg breiter und man rollt zuletzt auf Teer zurück nach Sand.

Routenverlauf

Bitte gehen Sie niemals ohne die angegebene topographische Karte auf Tour und beachten Sie die Hinweise auf den Seiten 7–9.

km 0,0 / 227 m (Höhe über NN)

Ab Parkplatz zunächst auf Straße retour. Nach 300 m rechts auf Straße weiter bis zum REWE-Markt. Dort links und bald auf markiertem Radweg Richtung Zeil auf der anderen Mainseite. Ab km 1,6 geradeaus auf Straße durch Zeil. Bei km 2,2 Straße kreuzen und an Flüßchen entlang geradeaus weiter auf Teerweg »Bachrahm«.

2,6 / 232 m Rechts über Holzbrücke, dann auf geteertem »Brühlweg« Zeil verlassen. 600 m weiter; an steinerner Jesusfigur rechts und auf Schotter

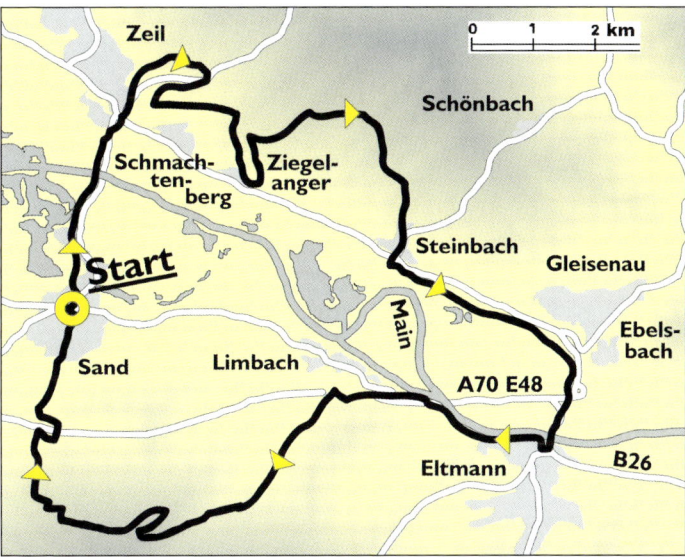

dem Hinweis »Naturfreundehaus« folgen.

3,4 / 280 m Links ab und auf Trail an Hütte entlang steil bergan. Nach kurzer Treppe am Naturfreundehaus »Warme Sonne« rechts auf Teer weiter bergan.

3,8 / 315 m Links auf Straße 30 m bergan, dann rechts und am Parkplatz auf Teerweg bergan. Bei km 4,6 an Bergkapelle auf Teer entlang (tolle Aussicht). Bald geradeaus auf Pflasterweg weiter.

5,5 / 340 m Am Wege-T rechts auf Pflaster 30 m weiter, dann geradeaus über Kreuzung und anschließend 45° rechts dem Hinweis »Eselssteig« Richtung »Schmachtenburg« folgen.

6,0 / 355 m Am Waldrand zweite nach links, »Eselssteig«. 200 m weiter an Gabelung rechts, Treppe hinunter und

anschließend auf Singletrail (mit »Bocksbeutel« markiert) bergab.

6,7 / 250 m Am Wege-T rechts auf Teer durch Ziegelanger auf »Bergstr.«. 100 m weiter an Kirche links bergan auf Straße »Neue Steig«. Bei km 7,0 am Wege-T wieder links und durch die Weinberge hinauf Richtung »Ziegelanger Steige«.

8,2 / 355 m An Gabelung rechts auf geschottertem Höhenweg Richtung »Steinbach«. Nach 500 m an Gabelung rechts weiter. Dann ab km 9,5 auf Pflaster und ab km 10,2 auf Teer bergab. Bei km 10,25 an Gabelung rechts auf Teer bergab.

11,2 / 236 m In Steinbach von Straße »Pfaffenberg« rechts auf Pflaster. 50 m weiter an Kirche links (»R 14«). Dann nach Straßenunterführung kurz vor Bahndamm links und auf Radweg Richtung »Ebelsbach«.

14,1 / 240 m Am Bahnhof Ebelsbach rechts dem Radhinweis »Eltmann« durch Bahnunterführung folgen. Danach links auf Straße Rechtskurve mitnehmen. Anschließend auf Radweg weiter.

15,6 / 240 m In Eltmann rechts auf »Zinkenstraße«. 100 m weiter rechts »Mainlände«. Ab km 15,8 dann links Markierung (»M«) am Main entlang auf Teer folgen.

17,7 / 240 m Kurz nach Unterquerung der A 70 links für 200 m auf Straße. Genau auf Höhe der Fabrik dann wieder links und an Marterl entlang, erst auf Teer, dann auf Schotter, bald Grasweg bergan.

18,2 / 270 m An Kreuzung rechts auf Trail bergab. Nach 200 m an Wege-T dann links auf Schotter (»M«) wieder bergan.

22,6 / 384 m Am Wegedreieck links entlang, weiter Markierung (»M«) Richtung »Ebersberg« folgen.

23,85 / 425 m Kurz vor Schotterabzweig nach links rechts abbiegen und an Hütte entlang dem Hinweis »Sand« auf Singletrail folgen. Nach 150 m links auf oft matschigem Waldweg weiter.

24,7 / 365 m Am Wege-T links auf Schotter (»grünes Dreieck«) bergan. Nach 100 m dann rechts ab und auf Waldweg, Trail (»Kelten«) bergab Richtung »Sand«. Bei km 25,2 rechts auf Schotter, einige Meter weiter wieder links auf Trail. Ab km 25,3 dann auf breiter Schotterpiste weiter.

25,3 / 308 m Am Wege-T rechts auf Schotter, dann links auf geteerter Brücke über A 70, anschließend wieder links und auf Teerweg bergab nach Sand.

27,5 / 228 m In Sand Hauptstraße queren. An der Kirche erst links, dann rechts der »Maingasse« zum Ausgangspunkt folgen (km 28,0 / 227 m).

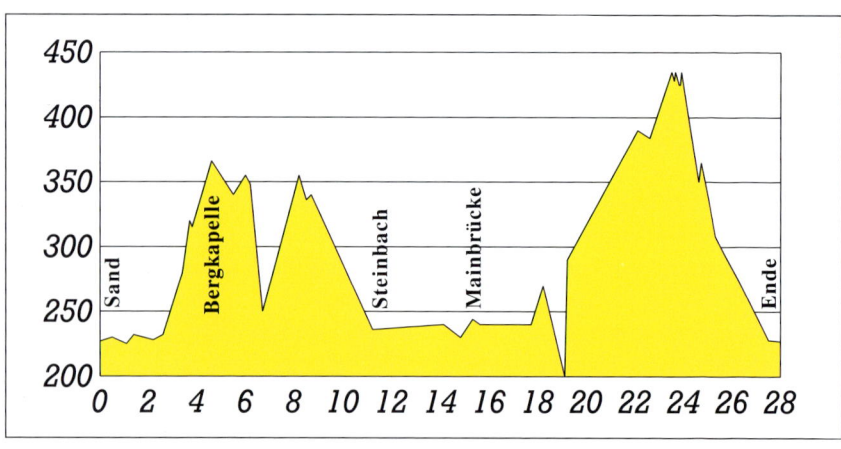

22 Zabelstein

Gesamtstrecke: *29,9 Kilometer*
Anstiege: *460 Höhenmeter*
Schwierigkeit: *leicht*
Reine Fahrzeit: *2 bis 3 Stunden*

Karte: *Topographische Karte, 1:50.000, UK L 23, Blatt »Naturpark Haßberge«, Bayerisches Landesvermessungsamt München, oder Topographische Karte, 1:50.000, UK L 25, Blatt »Naturpark Steigerwald«, Bayerisches Landesvermessungsamt München*
Anfahrt zum Startplatz: *Via A 70 Schweinfurt Richtung Bamberg oder umgekehrt bis zur Autobahnabfahrt Knetzgau und dann weiter Richtung Zell am Ebersberg. Den Ort Richtung Oberschlaichach passieren und direkt am Ortsausgangsschild links der Straße parken. Dort startet diese Tour.*
Alternative Startorte: *keine*
Auskunft: *Gemeinde Knetzgau, Rathaus, 97448 Knetzgau, Tel. 09527-790*
Camping: *Gemeinde Sand am Main, Rathaus, 97522 Sand, Tel. 09524/7002. Der Platz ist etwa 6 Kilometer vom Startpunkt entfernt*
Bikeshop: *Peter´s Bike Shop in der Brückenstraße, 97437 Haßfurt, Tel. 09521/2213. Achtung: Das Geschäft hat oft nur nachmittags geöffnet.*

Es ist schon ein schöner Blick, der sich auf Zell hinunter bietet, wenn man zum Schluß dieser Tour zurück Richtung Ausgangspunkt saust. Hinter dem Ort erhebt sich steil und fast bedrohlich der Ebersberg. An seinen Hängen wachsen edelste Trauben und bedecken den Steilhang im Sommer sattgrün. Das ideale Postkartenmotiv einer ländlichen Idylle, wo die Welt noch in Ordnung ist.

Routenverlauf

Bitte gehen Sie niemals ohne die angegebene topographische Karte auf Tour und beachten Sie die Hinweise auf den Seiten 7–9.

km 0,0 / 280 m (Höhe über NN)
Ab Parkplatz rechts auf Hauptstraße durch Zell am Ebersberg. Nach 50 m links auf geteerter »Böhlstr.« leicht bergab. Bei km 0,4 rechts auf Schotter Richtung »Böhlgrund«. Nun erst einmal der Markierung (»grünes Dreieck«) durch das Tal folgen und auf Hauptweg bleiben.

6,3 / 384 m Am Böhlgrund über Parkplatz, dann links auf Schotter zur Straße. Diese queren und geradeaus auf Schotter bergan, weiter »grünes Dreieck«. 200 m weiter an Gabelung links auf Schotter weiter. Bei km 6,7 rechts auf Schotter an Schutzhütte entlang. 200 m weiter an Gabelung rechts auf Schotter

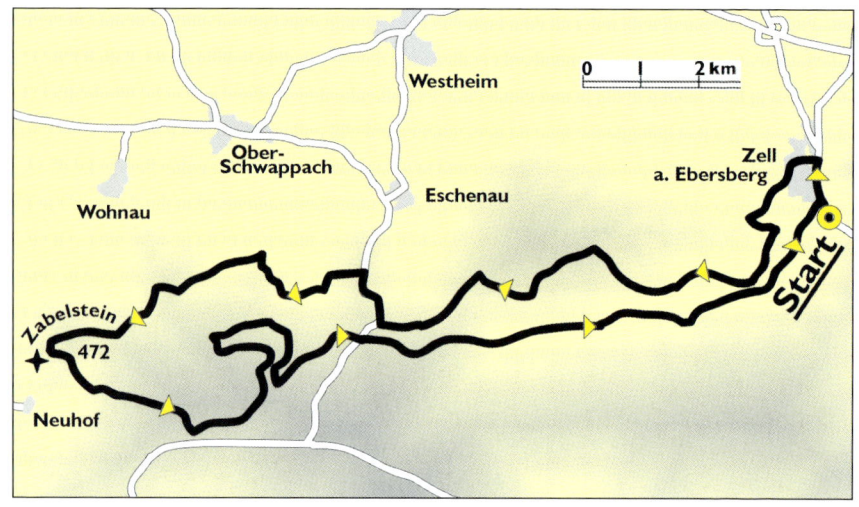

weiter Richtung »Oberschwappach«.

8,7 / 336 m Am Wege-T links auf Schotter bergan. 200 m weiter an Wegekreuzung »Taufbrunn« geradeaus weiter auf Schotter Richtung »Zabelstein« (»grünes Dreieck«).

11,7 / 444 m An Gabelung rechts (»grünes Dreieck«). Nach 100 m links auf Singletrail weiter. Bei km 12,6 rechts auf Teer, immer Richtung »Zabelstein«.

12,9 / 452 m An Gabelung links auf Teer weiter. Nach 700 m an Kreuzung »Am Kohlenmeiler« geradeaus auf Teer weiter. Auch bei km 14,1 geradeaus auf Teer.

14,2 / 468 m An Gabelung geradeaus, erst auf Teer, nach 10 m auf Schotter. 400 m weiter am Wege-T rechts. Ab km 14,7 an Kreuzung geradeaus auf Singletrail bergab. 300 m weiter an Gabelung geradeaus auf Singletrail. Nach

100 m links bergan auf Singletrail zum Aussichtsturm, dann hierher retour und aus alter Fahrtrichtung rechts auf Singletrail weiter.

15,1 / 452 m An Gabelung rechts auf Schotter bergab. 600 m weiter am Wege-T rechts auf Schotter bergab. 10 m weiter rechts auf Schotter bergan und nun auf Hauptweg geradeaus bis km 17,7. Dort an Gabelung links auf Schotter bergab (»Radmarkierung«).

20,0 / 300 m Bis hierher immer geradeaus auf Hauptweg. Nun an Gabelung rechts auf Schotter. 400 m weiter an Gabelung links auf Schotter bergab Richtung »Eschenau« (»Ahornblatt«).

21,7 / 348 m Auf Landstraße rechts bergan. Bei km 22,4 am Parkplatz »Großer Knetzberg« Landstraße nach links verlassen und auf Schotter weiter.

23,8 / 384 m An Gabelung rechts auf

Schotter Richtung »Zell« (»M«). 400 m weiter dann links ab und auf Schotter weiter Richtung »Zell«. Bei km 24,8 dann geradeaus auf »Keltenerlebnisweg«.

25,6 / 364 m An Gabelung erst links, danach sofort wieder rechts und weiter Richtung »Zell«.

27,4 / 290 m Links auf Schotter wei-

ter. Nach 10 m dann rechts, erst noch auf Schotter, 200 m weiter auf Betonplatten, ab km 28,6 auf Straße nach Zell hinein.

28,9 / 260 m Geradeaus; 100 m weiter wieder geradeaus. Nach weiteren 100 m links. Danach an Hauptstraße rechts Richtung Ausgangspunkt (km 29,9 / 280 m).

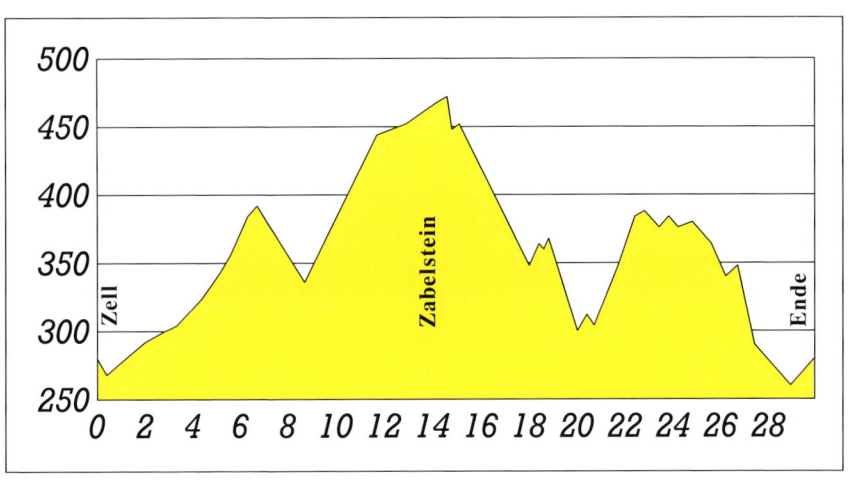

23 Hinauf auf's Walberla

Gesamtstrecke: *11,3 Kilometer*
Anstiege: *400 Höhenmeter*
Schwierigkeit: *mittel*
Reine Fahrzeit: *etwa 1Stunde*

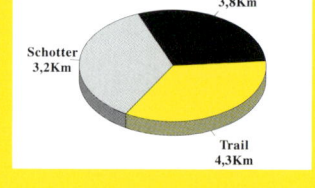

Karte: *Topographische Karte, 1:50.000,
UK L 29, »Fränkische Schweiz«, Bayerisches
Landesvermessungsamt München*
Anfahrt zum Startplatz: *Auf der A 73 Erlangen–Bamberg bis zur Abfahrt
Forchheim. Dann auf der B 470 Richtung Ebermannstadt. In Weilersbach nach
Kirchehrenbach abbiegen und dort an der Kirche die Tour starten.*
Alternative Startorte: *keine*
Auskunft: *Tourismuszentrale Fränkische Schweiz, Oberes Tor 1, 91320 Eber-
mannstadt, Tel. 09194/797779, Fax: 09194/797776, E-mail: fraenkische-
schweiz@t-online.de, Internet: http://www.fraenkische-schweiz.com.*
Camping: *Etwa 8 Kilometer vom Tourenstart entfernt am Landgasthof Bieger,
Rotenbühl 3, 91320 Ebermannstadt, Tel. 09194/9534, Fax: 09194/9556*
Jugendherberge: *Etwa 12 Kilometer vom Tourenstart entfernt in Streitberg:
Jugendherberge Streitberg, Am Gailing 6, 91346 Wiesenttal, Tel. 09196/288*
Bikeshop: *Die nächsten Bikeshops sind Bike Point, 91301 Forchheim, Tel.
09191/729224 oder Bike Power, Breitenbacherstr. 3, 91320 Ebermannstadt,
Tel. 09194/5225*

Dieser erste Tourenvorschlag für die Fränkische Schweiz ist für MTB'ler ein Muß, denn es geht rauf auf's Walberla, dem vielleicht bekanntesten Berg Frankens. Angesichts der oben gemachten Angabe zur Gesamtstrecke könnte jemand bei dem Wert 11,3 auf die Idee kommen, daß es sich hier um ein Versehen handelt. Aber keineswegs. Diese Runde ist sicher extrem kurz, aber sie ist in sich geschlossen und vielleicht eine der schönsten Touren, die man frankenweit unter die Stollen nehmen kann. Sie ist so großartig, daß manch einer sie racelike gleich mehrmals hintereinander fahren wird.

Gestartet wird in Kirchehrenbach mit einigen Metern auf Teer. Danach rollt man auf Schotterpiste Richtung Schlaifhausen, wo der eigentliche Anstieg beginnt. Am 532 m hohen Odenstein endet die Auffahrt dann auf einem steilen, aber durchaus fahrbaren Singletrail. Wieder einmal kommen wir zum Thema Aussicht. Auf dem mehr statt weniger baumfreien Walberla hat man reichlich davon. Dort oben zu stehen, ist wirklich ein Genuß. Genau wie die Abfahrt, die mit einem Singletrail beginnt, den man hochalpin nennen kann. Man fühlt sich zwischen Felsen und Gräsern wie im baumfreien Terrain jenseits der 1800-Meter-Marke.

Bald wird man wieder wach, denn die Abfahrt ist leider auch en miniature. Aber trotzdem am Walberla findet sich ideales MTB-Terrain, wo man reichlich von dem bekommt, was Mountainbiker süchtig macht.

Routenverlauf

Bitte gehen Sie niemals ohne die angegebene topographische Karte auf Tour und beachten Sie die Hinweise auf den Seiten 7–9.

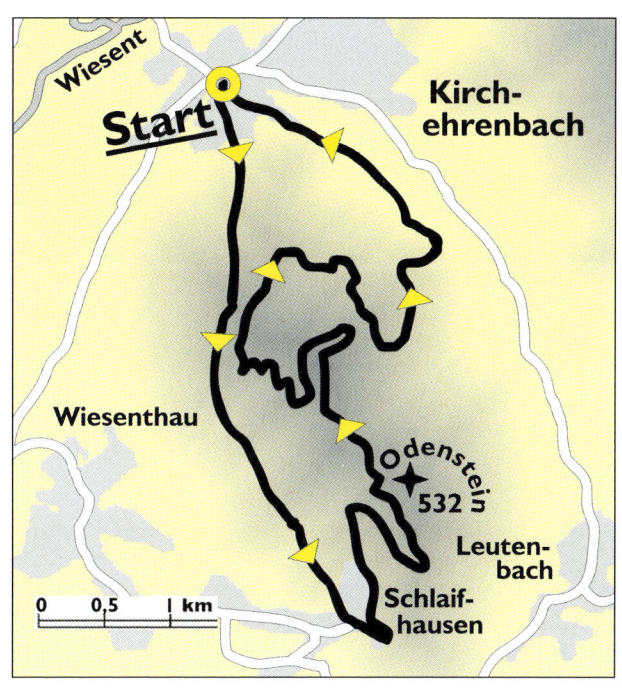

km 0,0 / 288 m (Höhe über NN)
Ab der Kirche in Kirchehrenbach auf Straße »Zur Ehrenbürg« Richtung »Waberla«. Nach 500 m an gleichnamigem Gasthof geradeaus auf Teerweg weiter bis km 1,2. Hier am Abzweig geradeaus auf geschottertem Radweg Richtung »Schlaifhausen«.

3,0 / 367 m In Schlaifhausen am Wege-T links, Radweg verlassen und Richtung »Waberla« bergan auf Teer bis kurz hinter den Wanderparkplatz bei km 3,9. Hier nun hart rechts und auf Schotter dem Piktogramm (»Felsmassiv«) folgen.

4,9 / 460 m An Kreuzung links halten

und auf Grasweg bergan. Nach 300 m wird aus dem Weg ein steiler Trail, der bis hinauf zum Odensteingipfel führt. Dort gibt's nicht nur eine sensationelle Aussicht bis hin nach Erlangen, sondern auch geradeaus runter eine schicke Singletrailabfahrt.

5,9 / 472 m An Abzweig geradeaus auf Schotter, später auf Grasweg wieder bergan, scheinbar Richtung Kapelle. Kurz vor dieser dann rechts auf Graspiste bis zum Steilhang oberhalb Kirchehrenbach.

6,4 / 518 m Direkt vor Steilhang links und zum höchsten Punkt beim Geländer.

Dort dann links auf Trail am Waldrand entlang bergab, wieder scheinbar Richtung Kapelle.

6,7 / 510 m Hinter der Kapelle an Wald entlang und dann etwas links halten Richtung Geländer am Steilabhang Richtung Westen orientieren.

6,8 / 515 m 50 m vor Geländer dann 90° rechts und auf Singletrail steil bergab bis zur Felsgruppe bei km 7,0. Hier nun 90° links und etwas flacher, aber weiter auf Trail bergab.

7,2 / 448 m Nach einem Wahnsinnstrail für Downhillaspiranten 90° rechts und auf Schotter weiter. Nach 400 m unterhalb Holzkreuz links auf Teer bergab.

7,8 / 404 m Kurz nach Schranke geradeaus auf Schotter. Einige Meter weiter an Gabelung rechts auf Schotterpiste etwa auf gleicher Höhe weiter, wieder Markierung (»Felsmassiv«) folgen.

8,8 / 408 m Nach Einfahrt in dunklen Stangenwald die erste Möglichkeit hart links und auf Singletrail (»ohne Markierung«) bergab.

9,1 / 352 m Am Wege-T links auf breitem Grasweg weiter bergab. 400 m weiter am Wege-T rechts halten. Nach nochmals 100 m dann am nächsten Wege-T links und auf Plattenweg, ab km 10,3 auf Teer zurück zum Ausgangspunkt an der Kirche in Kirchehrenbach (km 11,3 / 288 m).

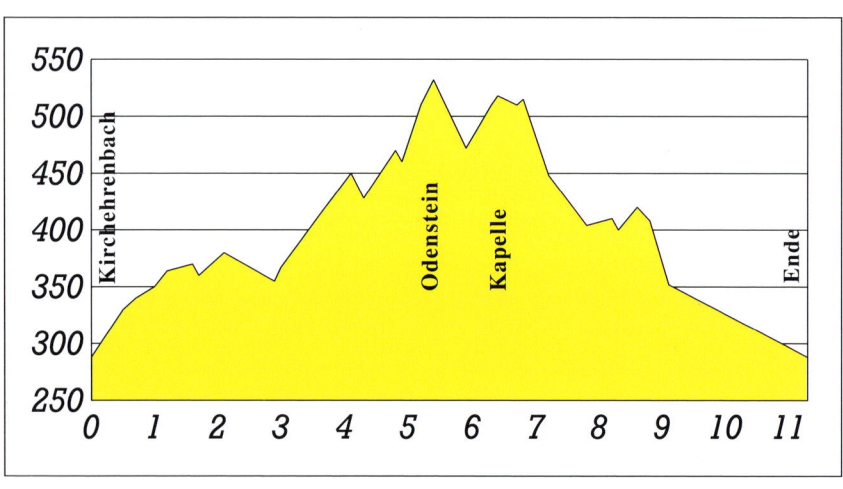

 24 Durch's Trubachtal

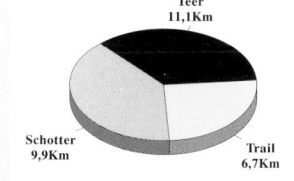

Teer
11,1Km

Schotter
9,9Km

Trail
6,7Km

Gesamtstrecke: *27,7 Kilometer*
Anstiege: *685 Höhenmeter*
Schwierigkeit: *mittel*
Reine Fahrzeit: *1,5 bis 2,5 Stunden*

Karte: *Topographische Karte, 1:50.000,*
UK L 29, »Fränkische Schweiz«, Bayerisches
Landesvermessungsamt München
Anfahrt zum Startplatz: *Aus dem Süden über die A 3 bis zur Abfahrt*
Nürnberg-Nord. Dann auf der B 2 bis kurz nach Gräfenberg. Anschließend
nach Egloffstein abbiegen. Aus Richtung Berlin auf der A 9 bis zur Abfahrt 45
und dann nach Weidensees. Dort auf der B 2 bis kurz nach Leupoldstein und
dann über Obertrubach nach Egloffstein abbiegen. Jeweils an Egloffstein vorbei
und im 2 Kilometer entfernten Weiler Mostviel am Gasthaus »Schloßblick« auf
Parkplatz rechts der Straße diese Tour starten. Aus dem Westen über A 73 Er-
langen–Bamberg bis zur Abfahrt Forchheim. Dann auf der B 470 Richtung Eber-
mannstadt. Kurz vor Ebermannstadt rechts abbiegen und über Pretzfeld nach
Egloffstein. Kurz vorher in Mostviel am Gasthaus Schloßblick diese Tour starten.
Alternative Startorte: *Affalterthal, Bärnfels, Obertrubach, Untertrubach,*
Hammerbühl
Auskunft: *Tourist-Information Egloffstein, 91349 Egloffstein, Tel. + Fax:*
09197/202. Oder Tourismuszentrale Fränkische Schweiz, Oberes Tor 1,
91320 Ebermannstadt, Tel. 09194/797779, Fax: 09194/797776, E-mail:
fraenkische-schweiz@t-online.de, Internet: http://www.fraenkische-schweiz.com
Camping: *Etwa 13 Kilometer entfernt am Landgasthof »Bieger«, Rotenbühl 3,*
91320 Ebermannstadt, Tel. 09194/9534, Fax: 09194/9556
Jugendherberge: *Etwa 17 Kilometer entfernt in Streitberg: Jugendherberge*
»Streitberg«, Am Gailing 6, 91346 Wiesenttal, Tel. 09196/288. Oder 10 Kilo-
meter entfernt: Jugendherberge »Gößweinstein«, Etzdorfer Str. 142, 91327
Gößweinstein, Tel. 09242/259
Bikeshop: *Die nächsten Bikeshops sind Bike Power, Breitenbacherstr. 3,*
91320 Ebermannstadt, Tel. 09194/5225 oder auch Schuhmann´s Fahrrad-
shop, Burgstraße 20, 91327 Gößweinstein, Tel. 09242/7336.

Eine der sanfteren Varianten der
Flußtälertouren in der Fränkischen
Schweiz findet man hier im Trubachtal.
Passend dazu die Landschaft. Gluckern-
de Bächlein winden sich sanft geschwun-
gen durch sattgrüne Auen. Hier und da

ragen schroffe, fast weiße Felsen gen
Himmel. Dazwischen fast malerisch ein-
gebettet: Gemütliche Ortschaften, wo
das typische fränkische Fachwerk an
längst vergangene Zeiten erinnert. Das
Ganze wird dann mit Wäldern komplet-

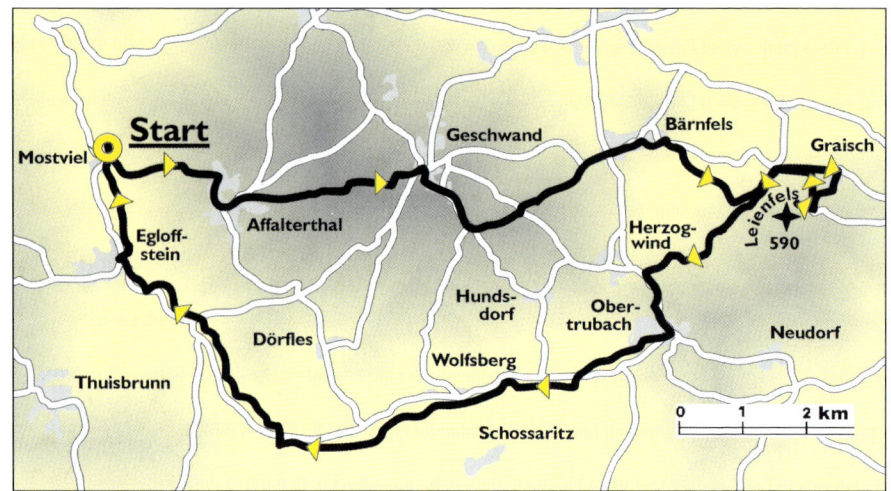

tiert, durch deren Wipfel meistens leise
der Wind säuselt. Das ist fast die perfekte Idylle, jenseits von Alltagshetze und
dem Streß unserer kurzlebigen Zeit. Und
genau hier führt unsere Tour entlang und
ist das Richtige, um auch mal so richtig
abzuschalten.

Routenverlauf

*Bitte gehen Sie niemals ohne die ange-
gebene topographische Karte auf Tour
und beachten Sie die Hinweise auf den
Seiten 7–9.*

km 0,0 / 352 m (Höhe über NN)

Vom Schotterparkplatz aus auf Straße
Richtung Pretzfeld an Gasthaus
»Schloßblick« entlang. 150 m weiter
dann 45° rechts und auf Schotterweg
bergan (»grüner Längsbalken«). Bei km
0,3 Markierung ignorieren und an Ga-

belung rechts auf breitem Waldweg weiter, später mit Markierung (»roter Längsbalken«).

1,6 / 420 m Geradeaus auf Teer an
Kläranlage entlang bergan. 500 m weiter an Straßenkreuzung hart rechts und
auf Straße bergan durch Affalterthal.

2,4 / 475 m Mitten im Ort am Haus
Nr. 31 45° links auf Teer (»roter Längsbalken«). 100 m weiter wieder links und
weiter bis zum Ortsausgang. Nun rechts
auf Teerweg bergan Richtung
»Gschwand« (»grüner Balken«).

2,8 / 490 m An Teergabelung links.
400 m weiter an Gabelung bei einzelnem Gebäude rechts auf Teer weiter. Ab
km 4,2 geradeaus auf Waldweg (»grüner Balken«), bald Singletrail.

4,7 / 570 m Am Trail-T erst links. 100
m weiter an Abzweig dann 90° rechts
auf Singletrail.

5,0 / 552 m Links auf Straße durch Gschwand. 200 m weiter im Ort rechts auf Straße Richtung »Hundsdorf«. Bei km 6,1 an Straßengabelung links wieder Richtung »Hundsdorf«.

6,3 / 490 m Kurz nach der Senke die Straße nach links verlassen und auf Schotter am Waldrand entlang. Bald etwas rechts halten, (»roten Punkt«) ignorieren und weiter am Waldrand entlang auf Wiesenweg bergan. Bald an Garten rechts durch Wald weiter.

7,4 / 520 m 90° links und auf Straße 600 m weiter. Dann Straße nach rechts verlassen und nun auf Wiesenweg am Waldrand entlang (»roter Punkt«). Einige Meter weiter links auf Singletrail durch den Wald.

9,0 / 500 m Rechts auf Straße durch Bärnfels. 300 m weiter geradeaus über Straßenkreuzung. Bald den ersten Hinweis »Leienfels« ignorieren und weiter bis zur Straßengabelung bei km 9,9. Nun rechts Richtung »Graisch«, »Leienfels«.

10,4 / 490 m Straße nach rechts verlassen und auf Wiesenweg am Waldrand entlang bergan (»roter Punkt«). Nach 200 m auf der Höhe geradeaus über Kreuzung und auf Feldweg weiter.

10,7 / 505 m An Feldweggabelung 45° links bergab (»roter Punkt«). Bei km 11,4 erreicht man eine breite Schotterpiste, über die auch später hier die Abfahrt führt. Hier nun links (»Herz«) leicht bergan.

12,0 / 484 m An Kreuzung rechts auf Teersträßchen Richtung »Graisch«. Bei

km 12,4 (von rechts kommt hier später die Abfahrt herunter) weiter geradeaus auf Teer bis nach Graisch. 400 m weiter im Ort rechts auf Teer bergan Richtung »Leienfels«.

13,4 / 555 m Am Gasthof »Burgruine« rechts auf Teer, bald auf Schotter und dann über steilen Anstieg bergan bis zur Ruine »Leienfels«. Hier nun auf gleichem Weg retour bis zum Straßenabzweig am Gasthof »Burgruine« (hier gibt´s leckeren Kuchen). Dort nun links bergab auf Straße Richtung »Graisch«.

14,0 / 530 m Von Straße links auf Trail (»blaues Kreuz«), kurzzeitig bergan und dann bergab (Abzweige ignorieren) bis km 14,3. Nun links auf Teer und entgegen der Auffahrt auf gleichem Weg ein Stück bergab am Waldrand entlang.

14,7/ 484 m An Kreuzung 90° links auf Schotter Richtung »Obertrubach«. 400 m weiter an Abzweig rechts (»Herz«).

16,1 / 445 m Am Wege-T rechts auf Schotter. 200 m weiter an Gabelung wieder rechts und auf schmalem Schotterweg (»Herz«) weiter. Bei km 16,7 dann geradeaus auf breiter Schotterpiste weiter Richtung »Obertrubach«.

17,1 / 430 m Links auf Straße nach Obertrubach. Dort rechts auf Straße Richtung »Egloffstein« (»blauer Balken«). Kurz vor dem Ortsende rechts auf Singletrail »Trubachtalweg«.

18,5 / 425 m An Spielplatz links über Wiese zur Straße. An der Straße rechts auf Schotterstreifen entlang. Dann links auf Teer. Ein kurzes Stück danach rechts und wieder auf Singletrail bergan.

19,05 / 428 m Nun auf Trail an Straße entlang. 150 m weiter wieder auf Singletrail bergan. Bald wieder an Straße entlang und anschließend nochmals rechts auf Singletrail bergan.

20,0 / 403 m An Straße entlang, dann rechts über Parkplatz. Anschließend Straße nach links queren und auf Schotterpfad weiter. Danach Brücke queren und dann oberhalb des Trubachs entlang talabwärts in ständigen Auf- und Abfahrten.

20,6 / 440 m Am Wege-T links auf Trail bergab. Nach 100 m am Wege-T links auf breiter Schotterpiste bis zu einem Privatgrund. Dort rechts auf Singletrail weiter.

21,9 / 410 m Am Wege-T rechts auf Trail bergab. Vor Bergwachtheim dann rechts auf Schotter bergab. Anschlie-ßend auf Teer durch Untertrubach Richtung »Hammerbühl«.

23,1 / 380 m Am Abzweig bei Trafostation rechts auf Teer zur Straße. Diese queren und auf Teerweg (»blauer Balken«) bergan Richtung »Egloffstein«.

24,4 / 368 m Auf »Trubachtalradweg« an Straße entlang Richtung »Egloffstein«.

25,9 / 365 m Am Ortsschild »Egloffstein« links, bald über Holzbrücke, dann rechts auf Radweg an Straße entlang. Anschließend auf »Talstraße« durch den Ort bis zum Kindergarten Egloffstein (km 26,3). Nun rechts auf Schotter bergab, bald Brücke über Trubach queren und anschließend am Bach entlang talabwärts (»blaues Kreuz«) auf Trail (»markierter Radweg«) zurück zum Ausgangspunkt (km 27,7 / 352 m).

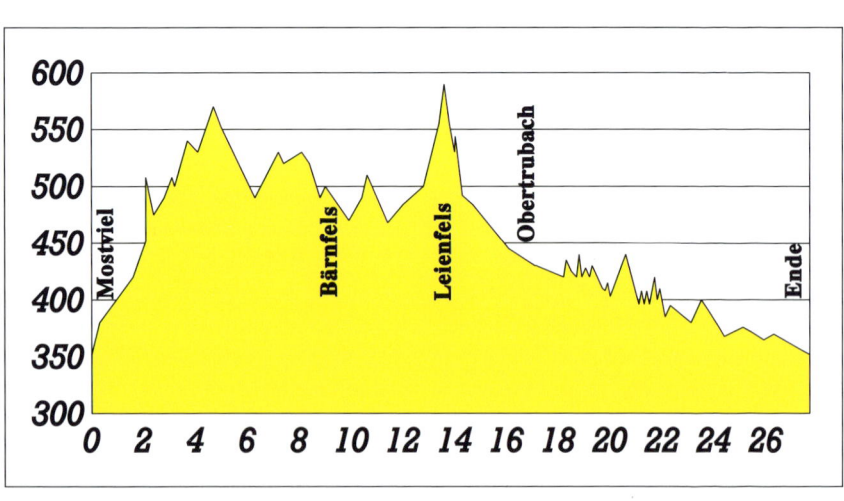

Gesamtstrecke: 18,8 Kilometer
Anstiege: 370 Höhenmeter
Schwierigkeit: leicht
Reine Fahrzeit: 1 bis 2 Stunden

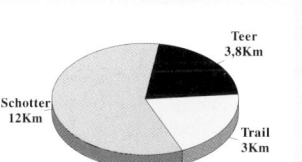

Karte: Topographische Karte, 1:50.000, UK L 29, »Fränkische Schweiz«, Bayerisches Landesvermessungsamt München

Anfahrt zum Startplatz: Auf der A 9 Nürnberg–Berlin bis zur Abfahrt Pegnitz. Anschließend auf B 470 (kurzzeitig auch B 2) Richtung Pottenstein. Kurz vorher an der Schüttensmühle diese Tour starten.

Alternative Startorte: Waidach, Weidenhüll, Graisch, Kirchenbirkig

Auskunft: Verkehrsbüro der Stadt Pottenstein, Forchheimerstr. 1, 91278 Pottenstein, Tel. 09243/70841. Oder Tourismuszentrale Fränkische Schweiz, Oberes Tor 1, 91320 Ebermannstadt, Tel. 09194/797779, Fax: 09194/797776, E-mail: fraenkische-schweiz@t-online.de, Internet: http://www.fraenkische-schweiz.com

Camping: Ruhig, fast idyllisch und ideal als Standquartier für einige Touren ist der Campingplatz »Fränkische Schweiz«, Tüchersfeld 57, 91278 Pottenstein, Tel. 09242/1788, Fax: 09242/1040. Der ganz in der Nähe gelegene Campingplatz »Bärenschlucht«, Weidmannsgesees 12, 91278 Pottenstein, ist größer, oft knallvoll und an Wochenenden spielt dort schon mal die Musi auf. Na denn.

Jugendherberge: Jugendherberge »Pottenstein«, Jugendherbergstr. 142, 91278 Pottenstein, Tel. 09243/1224

Bikeshop: Nicht weit weg vom Startplatz bietet Schuhmann´s Fahrradshop, Burgstraße 20, 91327 Gößweinstein, Tel. 09242/7336 einen akkuraten Service

Im Herzen der Fränkischen Schweiz, genau gesagt im Wiesenttal, kann man ganz hervorragende Touren starten. Die Möglichkeiten sind so vielseitig, daß man ruhig ein verlängertes Wochenende einplanen kann. Außerdem reicht die Tourengüte von hammerhart bis kurbelnd einfach. Zu letzterer Kategorie gehört die hier vorgestellte Runde, die beim Anstieg nicht gleich die Waden explodieren läßt. Auf der Höhe rollt es sich dann auf manchmal recht breiter Schotterpiste eigentlich ganz gemütlich dahin. Und dann, nach einem kurzen und doch etwas knackigeren Uphill kann man, praktisch genau nach der Hälfte der Distanz und nahe dem höchsten Punkt der Runde, am Leienfels ein Stück Torte oder etwas Deftigeres Richtung Magen transportieren. Der Weg retour zur Schüttensmühle am Ausgangspunkt ist dann nur kurz vor Schluß ein wenig aufregender.

Ein verblockter und mit Stufen garnierter Singletrail bietet reichlich holpriges oder schiebendes Vergnügen, je nachdem wie sehr man mit Fahrtechnik beschlagen ist. Fazit: Eine nette Runde durch tolle Landschaft, die nicht besonders anstrengend, aber auch keinesfalls langweilig ist.

Routenverlauf

Bitte gehen Sie niemals ohne die angegebene topographische Karte auf Tour und beachten Sie die Hinweise auf den Seiten 7–9.

km 0,0 / 390 m (Höhe über NN)

Ab Straßenabzweig B 470 / Kirchenbirkig auf Straße bis zum Straßenschild »Schüttensmühle«. Hier rechts (»gelber Balken«) zwischen Häusern hindurch. Danach auf Singletrail durch das Tälchen aufwärts.

0,4 / 392 m An Gabelung geradeaus auf Schotter, Markierung beachten. 200 m weiter am Hof links über die Brücke. Nächste rechts, zunächst auf Schotter, bald auf Singletrail, später an Mühlgraben entlang Richtung »Bronn«.

1,3 / 400 m Geradeaus der Markierung auf Schotter bis km 2,3 folgen. Hier an Kreuzung rechts (»ohne Markierung«) bergan.

2,6 / 445 m Am Wege-T rechts auf Schotter am Waldrand entlang. Bald auf Teer zur Straße zwischen Kühlenfels und Bronn. Diese kreuzen und auf Wiesenweg durch die Feldmark.

3,7 / 465 m Links auf Straße nach Waidach. 800 m weiter, im Ort links ab »Zur Schön« (»grüner Kreis«) und auf Teerpiste weiter. 300 m weiter an Kreuzung geradeaus, »grünen Kreis« ignorieren und auf breiter Schotterpiste (auch für KFZ frei!) Richtung »Weidenhüll«.

7,3 / 530 m Am Wege-T links auf Straße durch Weidenhüll. 800 m weiter im Ort rechts auf Straße Richtung »Leienfels«.

8,6 / 536 m An Waldrand von Teerstraße links auf Schotter bergab. Einige Meter weiter geradeaus bergab bis km

9,2. Hier an Kreuzung rechts (»gelbes Kreuz«) Richtung »Leienfels« auf Schotter bergan.

9,7 / 520 m An Gabelung rechts halten. 300 m weiter am Abzweig geradeaus (»schwarzer Kreis«) auf breiter Schotterpiste weiter bergan.

10,2 / 555 m An Gasthof »Burgruine« geradeaus am Abzweig entlang auf Teer, bald auf Schotter und dann über steilen Anstieg bergan bis zur Ruine »Leienfels«. Hier nun auf gleichem Weg retour bis zum Straßenabzweig am Gasthof »Burgruine« (hier gibt´s leckeren Kuchen). Dort links auf Straße bergab bis nach Graisch.

11,2 / 500 m In Graisch geradeaus über Kreuzung, weiter auf Teer und Markierung »roter Punkt« folgen. 600 m weiter am Schotter-T rechts zur Straße, queren und weiter auf Schotter durch den Wald (»rotem Punkt«) bis Kirchenbirkig folgen. Bei km 13,3 geradeaus über Kreuzung.

14,6 / 505 m An Kreuzung 90° rechts. Bei km 15,9 links auf Straße durch Kirchenbirkig. 200 m weiter, kurz nach Bäckerei »Brendel« rechts auf »Lohweg« (»grüner Punkt«) Richtung »Klumpertal«. Bei km 16,2 am Ortsrand geradeaus auf Schotter. 500 m weiter am Waldrand an Gabelung rechts bergab. Ein paar Meter weiter geradeaus über Dreiergabelung und auf Singletrail weiter.

17,4 / 435 m Am Abzweig geradeaus auf Singletrail. 100 m weiter geradeaus auf breitem Wiesenweg. Bei km 17,8 an Gabelung rechts auf Trail, bald heftig bergab (grüner Punkt«). 200 m weiter rechts auf Schotter und nach weiteren 10 m links, wieder auf heftigem Trail bergab.

18,2 / 385 m Am Bauernhof links, dann Brücke queren und auf gleichem Weg, wie bei der Anfahrt zurück zum Ausgangspunkt (km 18,8 / 390 m).

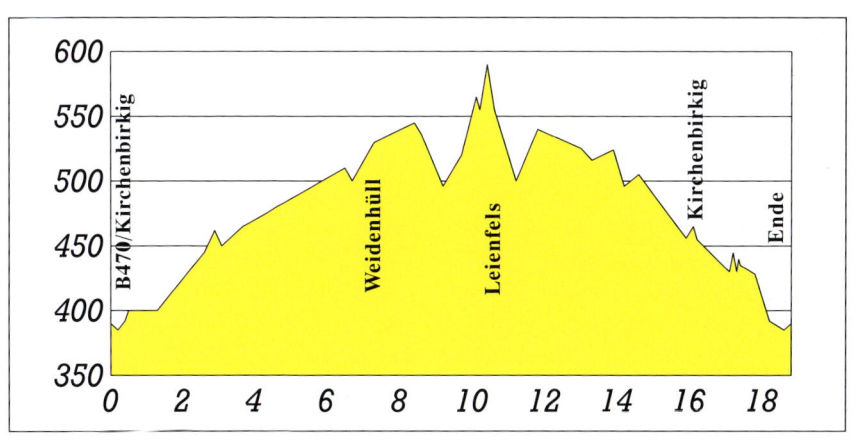

26 Pottensteiner Tälertour

Gesamtstrecke: 19,2 Kilometer
Anstiege: 200 Höhenmeter
Schwierigkeit: leicht
Reine Fahrzeit: 1 bis 2 Stunden

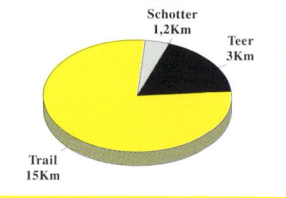

Karte: Topographische Karte, 1:50.000,
UK L 29, »Fränkische Schweiz«, Bayerisches
Landesvermessungsamt München
Anfahrt zum Startplatz: Auf der A 9 Nürnberg–Berlin bis zur Abfahrt
Pegnitz. Anschließend auf B 470 (kurzzeitig auch B 2) bis nach Pottenstein.
Mitten im Ort rechts auf Straße Richtung »Haselbrunn« abbiegen. Einige Meter
weiter an der Kirche startet diese Tour.
Alternative Startorte: Willenreuth, Bronn, Schüttersmühle
Auskunft: Verkehrsbüro der Stadt Pottenstein, Forchheimerstr. 1,
91278 Pottenstein, Tel. 09243/70841. Oder Tourismuszentrale Fränkische
Schweiz, Oberes Tor 1, 91320 Ebermannstadt, Tel. 09194/797779,
Fax: 09194/797776, E-mail: fraenkische-schweiz@t-online.de,
Internet: http://www.fraenkische-schweiz.com
Camping: Ideal ist der Campingplatz »Fränkische Schweiz«, Tüchersfeld 57,
91278 Pottenstein, Tel. 09242/1788, Fax: 09242/1040. Außerdem:
Campingplatz »Bärenschlucht«, Weidmannsgesees 12, 91278 Pottenstein
Jugendherberge: Jugendherberge »Pottenstein«, Jugendherbergstr. 142,
91278 Pottenstein, Tel. 09243/1224
Bikeshop: Im nahen Wallfahrtsort 91327 Gößweinstein kümmert sich Schuh-
mann´s Fahrradshop, Burgstraße 20, Tel. 09242/7336, engagiert um Bikers
Nöte.

Das Mountainbikerevier Fränkische
Schweiz besticht vor allem durch seine
Vielseitigkeit. Auch in der Kategorie An-
forderungen an Kondition und Fahrtechnik kommt hier jeder auf seine Kosten. Mit
Tour 26 bieten wir nun auch einmal eine
äußerst lockere Runde an, die meistens
auf Singletrails durch die faszinierende
Welt einmaliger Felsformationen führt und
auch wegen Sightseeingerlebnissen niemals langweilig wird. Spaßig auch, wenn
dann mal was passiert. Man stelle sich
vor, Shimanos funkelnagelneue Hinter-
radnabe, genauer gesagt der Freilauf,
gibt den Geist auf. Da dieses Phänomen
ja leider häufiger auftritt, hat man extra
eine Reservenabe dabei, nur um feststel-
len zu müssen, daß der Freilaufkörper in
keiner Weise zu überreden ist, sich zu lö-
sen. Es ist übrigens samstags, kurz vor
zwölf. Obwohl man auch bei Schumann's
Fahrradshop diesen dämlichen Freilauf
nicht auf bekam, half man uns spontan
und ohne langes Gerede mit einem Er-
satzlaufrad. Wir meinen, daß das auf jeden Fall erwähnt werden mußte.

Routen-
verlauf

*Bitte gehen Sie
niemals ohne
die angegebene
topographische
Karte auf Tour
und beachten
Sie die Hinweise
auf den Seiten
7–9.*

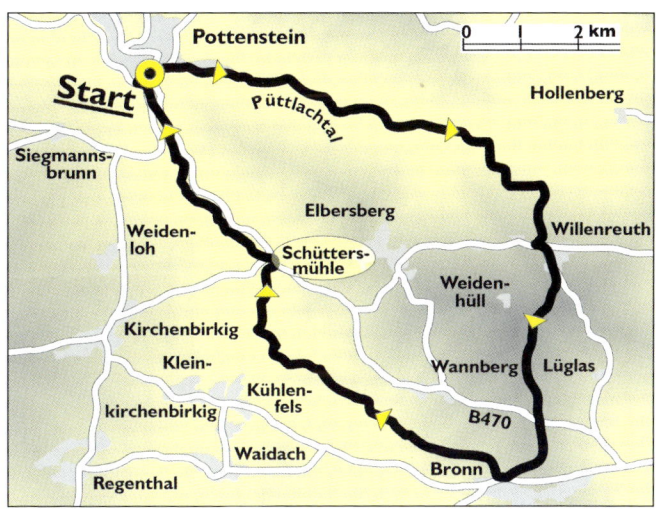

km 0,0 / 368 m (Höhe über NN)
Ab der Kirche 200 m auf Straße Richtung »Prüllsbirkig«. Dann Straße verlassen, etwas rechts halten und der Markierung »rotes Kreuz« auf Teerweg bergan
folgen.

0,7 / 392 m Man erreicht den Wald.
Bis hierher alle Abzweige ignorieren
und auf »Leo-Jobst-Weg« (»rotes Kreuz«
– »Heiligensteg« bis km 4,6). Bei km 0,8
links auf markiertem Weg, jetzt Singletrail weiter. 200 m weiter links, nach
nochmals 10 m rechts und auf Singletrail
bleiben. Bei km 1,6 geradeaus Richtung
»Hollenburg« auf Singletrail. 10 m weiter links (»rotes Kreuz«).

2,5 / 380 m An Gabelung links über
Brücke. Danach sofort wieder halb links.
400 m weiter geradeaus auf Singletrail.
Bei km 3,3 links auf Singletrail bergan
(»rotes Kreuz«). Bei km 3,8 an Gabe-

lung rechts auf Singletrail weiter (»rotes
Kreuz«).

4,5 / 400 m An Gabelung rechts auf
Singletrail. 100 m am »Heiligensteg«
rechts über Holzbrücke. Nach 50 m sofort wieder rechts und nun der Markierung (»gelber Balken«) folgen. Bis km
5,7 geradeaus. Dann rechts auf Teer
Richtung »Bronn«.

6,4 / 476 m Im Ort Willenreuth erst
links, dann rechts und auf Straße Richtung »Lüglas« (»gelbe Raute«). Kurz
nach dem Ortsende bei km 6,9 Straße
nach rechts verlassen und auf Schotter
(»gelbe Raute«) weiter. Bei km 7,6 rechts
auf Schotter weiter.

8,3 / 443 m Weg wird zum Wiesenweg. 100 m weiter an Abzweig dann
rechts. Nach nochmals 100 m links auf
Teer (»gelbe Raute«). Bei km 8,9 B 470
queren und auf anderer Straßenseite auf

Teer (»gelbe Raute«) weiter. Diesem Weg folgt man bis Bronn.

9,6 / 433 m In Bronn rechts auf B 2 für 100 m. Dann wieder rechts ab, B 2 verlassen. 10 m weiter wieder rechts und auf Teerweg bergab (»gelber Balken«). Bei km 10,3 links, jetzt auf Schotter (»gelber Balken«) durchs Tal.

10,6 / 425 m Links, jetzt auf Wiesentrail. Bei km 12,0 rechts auf Singletrail weiter (»gelber Balken«). 300 m weiter an Kreuzung geradeaus auf Schotter bis km 13,0. Hier an Gabelung rechts auf Schotter weiter (»gelber Balken«).

13,8 / 397 m Halb rechts auf Singletrail. 100 m weiter geradeaus, Markierung (»gelber Balken« folgen. Bei km 14,1 am Bauernhof links, dann Brücke queren und erst auf Schotter, dann auf Singletrail zum Gasthof »Schüttersmühle«.

14,8 / 390 m An der Schüttersmühle links auf B 470. Nach 100 m Straßenab-

zweig Richtung »Kirchbirkig« ignorieren. Dann Straße nach links queren, Brücke passieren und dann am Fluß entlang talabwärts auf Schotter. Bei km 15,2 rechts weiter auf Singletrail (»gelber Balken«).

15,6 / 386 m Rechts über Brücke, sofort wieder links über Parkplatz und auf Teer weiter. Bei km 16,0 links auf Singletrail weiter (»gelber Balken«).

17,2 / 374 m Singletrail verlassen, rechts über Brücke. Dann links auf Radweg nach Pottenstein. Anschließend auf B 470 weiter. Bei km 17,9 B 470 nach rechts verlassen und weiter auf Straße Richtung »Stadtmitte«. An der nächsten Kreuzung links. Kurz danach rechts.

18,3 / 368 m Links auf Teer (»rotes Kreuz«). 300 m weiter wieder links auf B 470. Am nächsten Abzweig dann links (Richtung »Stadtmitte«) zum Ausgangspunkt (km 19,2 / 368 m).

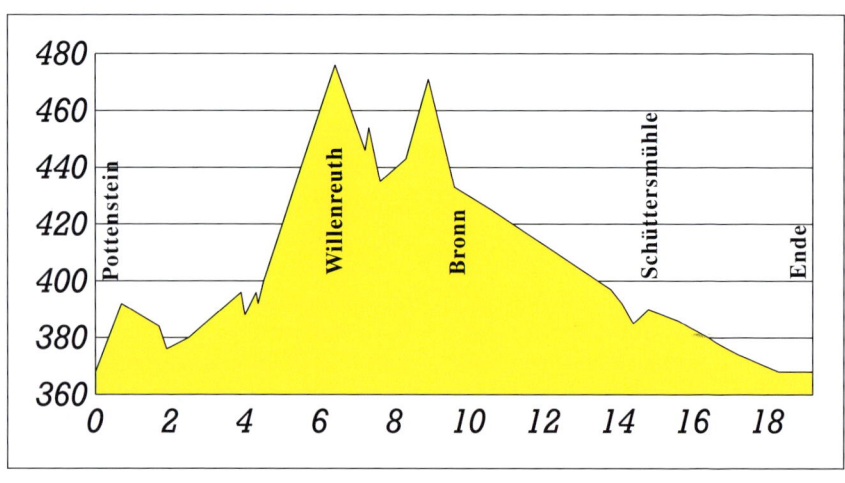

Gesamtstrecke: 17 Kilometer
Anstiege: 655 Höhenmeter
Schwierigkeit: mittel
Reine Fahrzeit: 1 bis 2 Stunden

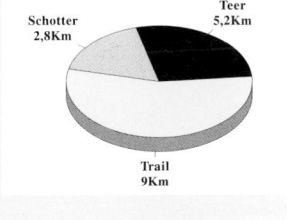

Karte: Topographische Karte, 1:50.000, Blatt UK L 29, »Naturpark Fränkische Schweiz«, Veldensteiner Forst, Bayerisches Landesvermessungsamt München

Anfahrt zum Startplatz: Anfahrt: Auf A 73 aus Richtung Nürnberg oder Bamberg bis zur Abfahrt Forchheim oder Buttenheim. Dann auf Landstraße nach Ebermannstadt. Dort auf B 470 bis zum Ortsausgang. Nun rechts den Hinweisen »Schwimmbad Rotenbühl« folgen und dort auf dem Parkplatz diese Tour starten.

Alternative Startorte: Birkenreuth, Muggendorf, Streitberg, Niederfellendorf

Auskunft: Verkehrsamt Ebermannstadt, Bahnhofstraße/Bürgerhaus, 91320 Ebermannstadt, Tel. 09194/50641, Fax: 09194/50641. Oder Tourismuszentrale Fränkische Schweiz, Oberes Tor 1, 91320 Ebermannstadt, Tel. 09194/797779, Fax: 09194/797776, E-mail: fraenkische-schweiz@t-online.de, Internet: http://www.fraenkische-schweiz.com

Camping: Landgasthof »Bieger«, Rotenbühl 3, 91320 Ebermannstadt, Tel. 09194/9534, Fax: 09194/9556. Der Platz ist einfach und preiswert und hat den ungemeinen Vorteil, daß er am Ausgangspunkt von drei Touren liegt. Übrigens: Wer auf Camping nicht so steht, kann sich auch ganz gut im Landgasthof selbst (gleiche Telefonnummer) einquartieren.

Jugendherberge: Gibt es im nahen Streitberg. Jugendherberge »Streitberg«, Am Gailing 6, 91346 Wiesenttal, Tel. 09196/288

Bikeshop: Bike Power, 91320 Ebermannstadt, Tel. 09194/5225

Das Wiesenttal ist eine Reise wert. Schon allein landschaftlich gesehen, hat diese Gegend viel zu bieten. Schroffe Felsen ragen hier respektlos in den oft weißblauen fränkischen Himmel und prägen so unverwechselbar die Gegend. Im Talgrund plätschert das Flüßchen Wiesent dahin und bietet Paddelfans tolle Bedingungen. Aber auch Mountainbiker kommen garantiert nicht zu kurz. Herausragend dabei sind tolle Singletrails, die sich oberhalb der Wiesent durch die Hänge ziehen. Da diese Zuckertrails sich des öfteren als mächtig verblockt und wegen manch steilem Anstieg als Terrain für Fortgeschrittene präsentieren, sei hier noch eine kurze Runde zum Eingewöhnen vorgestellt. Wer dem Zauber dieser edelsten MTB-Pfade erliegt und mehr davon will, kann ja auch die Tour 30 unter die Stollen nehmen und schauen, ob er dabei seine Grenzen erreicht.

Routenverlauf

Bitte gehen Sie niemals ohne die angegebene topographische Karte auf Tour und beachten Sie die Hinweise auf den Seiten 7–9.

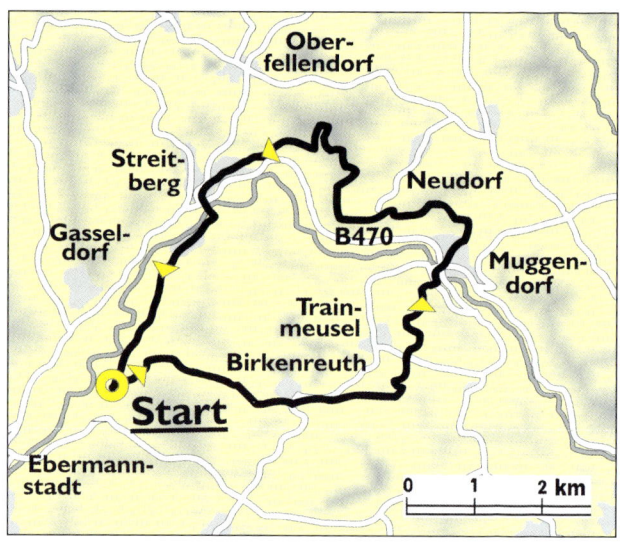

km 0,0 / 293 m (Höhe über NN)

Vom Parkplatz am Schwimmbad Rotenbühl zunächst auf Straße am Campingplatz entlang. Nach 350 m genau an den Gebäuden des Bauernhofes bzw. kurz vor Gasthof »Bieger« Straße 90° nach rechts verlassen (»gelber Längsbalken«), in Richtung »Birkenreuth« auf Schotterpiste, bald Grasweg bergan. Anschließend auf Hohlweg im Wald steil bergan.

0,5 / 316 m Etwas rechts über Wiese, dann rechts weiter durch den Wald recht steil bergan.

1,5 / 352 m Am Waldrand gabelt man von rechts an einen breiten Schotterweg. Hier geradeaus bergan (»gelber Längsbalken«). Nach 800 m und einer weiteren heftigen Steigung erreicht der Weg die Höhe. Hier geradeaus weiter (»blauer Längsbalken«) Richtung »Birkenreuth«.

2,5 / 450 m Auf Teer geradeaus durch Birkenreuth. Nach 200 m am Teer-T links. Dann an Reiterpension »Zur Lin-

de« gleich wieder rechts, zunächst auf Teer (»gelber Kreis«) und bis km 3,2 auf Straße bleiben. Dort rechts (»gelber Kreis«) auf Schotterpiste Richtung »Wohlmannsgesees«.

3,4 / 468 m Weg gabelt: wir fahren links auf breiter Schotterpiste (»gelber Kreis«) bergab. Nach 200 m an nächster Gabelung links halten (»gelber Kreis«, blauer Schrägbalken«) Richtung »Wohlmannsgesees« auf breiter Schotterpiste. Bei km 3,9 gabelt der Weg wieder. Hier links auf Grasweg am Waldrand entlang weiter Richtung »Wohlmannsgesees« (»gelber Kreis, blauer Schrägbalken«).

4,0 / 485 m Geradeaus bergan auf Waldweg in den Wald hinein, Markierung beachten. 200 m weiter nach kurzer Abfahrt am Wege-T links Richtung

»Trainmeusel« auf begrastem Schotterweg am Waldrand entlang (»blauer Längsbalken«).

4,2 / 470 m Nach kurzer Abfahrt bei km 4,8 Teersträßchen queren und geradeaus auf Teerweg (»blauer Längsbalken«) in Richtung »Muggendorf« bergab. Nach 800 m an Gabelung rechts halten, praktisch geradeaus und auf Schotter Richtung »Muggendorf«. Bei km 5,1 direkt am Waldrand (!) an Gabelung 45° rechts halten und auf Singletrail bergab.

5,4 / 370 m Nun trifft man auf Schotterpiste. Diese geradeaus kreuzen und weiter auf Singletrail durch den alten Graben bergab Richtung »Muggendorf«. Wer auf Tour 30 wechseln will, biegt hier rechts ab.

5,7 / 340 m Weg gabelt: Links halten und am Hang entlang. 100 m weiter am Waldrand an Gabelung geradeaus und auf Singletrail leicht bergan (»rotes Kreuz«).

6,2 / 320 m Weg (»rotes Kreuz«) verlassen und rechts Treppe hinunter. Nach Treppe dann links auf Schotter an Bahngleisen entlang. 300 m weiter rechts Bahngleise passieren, dann Brücke queren und auf »Forchheimer Straße« geradeaus durch Muggendorf.

6,7 / 315 m Am Hotel »Sonne« geradeaus Richtung Hotel »Pfeiler«, Hinweis Richtung »Höhenweg« (»roter Längsbalken«) beachten. 100 m weiter an kleinem Brunnen 90° links, Hinweis »Höhenweg« beachten und auf Teer teilweise steil bergan. Alle Abzweige vom Teerweg ignorieren und geradeaus halten. Bei km 7,4 Markierung ignorieren, weiter geradeaus steil bergan. Wer links abbiegt und einige Meter weiter bei einer Treppe geradeaus fährt, kann auf einem Singletrail einen Abstecher zur Rosenmüllerhöhle unternehmen.

7,6 / 450 m Kurz vor einem Feld am Jägerstand exakt vor einer grünen Bank 90° links und auf Grasweg vor Busch-Baumgruppe an Wiese entlang. 100 m weiter, kurz nach Waldrand am Singletrail-T 90° rechts steil bergan (»roter Längsbalken«). Bei km 7,8 an Singletrailkreuzung 90° rechts bergan (»roter Längsbalken«).

7,9 / 505 m Hier endet zunächst der Brutalanstieg, der für Cracks allerdings fahrbar ist. Anschließend gibt´s dann einen sahnigen Felstrail bergab, der einfach klasse ist. Der Trail hat aber auch einige Passagen, wo ein Fahrfehler einen Sturz nach sich ziehen kann. Also, aufgepaßt!

8,4 / 445 m Rechts halten, »roten Längsbalken« verlassen. 100 m weiter, direkt am Waldrand auf breiter Schotterpiste 90° links bergab. Bei km 8,6 (!) links auf Waldweg (»blauer Kreis«) wieder in den Wald hinein.

8,9 / 400 m Hier treffen wir wieder auf den »Heinrich-Uhl-Weg« (»roter Längsbalken«). Hier 90° rechts auf Trail Richtung »Streitberg«. Nach 300 m am Waldrand links auf breiter Schotterpiste bergab, Markierung beachten. Bei km 9,3 kurz nach Waldrand an großem Felsen 90° rechts auf Waldweg Richtung

»Langes Tal«. Ab km 9,4 wieder auf Singletrail.

10,0 / 410 m Am Abzweig etwas rechts halten. Einige Meter weiter an Gabelung dann links ab auf Singletrail. 300 m weiter am Singletrail-T links weiter. Bei km 10,5 an Gabelung 90° links. Nach nochmals 300 m links auf Singletrail bergab Richtung »Streitberg«, immer »roten Balken« beachten.

11,45 / 355 m Nach kurzem Stück bergan. Geradeaus breiten Schotterweg kreuzen (»roter Balken«), dann an Sitzgruppe um Schotter-Linkskurve herum Richtung »Streitberg«. Bei km 11,7 an Gabelung links halten (»roter Längsbalken«) an kleinem Aussichtsstand entlang und auf Singletrail wieder bergab.

12,1 / 365 m Kurz nach imposanter Felsformation geradeaus auf Singletrail (»grünes Kreuz«). 100 m weiter, kurz nach nächster feststehender Schranke Singletrailabzweig ignorieren und geradeaus bergan, wieder »roten Längsbalken« beachten, an großer Felsformation entlang. Bei km 12,5 am Abzweig mit Treppe geradeaus Richtung »Muschelquelle«. Dort bei km 12,9 an Singletrailgabelung etwas rechts halten und (»rotem Dreieck mit 6«) Richtung »Oberfellendorf« auf Singletrail folgen.

13,2 / 405 m Nach kurzer Treppe links auf Straße bergab bis »Sterns Posthotel« bei km 13,7. Hier 90° links auf Straße »Am Bürgerhaus«.

13,9 / 340 m Links auf B 470. Nach 20 m dann rechts über Wiesentbrücke und in Niederellendorf bei km 14,1 rechts auf Straße (»Radweg Fränkische Schweiz«) zurück zum Ausgangspunkt, der am Schwimmbad Rotenbühl (17,0 / 293 m) erreicht ist.

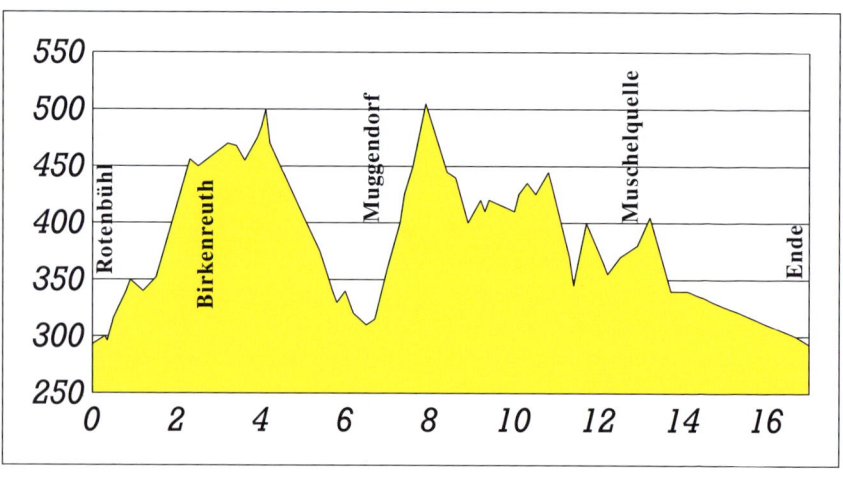

28 Zur Behringersmühle

Gesamtstrecke: 29,6 Kilometer
Anstiege: 803 Höhenmeter
Schwierigkeit: mittel bis schwer
Reine Fahrzeit: 1,5 bis 2,5 Stunden

Karte: Topographische Karte, 1:50.000,
Blatt UK L 29, »Naturpark Fränkische
Schweiz«, Veldensteiner Forst, Bayerisches
Landesvermessungsamt München

Anfahrt zum Startplatz: Auf A 73 aus Richtung Nürnberg oder Bamberg
bis zur Abfahrt Forchheim oder Buttenheim. Dann auf Landstraße nach Ebermannstadt. Dort auf B 470 bis zum Ortsausgang. Nun rechts den Hinweisen
»Schwimmbad Rotenbühl« folgen und dort auf dem Parkplatz diese Tour starten.
Alternative Startorte: Birkenreuth, Muggendorf, Gößweinstein, Behringers-
mühle, Engelhardsberg, Streitberg, Niederfellendorf
Auskunft: Verkehrsamt Ebermannstadt, Bahnhofstraße/Bürgerhaus, 91320
Ebermannstadt, Tel. 09194/50641, Fax: 09194/50641. Oder Tourismuszen-
trale Fränkische Schweiz, Oberes Tor 1, 91320 Ebermannstadt, Tel.
09194/797779, Fax: 09194/797776
Camping: Landgasthof »Bieger«, Rotenbühl 3, 91320 Ebermannstadt,
Tel. 09194/9534, Fax: 09194/9556
Jugendherberge: Jugendherberge »Streitberg«, Am Gailing 6,
91346 Wiesenttal, Tel. 09196/288
Bikeshop: Bike Power, 91320 Ebermannstadt, Tel. 09194/5225

Schotter 8,2Km — Teer 6,9Km — Trail 14,5Km

infos

Diese Tour ist eine weitere Wiesenttalrun-de. Stellt man die Touren 27 und 30 zu ihr in Relation, dann ist sie als Medium-Variante zu klassifizieren. Wie schon bei Tour 27 geht es erst einmal hinauf nach Birkenreuth. Im Tal der Wiesent hält man sich dann allerdings rechts und rollt auf einem Radweg am Fluß entlang. Apro-pos Radweg: Der ist zwar ausgeschil-dert, ist aber echtes MTB-Terrain. Wer hier mit zölligen Reifen auf 28-Zoll-Lauflrädern samt Schutzblechen und knapp 20 Kilo Fahrradgewicht daher kommt, dem gebührt Mitleid, Respekt –

oder beides. Trotzdem, solche Radwege lieben wir und wollen mehr davon. In Behringersmühle, hier laden zahlreiche Gasthäuser zur ersten Pause ein, rollt man ein paar Meter über eine viel befah-rene Straße, bevor man dann ab dem Ortsende wieder auf einem Singletrail entlang der Wiesent in einsamere Gefil-de abtaucht. Bald kommt man dann zur Schottersmühle. Hier wartet nicht nur ein weiterer Biergarten, sondern auch der zweite größere Anstieg dieser Tour. Der ist kurz und entsprechend steil, führt aber über Engelhardsberg zu einem Single-

trail, der sich hoch über der Wiesent nicht nur als toll, sondern auch recht anstrengend präsentiert. Am Ende wartet noch die Muschelquelle zur adäquaten Abkühlung, bevor man dann bald das Ende der Runde erreicht.

Routenverlauf

Bitte gehen Sie niemals ohne die angegebene topographische Karte auf Tour und beachten Sie die Hinweise auf den Seiten 7–9.

km 0,0 / 293 m (Höhe über NN)

Wie bei Tour 27 startet man auf dem Parkplatz und fährt am Schwimmbad »Rotenbühl« zunächst auf Straße am Campingplatz entlang. Nach 350 m, kurz vor Gasthof »Bieger«, von Straße im 90°-Winkel rechts auf Schotter, bald auf Grasweg, dann auf steilem Hohlweg bergan (»gelber Längsbalken«) Richtung »Birkenreuth«. Bei km 0,5 rechts über Wiese, dann rechts weiter durch den Wald ziemlich steil bergan.

1,5 / 352 m Am Waldrand auf breitem Schotterweg geradeaus bergan (»gelber Längsbalken«). Nach 800 m auf der Höhe ebenfalls geradeaus weiter (»blauer Längsbalken«) Richtung »Birkenreuth«.

2,5 / 450 m Auf Teer geradeaus durch Birkenreuth. Nach 200 m am Teer-T links. Dann an Reiterpension »Zur Linde« gleich wieder rechts, zunächst auf Teer (»gelber Kreis«) und bis km 3,2 auf Straße bleiben. Dort rechts (»gelber Kreis«) auf Schotterpiste Richtung »Wohlmannsgesees«.

3,4 / 468 m Weg gabelt: links auf breiter Schotterpiste (»gelber Kreis«) bergab. Nach 200 m an nächster Gabelung links halten (»gelber Kreis«, »blauer Schrägbalken«) Richtung »Wohlmannsgesees« auf breiter Schotterpiste. Bei km 3,9 gabelt der Weg wieder. Hier links auf Grasweg am Waldrand entlang Richtung »Wohlmannsgesees« (»gelber Kreis«, »blauer Schrägbalken«).

4,0 / 485 m Geradeaus bergan auf Waldweg in den Wald hinein, Markierung beachten. 200 m weiter nach kurzer Abfahrt am Wege-T links Richtung »Trainmeusel« auf begrastem Schotterweg am Waldrand entlang (»blauer Längsbalken«).

4,2 / 470 m Nach kurzer Abfahrt bei km 4,8 Teersträßchen queren und geradeaus auf Teerweg (»blauer Längsbalken«) in Richtung »Muggendorf« bergab. Nach 800 m an Gabelung rechts halten, praktisch geradeaus und auf Schotter Richtung »Muggendorf«. Bei km 5,1 direkt am Waldrand (!) an Gabelung 45° rechts halten und auf Singletrail bergab.

5,4 / 370 m Man trifft auf Schotterpiste. Hier Verlauf von Tour 27 verlassen, rechts ab und auf breiter Schotterpiste dem Hinweis »Krämersberg« (»rotes Karo«) folgen.

6,1 / 365 m Am Wege-T rechts auf Straße 200 m so lange bergan, bis die Leitplanke das erste Mal endet. Nun 45° links und auf im Sommer oft mit Brennesseln zugewachsenem Singletrail weiter bis km 6,5. Hier am Wiesenweg-T bei

Jägerstand vor Zwetschgenplantage 90° links und am Waldrand entlang.

6,7 / 445 m Am Wege-T 90° links (»rotes Karo«) Richtung »Burggaillenreuth«. 80 m weiter (»rotes Karo«) verlassen, Hinweis »Burggaillenreuth« ignorieren und 45° links auf Singletrail an Sitzbank entlang.

7,1 / 395 m Am Schotter-T rechts und weiter am Hang des Tals entlang. 100 m weiter Abzweig ignorieren und geradeaus auf etwa gleicher Höhe bleiben. Bei km 7,3 an Wegekreuzung 90° links bergab. Bald Schotter-Linkskurve mitnehmen. 200 m weiter an Schottergabelung rechts bergab.

7,6 / 348 m Schotter-Rechtskurve mitnehmen und dann der Markierung »rotes Kreuz« und »Radweg« Richtung »Behringersmühle« folgen. Ab km 7,9 auf schmalerem Weg an Bahngleisen entlang talaufwärts.

10,9 / 320 m Links Bahngleise queren, sofort rechts auf geteertem Weg (»rotes Kreuz«) weiter an der »Sachsenmühle« entlang. Direkt ab Biergarten auf Singletrail an den Bahngleisen entlang durchs Tal.

11,5 / 325 m An Gabelung links halten und weiter auf Singletrail (»markierter Radweg«) durchs Tal.

13,0 / 330 m Nach tollem Singletrail direkt an Bahngleisen entlang, ab der Stempfersmühle weiter auf breitem Schotterweg Richtung »Behringersmühle« (»rotes Kreuz«) und weiter durchs Tal immer flußaufwärts.

14,25 / 350 m In Behringersmühle

geradeaus auf Straße am Hotel »Das Schulhaus« entlang. Nach 150 m dann links auf die B 470. Bei km 14,6 kurz nach der »Püttlachbrücke« rechts auf Straße Richtung »Ailsfeld«. 200 m weiter am Gasthof »Behringersmühle« links und nach nochmals 200 m am Renault-Autohaus rechts. Dann geradeaus den Ort verlassen und bald auf Schotter, später Trail immer an Wiesent entlang talaufwärts.

17,2 / 350 m Links über Brücke, dann rechts an Schottersmühle entlang und nach 80 m Straße links steil bergan, auf Singletrail (»roter Kreis«) Richtung »Engelhardsberg«.

18,6 / 400 m Geradeaus bergan auf breitem Schotterweg. Nach 700 m am Schotter-T rechts, jetzt leichter bergan. Bei km 19,5 am nächsten Schotter-T links bergan. 30 m weiter bei den Häusern von Engelhardsberg geradeaus und auf Teer der Markierung »roter Kreis« folgen.

19,7 / 480 m Am Dorfplatz bei kleinem Kreisverkehr an Linde 90° links und an Feuerturm entlang durch den Ort. Nach 100 m dann rechts auf Hauptstraße (»Kreuz«) Richtung »Muggendorf«.

20,3 / 455 m Genau am Ortsausgangsschild Engelhardsberg 90° links und auf geteertem Weg (»Kreuz«) bergab Richtung »Muggendorf«. Nach 400 m an Gabelung rechts auf Schotter (»Kreuz«) bergan.

21,1 / 470 m Auf der Höhe eines Bauernhofes zunächst am Schotterweg geradeaus, dann 30 m weiter links (»Kreuz«) auf Singletrail durch den Wald. 100 m

weiter am Schotter-T links auf breiter Schotterpiste (»Kreuz«) weiter. Bei km 21,3 an Dreiergabelung 90° rechts auf gepflastertem Waldweg (»Kreuz«) steil bergan.

21,5 / 522 m Am Aussichtsturm »Hohes Kreuz« 90° links, gepflasterten Weg verlassen und auf Singletrail (»Kreuz«) Richtung »Muggendorf«. Nach 500 m Downhill auf felsigem Trail am Singletrail-T kurz vor Aussichtspunkt mit Bank rechts weiter, steilstens bergab. 100 m weiter am Singletrail-T links (»roter Längsbalken«). Bei km 22,3 etwas rechts herum halten, nicht auf Weg (»Kreuz«) abbiegen, weiter Markierung »roter Balken« folgen, bergab.

22,5 / 410 m Man erreicht einen Schotterparkplatz. Hier links auf Teerweg bergab, »roten Längsbalken« jetzt ignorieren. 200 m weiter »Dooser Berg« geradeaus queren und weiter auf geteertem »Sonnenweg« bergab durch Muggendorf. Bei km 22,8 an Straßengabelung etwas links halten. Nach nochmals 100 m an nächster Gabelung rechts auf Teer weiter bergab. Ab der Kirche rechts auf Hauptstraße weiter bergab. Bei km 23,4 B 470 geradeaus verlassen, Brücke über den Fluß queren, Bahngleise passieren und am Teer-T links. Dann sofort rechts dem Radweg »Fränkische Schweiz« folgen.

23,6 / 330 m An Gabelung »Oberer Bahnhofsweg« links auf Teer Radmarkierung folgen (»rotes Kreuz«), bergan.

23,9 / 360 m Straße am Ortsausgangsschild Muggendorf nach rechts verlassen und auf geschottertem Radweg »Fränkische Schweiz« weiter.

25,4 / 360 m An Wegekreuzung geradeaus Richtung »Schwimmbad«.

26,4 / 340 m An Gabelung etwas nach links und dann am Schwimmbad

geradeaus entlang auf Schotterpiste, ab km 26,6 auf Teer.

28,5 / 296 m Am Abzweig »Leo-Jobst-Weg« geradeaus Richtung Ausgangspunkt (km 29,6 / 293 m).

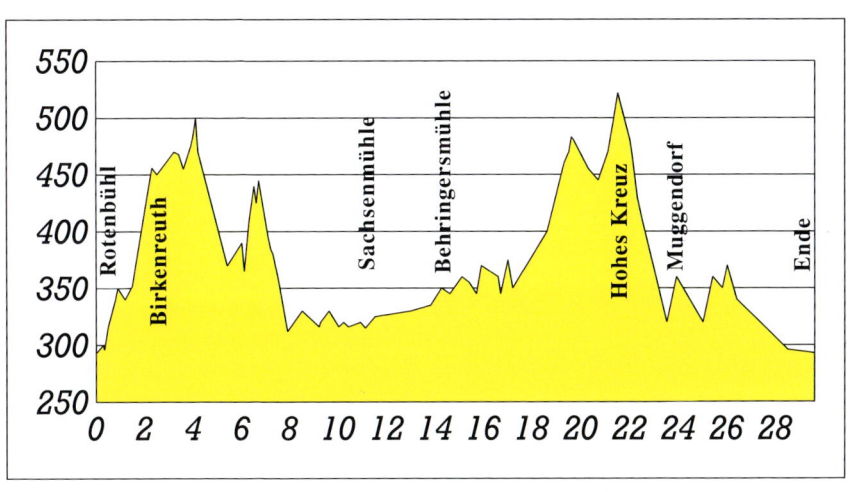

29 Zur Burg Rabenstein

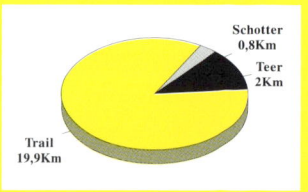

Gesamtstrecke: *22,7 Kilometer*
Anstiege: *530 Höhenmeter*
Schwierigkeit: *mittel*
Reine Fahrzeit: *1,5 bis 2,5 Stunden*

Schotter 0,8Km
Teer 2Km
Trail 19,9Km

Karte: *Topographische Karte, 1:50.000, Blatt UK L 29, »Naturpark Fränkische Schweiz«, Veldensteiner Forst, Bayerisches Landesvermessungsamt München*
Anfahrt zum Startplatz: *Anfahrt: Auf A 73 aus Richtung Nürnberg oder Bamberg bis zur Abfahrt Forchheim oder Buttenheim. Dann auf Landstraße nach Ebermannstadt. Dort links auf B 470 bis Behringersmühle. Hier startet die Tour.*
Alternative Startorte: *Unterailsbach, Oberailsbach, Langenloh*
Auskunft: *Verkehrsamt Ebermannstadt, Bahnhofstraße/Bürgerhaus, 91320 Ebermannstadt, Tel. 09194/50641, Fax: 09194/50641. Oder Tourismuszentrale Fränkische Schweiz, Oberes Tor 1, 91320 Ebermannstadt, Tel. 09194/797779, Fax: 09194/797776.*
Camping: *Landgasthof »Bieger«, Rotenbühl 3, 91320 Ebermannstadt, Tel. 09194/9534, Fax: 09194/9556. Oder nahe Pottenstein die Campingplätze »Fränkische Schweiz«, Tüchersfeld 57, 91278 Pottenstein, Tel. 09242/1788, Fax: 09242/1040 oder Campingplatz »Bärenschlucht«, Weidmannsgesees 12, 91278 Pottenstein.*
Jugendherberge: *Jugendherberge »Streitberg«, Am Gailing 6, 91346 Wiesenttal, Tel. 09196/288, oder Jugendherberge »Pottenstein«, Jugendherbergstr. 142, 91278 Pottenstein, Tel. 09243/1224.*
Bikeshop: *Bike Power, 91320 Ebermannstadt, Tel. 09194/5225. Schuhmann´s Fahrradshop, Burgstraße 20, 91327 Gößweinstein, Tel. 09242/7336.*

Rock´n Roll im Wiesenttal, nicht für Schlagzeug und Band, sondern auch für Freerider und Fullyfans. Die fränkische Schweiz schaut aus, wie eine Miniausgabe des schönsten Teiles der Dolomiten. Bizarr und schroff recken sich kahle Felsen in den oft weiß-blauen fränkischen Himmel. Dazwischen kilometerlange schmale Pfade, mal verblockt, mal durchsetzt mit Wurzeln, die gierig nach Speichen und Pedalen lechzen. Kurz und gut, das ideale Terrain für optimales MTB-Vergnügen.

Routenverlauf

Bitte gehen Sie niemals ohne die angegebene topographische Karte auf Tour und beachten Sie die Hinweise auf den Seiten 7–9.

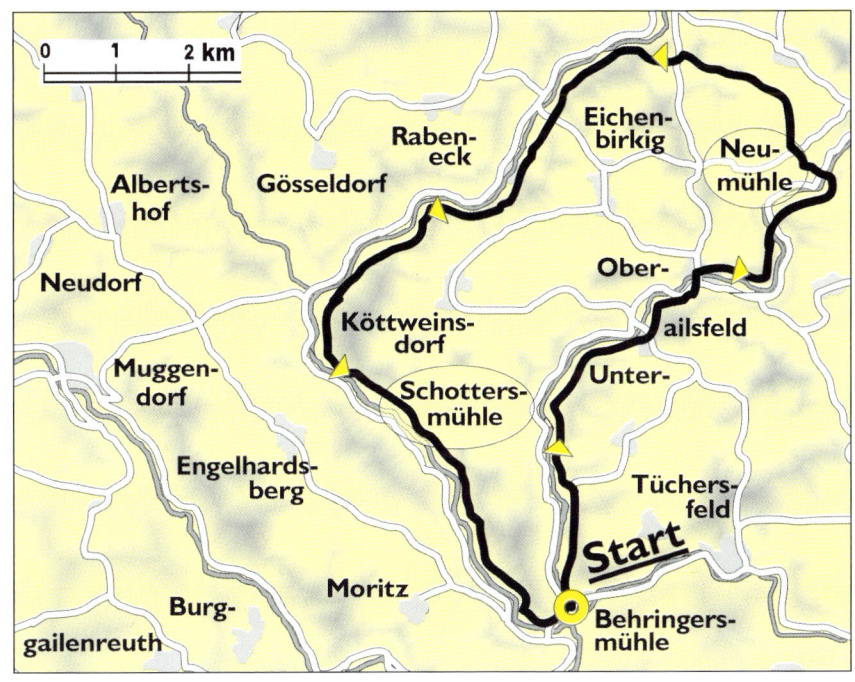

km 0,0 / 345 m (Höhe über NN)
In Behringersmühle; wir starten diese
Tour kurz nach der Brücke über die Püttlach rechts neben der B 470 bei den Hotels. Zunächst geht's mit dem Bike auf B 470 retour. Exakt nach der Brücke über die Püttlach rechts auf gepflasterter Treppe bergab und dann auf Pflasterweg an Püttlach entlang talaufwärts, Markierung »blaues Kreuz« beachten.

0,3 / 340 m An Straßenbrücke über Bächlein rechts über Straßenbrücke. Jetzt (»blaues Kreuz«) Richtung »Tüchersfeld«. 100 m weiter am Tennisplatz links (»blaues Kreuz«) auf Schotterweg, kurz

darauf auf Singletrail Richtung »Unterailsfeld«. Bald geht es in Serpentinen steil bergan.

1,4 / 348 m Am Wege-T rechts auf Teer bergan. Nach 200 m Straße nach links verlassen (»blaues Kreuz«) und auf Singletrail weiter Richtung »Sophienhöhle«.

1,8 / 360 m Am Wege-T links auf breiterem Weg bergab ins Tal. 100 m weiter an Gabelung rechts auf Singletrail leicht bergan. Einige Meter weiter wieder rechts und recht steil bergan.

3,1 / 380 m An Trailgabelung links halten und weiter im Talgrund bleiben.

4,4 / 360 m In Unterailsfeld kurz nach Ortseingang links (»blaues Kreuz«) auf Teer durch den Ort. 100 m weiter, mitten im Ort kurz nach Gasthaus rechts Richtung »Tüchersfeld«. 25 m weiter dann links zunächst auf geteertem Weg, bald Singletrail (»blaues Kreuz«) bergan.

5,6 / 360 m Unterhalb einer beeindruckenden Felsformation links durch den Ort Oberailsfeld. Kurz danach an Brauerei »Feld« geradeaus Holzbrücke queren. Dann Landstraße kreuzen und geradeaus auf Teer Richtung Kirche. Kurz vorher rechts (»blaues Kreuz«) auf Teerstraße weiter.

6,4 / 370 m An Gabelung links auf etwas breiterem Weg leicht bergan. Weg wird zum Singletrail. 200 m weiter an Singletrailgabelung rechts ab, Markierung beachten. Bei km 6,6 an Gabelung links auf Wurzelweg bergan folgen. Am höchsten Punkt an Gabelung rechts bergab (»blaues Kreuz«).

7,8 / 370 m Nach Holzbrücke auf Straße weiter. 20 m weiter dann rechts über geteerten Parkplatz (»blaues Kreuz«). Anschließend wieder vor der Straße rechts halten und auf Grasweg weiter. Weg wird bald zum Singletrail.

8,1 / 412 m Nach Tragepassage unmittelbar nach Felsendurchgang links auf Singletrail bergab. 400 m weiter am Singletrail-T links bergab, Hinweis »Burg Rabenstein«, »Waischenfeld« (»blauer Querbalken«) folgen. Bei km 8,5 rechts auf Straße weiter bis zum Gasthof »Neumühle« (Einkehrmöglichkeit). Dort 90° links von Straße und dem Hinweis

»Klaussteinkapelle« auf Singletrail steil bergan folgen.

8,9 / 410 m An Singletrailgabelung links bergan, Treppenweg hinauf. 100 m weiter am Trail-T rechts bergan, nicht mehr ganz so steil.

9,2 / 431 m Am Schotter-T links auf breitem Schotterweg leicht bergan. 100 m weiter nahe der Burg Rabenstein rechts am Schotterparkplatz auf Teer entlang, bald Straße queren, dann geradeaus auf Wiesenweg über die Höhe Richtung »Waischenfeld« (»blauer Balken«).

10,2 / 416 m In der Senke kurz vor dem Ort Langenloh 90° links auf Grasweg (»blauer Balken«) Richtung »Pulvermühle«.

11,05 / 405 m An Gabelung links auf Singletrail, bald Grasweg bergab bis zum Gasthaus »Pulvermühle« (»blauer Balken«). Dort bei km 12,0 90° links und am Waldrand auf Schotterweg Richtung »Rabeneck«. (Es geht jetzt praktisch immer an der Wiesent entlang bis zum Ausgangspunkt in Behringersmühle.)

13,4 / 352 m Straße queren und geradeaus auf Teer durch Rabeneck, in Flußnähe der Wiesent bleiben.

14,2 / 344 m An alter Mühle genau bei der Brücke links Richtung »Doos«, bald weiter auf Singletrail. Einige Meter weiter an Singletrailgabelung rechts halten und im Tal bleiben. Bei km 14,6 an Singletrailgabelung rechts halten und im Flußtal weiter auf Singletrail. In der Folge im Flußtal bleiben und alle Abzweige ignorieren.

16,5 / 350 m Am Wege-T rechts Richtung »Behringersmühle«. 500 m weiter am Abzweig »Doos« links auf Trail bergan Richtung »Behringersmühle«.

17,1 / 360 m Nun rechts halten, es geht bergab. 30 m weiter gabelt der Weg: hier links halten und auf oberem Weg bleiben (»gelber Balken«). Bei km 17,8 an Abzweig Richtung »Engelhardsberg« geradeaus weiter auf Singletrail links der Wiesent entlang. Nach weiteren 500 m am Singletrail-T rechts, weiter durchs Tal der Wiesent.

19,1 / 350 m Auf Höhe der Schottersmühle geradeaus (nicht Brücke queren)

weiter an der Wiesent entlang auf Singletrail. 10 m weiter an Singletrailgabelung rechts halten, auf Singletrail am Zaun entlang.

22,3 / 340 m Im Ort Behringersmühle am Lebensmittelladen, Autohaus Renault, links.

22,5 / 340 m Am Gasthaus »Zur Behringersmühle« rechts auf Teer, nächste wieder rechts auf Teer zur B 470. Dort dann links und nach 200 m erreicht man den Endpunkt dieser Runde (km 22,7 / 345 m).

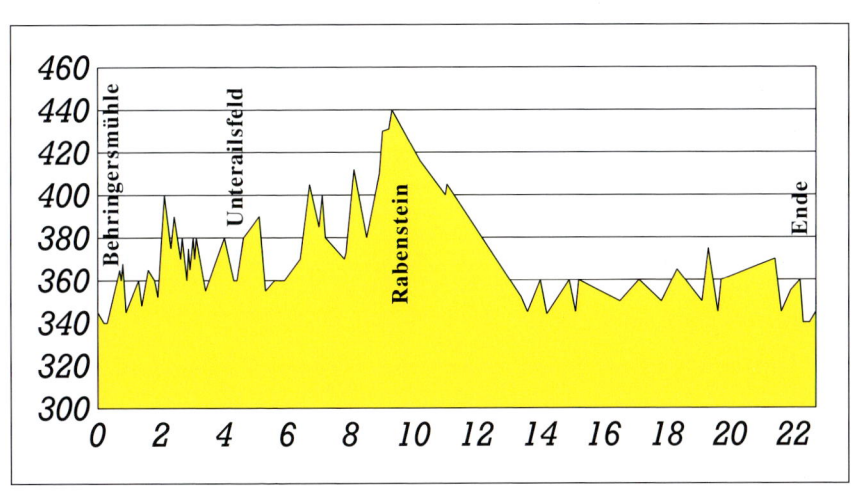

30 Große Wiesentrunde

Gesamtstrecke: *51,3 Kilometer*
Anstiege: *1915 Höhenmeter*
Schwierigkeit: *schwer*
Reine Fahrzeit: *4 bis 5 Stunden*

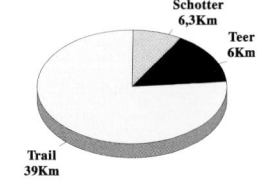

Schotter 6,3Km
Teer 6Km
Trail 39Km

Karte: *Topographische Karte, 1:50.000, Blatt UK L 29, »Naturpark Fränkische Schweiz«, Veldensteiner Forst, Bayerisches Landesvermessungsamt München*
Anfahrt zum Startplatz: *Anfahrt: Auf A 73 aus Richtung Nürnberg oder Bamberg bis zur Abfahrt Forchheim oder Buttenheim. Dann auf Landstraße nach Ebermannstadt. Dort auf B 470 bis zum Ortsausgang. Nun rechts den Hinweisen »Schwimmbad Rotenbühl« folgen und dort auf dem Parkplatz diese Tour starten.*
Alternative Startorte: *Trainmeusel, Gößweinstein, Behringersmühle, Unterailsbach, Oberailsbach, Langenloh, Engelhardsberg, Muggendorf, Streitberg, Niederfellendorf*
Auskunft: *Verkehrsamt Ebermannstadt, Bahnhofstraße/Bürgerhaus, 91320 Ebermannstadt, Tel. 09194/50641, Fax: 09194/50641. Oder Tourismuszentrale Fränkische Schweiz, Oberes Tor 1, 91320 Ebermannstadt, Tel. 09194/797779, Fax: 09194/797776*
Camping: *Landgasthof »Bieger«, Rotenbühl 3, 91320 Ebermannstadt, Tel. 09194/9534, Fax: 09194/9556. Der Platz ist einfach und preiswert und hat den ungemeinen Vorteil, daß er am Ausgangspunkt dreier Touren liegt. Übrigens: Wer auf Camping nicht so steht, kann sich auch ganz gut im Landgasthof selbst (gleiche Telefonnummer) einquartieren.*
Jugendherberge: *Gibt es im nahen Streitberg. Jugendherberge »Streitberg«, Am Gailing 6, 91346 Wiesenttal, Tel. 09196/288*
Bikeshop: *Bike Power, 91320 Ebermannstadt, Tel. 09194/5225*

Das ist sie nun, die lange Tourvariante im Wiesenttal. Cracks und Konditionsbolzer sind hier gefordert. Wer vorher nicht so genau weiß, ob die Puste reicht, hat die Möglichkeit, diese Tour an einigen Punkten zu variieren. Bei km 7,7 zum Beispiel kann man geradeaus weiterfahren und dem weiteren Verlauf von Tour 27 folgen. An der Behringersmühle bei km 16,7 ist der Wechsel zur Beschreibung von Tour 28 möglich, um die Strecke abzukürzen. Dank dieser Abkürzungs- und Variationsmöglichkeiten sollten eigentlich die meisten unserer Leser diese Tour wagen können.

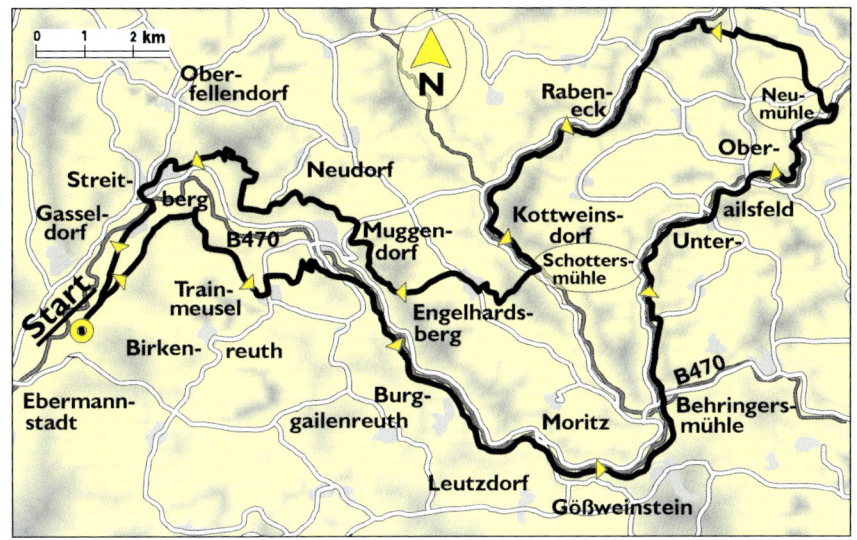

Routenverlauf

Bitte gehen Sie niemals ohne die angegebene topographische Karte auf Tour und beachten Sie die Hinweise auf den Seiten 7–9.

km 0,0 / 293 m (Höhe über NN)

Ab dem Schwimmbad auf geteertem Radweg »Fränkische Schweiz«, bald am Campingplatz entlang durch Rotenbühl Richtung »Streitberg« bzw. »Niederfellendorf«.

1,0 / 296 m Radweg »Fränkische Schweiz« 45° nach rechts verlassen. Nach 15 m auf Teer an Gabelung dann links auf »Leo-Jobst-Weg« (»rotes Kreuz«) Richtung »Ruine Neideck« auf breitem Schotterweg. 400 m weiter am Anfang von Rechtskurve links Schotter verlassen

und geradeaus auf Singletrail. Bei km 1,6 am Singletrail-T links weiter.

1,8 / 324 m An X-Kreuzung 45° links (»rotes Kreuz«). 10 m weiter trifft man auf Teerweg. Hier rechts bergan. 10 m weiter fast 90° links und auf Singletrail über Stufen steil bergan. Markierung (»rotes Kreuz«) bis zur Ruine Neideck beachten!

2,8 / 355 m Am Wege-T bei Grenzstein zweite nach links und auf Höhenweg weiter Richtung »Ruine Neideck« auf breiter Schotterpiste (»rotes Kreuz«). 200 m weiter geradeaus halten und Singletrail rechts bergab ignorieren.

3,1 / 365 m Am Schotter-T links bergan Richtung »Neideck«. Bei der Ruine dann zunächst auf gleichem Weg retour. Bei km 3,5 an Abzweig rechts.

3,6 / 365 m Kurz nach vorher ignoriertem Singletrailabzweig 90° links Richtung »Trainmeusel« (»blauer Balken, senkrecht«).

5,6 / 443 m Direkt am Ortsrand von Trainmeusel 90° links auf Schotterpiste. Jetzt (»grünes Kreuz«) Richtung »Frauenstein«. Nach 200 m 90° links und auf Teerstraße. Nach weiteren 120 m 90° rechts (»grünes Kreuz«) weiter auf Teer.

6,4 / 450 m Am höchsten Punkt des Teerweges 90° links und auf breitem Grasweg bald an Waldrand entlang bis km 6,7. Nun 90° rechts (»grünes Kreuz«), Richtung »Frauenstein« auf Forstweg durch den Wald. Bei km 6,9 (!) Markierung »grünes Kreuz« verlassen und 90° links auf Singletrail (»Alter Höhenweg«) in fast entgegengesetzter Richtung am Hang entlang Richtung »Alter Graben«.

7,6 / 390 m Nach kurzer Treppenabfahrt am Wege-T 90° links bergab auf Wiesenweg. 100 m weiter am Schotter-T 90° rechts auf breiter Schotterpiste dem Hinweis »Krämersberg« (»rotes Karo«) folgen.

8,4 / 365 m Am Wege-T rechts auf Straße 200 m bergan bis zur Höhe. Nun am ersten Leitplankenende 45° links und auf im Sommer oft mit Brennesseln zugewachsenem Singletrail weiter bis km 8,8. Nun am Wiesenweg-T bei Jägerstand vor einer größeren Zwetschgenplantage 90° links und am Waldrand entlang.

9,0 / 445 m Am Wege-T 90° links (»rotes Karo«) Richtung »Burggailenreuth«. 80 m weiter (»rotes Karo«) ver-

lassen, Hinweis »Burggailenreuth« ignorieren und 45° links auf Singletrail an Sitzbank entlang.

9,4 / 395 m Am Schotter-T rechts und weiter am Hang des Tals entlang. 100 m weiter Abzweig ignorieren und geradeaus auf gleicher Höhe etwa bleiben. Bei km 9,6 an Wegekreuzung 90° links bergab. Bald Schotter-Linkskurve mitnehmen. 200 m weiter an Schottergabelung rechts bergab.

9,9 / 348 m Schotter-Rechtskurve mitnehmen. Man trifft auf »rotes Kreuz«. Der Weg kommt links als Singletrail von Muggendorf daher. Rechts halten (»rotes Kreuz«) und auf nicht so breitem Schotterweg, der als Radweg ausgewiesen ist, weiter. Ab km 10,2 auf schmalerem Weg an Bahngleisen entlang talaufwärts.

13,2 / 320 m Links Bahngleise queren, sofort rechts auf geteertem Weg (»rotes Kreuz«) weiter an der »Sachsenmühle« entlang. Direkt ab Biergarten auf Singletrail an den Bahngleisen entlang durchs Tal.

13,8 / 325 m An Gabelung links halten und weiter auf Singletrail (markierter Radweg) durchs Tal.

15,3 / 330 m Nach tollem Singletrail direkt an Bahngleisen entlang (wie gesagt, alles auf markiertem Radweg), ab der Stempfersmühle weiter auf breitem Schotterweg Richtung »Behringersmühle« (»rotes Kreuz«) und weiter durchs Tal immer flußaufwärts.

16,55 / 350 m In Behringersmühle geradeaus auf Straße am Hotel »Das

Schulhaus« entlang. Nach 150 m dann links auf die B 470. Bei km 16,9 direkt nach Püttlachbrücke rechts auf gepflasterter Treppe bergab und dann auf Pflasterweg an Püttlach entlang flußaufwärts (»blaues Kreuz«).

17,0 / 340 m Rechts per Straßenbrücke Bächlein überqueren. 100 m weiter am Tennisplatz links (»blaues Kreuz«) auf Schotterweg, kurz darauf Singletrail Richtung »Unterailsfeld«. Bald geht es in Serpentinen steil bergauf.

18,1 / 348 m Am Wege-T rechts auf Straße 200 m bergan. Dann links (»blaues Kreuz«) auf Singletrail Richtung »Sophienhöhle«.

18,5 / 360 m Am Wege-T links auf breiterem Weg bergab ins Tal. Dort nach 100 m an Gabelung rechts auf Singletrail leicht bergan. Einige Meter weiter wieder rechts und recht steil bergan.

19,8 / 370 m An Trailgabelung links halten und weiter im Talgrund bleiben.

21,1 / 360 m In Unterailsfeld kurz nach Ortseingang links halten (»blaues Kreuz«) und auf Teer durch den Ort. 100 m weiter, mitten im Ort kurz nach Gasthaus rechts Richtung »Tüchersfeld« und nach 25 m dann links zunächst auf geteertem Weg (»blaues Kreuz«) weiter.

22,3 / 360 m Unterhalb einer großartigen Felsformation links durch den Ort Oberailsfeld. 50 m weiter an der Brauerei »Feld« geradeaus über Holzbrücke. Dann Landstraße queren und geradeaus zunächst auf Teerstraße Richtung Kirche. Kurz vor Kirche bzw. Bushaltestelle

rechts (»blaues Kreuz«) auf Teerstraße weiter.

23,1 / 370 m An Gabelung links auf etwas breiterem Weg leicht bergan. Weg wird zum Singletrail. 200 m weiter an Singletrailgabelung rechts ab, Markierung beachten. Bei km 23,3 an Wegegabelung Markierung (»blaues Kreuz«) über Wurzelweg bergan folgen. Am höchsten Punkt an Gabelung dann rechts bergab (»blaues Kreuz«).

24,1 / 370 m Nach Holzbrücke auf Straße weiter. 20 m weiter dann rechts über geteerten Parkplatz (»blaues Kreuz«). Anschließend wieder vor der Straße rechts halten und auf Grasweg weiter. Weg wird bald zum Singletrail. Ab km 24,55 beginnt eine 250 m lange Tragepassage.

24,8 / 412 m Mitten im nächsten Felsentor links auf Singletrail bergab. Nach 400 m am Singletrail-T wieder links bergab, Hinweis »Burg Rabenstein«, »Waischenfeld« (»blauer Querbalken«) folgen.

25,4 / 380 m Rechts auf Straße 100 m weiter bis zum Gasthof »Neumühle«. Hier 90° links, dem Hinweis »Klaussteinkapelle« auf Singletrail steil bergan folgen. 200 m weiter an Singletrailgabelung links bergan und Treppenweg hinauf. Bei km 25,7 am Trail-T rechts bergan, nicht mehr ganz so steil. Nach weiteren 200 m am Schotter-T links auf breitem Schotterweg leicht bergan.

26,0 / 440 m Nahe der Burg Rabenstein rechts am Schotterparkplatz auf Teer entlang, bald Straße queren, dann geradeaus auf Wiesenweg über die Höhe Richtung »Waischenfeld« (»blauer Balken«). Nach 900 m in der Senke kurz vor dem Ort Langenloh 90° links und auf Grasweg (»blauer Balken«) Richtung »Pulvermühle«. Nach kurzem Singletrail bei km 27,75 an Gabelung links auf Singletrail bergab Richtung »Pulvermühle« (»blauer Balken«).

28,7 / 356 m Am Gasthaus »Pulvermühle« 90° links und am Waldrand auf Schotterweg entlang Richtung »Rabeneck«. Es geht jetzt praktisch immer an der Wiesent entlang bis zur Schottersmühle.

30,1 / 352 m Straße queren und geradeaus auf Teer durch Rabeneck; in Flußnähe der Wiesent bleiben.

30,9 / 344 m An alter Mühle genau bei der Brücke links auf Schotter Richtung »Doos«. Einige Meter weiter an Singletrailgabelung rechts halten und im Tal bleiben. 400 m weiter an nächster Singletrailgabelung wieder rechts halten und im Flußtal bleiben. Bei km 31,9 am Singletrail-T rechts, weiter durchs Tal.

33,2 / 350 m Am Wege-T rechts Richtung »Behringersmühle«. 500 m weiter am Abzweig »Doos« links auf Trail bergan Richtung »Behringersmühle«. Bei km 33,8 rechts halten, bergab. 30 m weiter gabelt der Weg: links halten und auf oberem Weg bleiben (»gelber Balken«).

34,5 / 350 m Am Abzweig Richtung »Engelhardsberg« geradeaus weiter auf Singletrail links der Wiesent entlang. 500 m weiter am Singletrail-T rechts, weiter durchs Tal der Wiesent.

35,8 / 350 m Auf Höhe der Schottersmühle rechts, Brücke queren, dann rechts am Gasthaus entlang. Nach 80 m Straße dann hart links und fast entgegengesetzt auf Singletrail (»roter Kreis«) brutal bergan Richtung »Engelhardsberg«.

36,2 / 400 m Geradeaus bergan auf breitem Schotterweg. Nach 700 m am Schotter-T rechts, jetzt leichter bergan. Bei km 37,1 am nächsten Schotter-T links bergan. 30 m weiter bei den Häusern von Engelhardsberg geradeaus und auf Teer der Markierung (»roter Kreis«) folgen.

37,3 / 480 m Am Dorfplatz bei kleinem Kreisverkehr an Linde 90° links und an Feuerturm entlang durch den Ort. Nach 100 m dann rechts auf Hauptstraße (»Kreuz«) Richtung »Muggendorf«.

37,9 / 455 m Genau am Ortsausgangsschild Engelhardsberg 90° links und auf geteertem Weg (»Kreuz«) bergab Richtung »Muggendorf«. Nach 400 m an Gabelung rechts auf Schotter (»Kreuz«) bergan.

38,7 / 470 m Auf Höhe eines Bauernhofes zunächst am Schotterweg geradeaus, dann 30 m weiter links (»Kreuz«) auf Singletrail durch den Wald. 100 m weiter am Schotter-T links auf breiter Schotterpiste (»Kreuz«) weiter. Bei km 38,9 an Dreiergabelung 90° rechts auf gepflastertem Waldweg (»Kreuz«) steil bergan.

39,1 / 522 m Am Aussichtsturm »Hohes Kreuz« 90° links, gepflasterten Weg verlassen und auf Singletrail (»Kreuz«)

Richtung »Muggendorf«. Nach 500 m Downhill auf felsigem Trail am Singletrail-T kurz vor Aussichtspunkt mit Bank rechts weiter, steilstens bergab. 100 m weiter am Singletrail-T links (»roter Längsbalken«). Bei km 39,9 etwas rechts herum halten, nicht auf Weg »Kreuz« abbiegen, weiter Wegemarkierung (»roter Balken«) bergab folgen.

40,1 / 410 m Man erreicht einen Schotterparkplatz. Hier Teerweg queren, sofort rechts bergan und weiter der Markierung (»roter Längsbalken«) folgen. Ein paar Meter weiter links halten. Bei km 40,3 am Singletrail-T links weiter. 400 m weiter rechts halten und parallel zur Straße weiter. Bei km 41,1 links Straße überqueren und auf breiter Piste weiter. Nach nochmals 200 m links auf Singletrail (»roter Längsbalken«) am Waldrand entlang.

41,7 / 425 m An Kreuzung hart rechts und auf Waldweg steil bergan. Markierung (»roter Längsbalken«) hier vorübergehend ignorieren.

41,9 / 450 m Kurz vor einem Feld am Jägerstand exakt vor einer grünen Bank 90° links und auf Grasweg vor Busch- und Baumgruppe an Wiese entlang. 100 m weiter, kurz nach Waldrand am Singletrail-T 90° rechts steil bergan (»roter Längsbalken«). Bei km 42,1 an Singletrailkreuzung 90° rechts bergan (»roter Längsbalken«).

42,2 / 505 m Hier endet wieder einmal ein Brutalanstieg, der für Cracks allerdings fahrbar ist. Anschließend gibt´s dann einen sahnigen Felstrail bergab –

einfach klasse. Der Trail hat aber auch einige Passagen, wo ein Fahrfehler einen Sturz zur Folge haben kann. Also aufgepaßt!

42,7 / 445 m Rechts halten, (»roten Längsbalken«) verlassen. 100 m weiter, direkt am Waldrand, auf breiter Schotterpiste 90° links bergab. Bei km 42,9 (!) links auf Waldweg (»blauer Kreis«) wieder in den Wald hinein.

43,2 / 400 m Hier treffen wir wieder auf den »Heinrich-Uhl-Weg« (»roter Längsbalken«). Nun 90° rechts auf Trail Richtung »Streitberg«. Nach 300 m an Waldrand links auf breiter Schotterpiste bergab, Markierung beachten. Bei km 43,6 kurz nach Waldrand an großem Felsen 90° rechts auf Waldweg Richtung »Langes Tal«. Ab km 43,7 wieder Singletrail.

44,3 / 410 m Am Abzweig etwas rechts halten. Einige Meter weiter an Gabelung dann links ab auf Singletrail. 300 m weiter am Singletrail-T links weiter. Bei km 44,8 an Gabelung 90° links. Nach nochmals 300 m links auf Singletrail bergab Richtung »Streitberg«, immer (»roten Balken«) beachten.

45,75 / 355 m Nach kurzem Stück bergan geradeaus breiten Schotterweg kreuzen (»roter Balken«), dann an Sitzgruppe um Schotter-Linkskurve herum Richtung »Streitberg«. Bei km 45,0 an Gabelung links halten (»roter Längsbalken«), an kleinem Aussichtsstand entlang und auf Singletrail wieder bergab.

46,4 / 365 m Kurz nach imposanter Felsformation geradeaus auf Singletrail

(»grünes Kreuz«). 100 m weiter, gleich nach nächster feststehender Schranke Singletrailabzweig ignorieren und geradeaus bergan, wieder (»roten Längsbalken«) beachten und an der großen Felsformation entlang. Bei km 46,8 an Abzweig mit Treppe geradeaus Richtung »Muschelquelle«. Dort bei km 47,2 an Singletrailgabelung etwas rechts halten und (»rotem Dreieck mit 6«) Richtung »Oberfellendorf« auf Singletrail folgen.

47,5 / 405 m Nach kurzer Treppe links auf Straße bergab bis »Sterns Posthotel« bei km 48,0. Hier links 90° links auf Straße »Am Bürgerhaus«.

48,2 / 340 m Links auf B 470. Nach 20 m dann rechts über Wiesenbrücke und in Niederellendorf bei km 48,4 rechts auf Straße (»Radweg Fränkische Schweiz«) zurück zum Ausgangspunkt, der am Schwimmbad Rotenbühl erreicht ist (km 51,3 / 293 m) Ausgangspunkt.

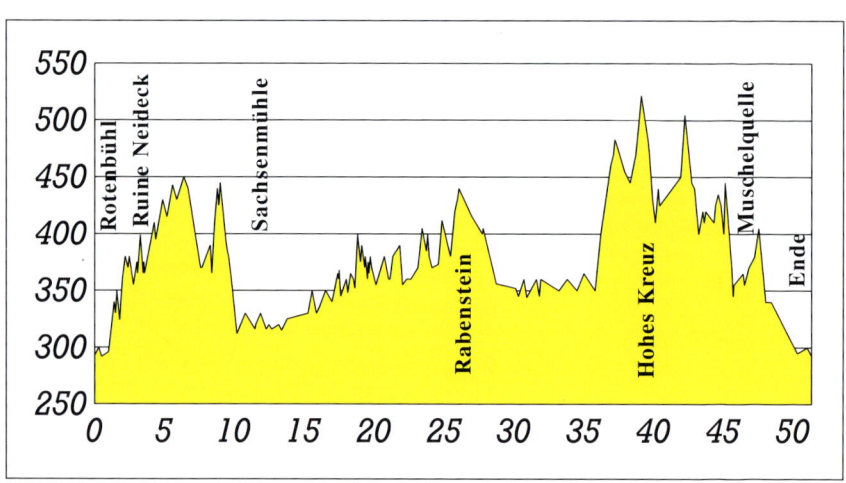

Gesamtstrecke: 16,5 Kilometer
Anstiege: 415 Höhenmeter
Schwierigkeit: mittel
Reine Fahrzeit: 1 bis 2 Stunden

Karte: Topographische Karte, 1:50.000, UK L 29, »Fränkische Schweiz«, Bayerisches Landesvermessungsamt München

Anfahrt zum Startplatz: Auf der A 9 Nürnberg–Berlin bis zur Abfahrt Pegnitz. Anschließend auf B 470 (kurzzeitig auch B 2) bis nach Pottenstein. Mitten im Ort rechts auf Straße Richtung »Haselbrunn« abbiegen. Einige Meter weiter an der Kirche startet diese Tour.

Alternative Startorte: Haselbrunn, Haßlach, Tüchersfeld

Auskunft: Verkehrsbüro der Stadt Pottenstein, Forchheimerstr. 1, 91278 Pottenstein, Tel. 09243/70841. Oder Tourismuszentrale Fränkische Schweiz, Oberes Tor 1, 91320 Ebermannstadt, Tel. 09194/797779, Fax: 09194/797776, E-mail: fraenkische-schweiz@t-online.de, Internet: http://www.fraenkische-schweiz.com

Camping: Campingplatz »Fränkische Schweiz«, Tüchersfeld 57, 91278 Pottenstein, Tel. 09242/1788, Fax: 09242/1040 oder Campingplatz »Bärenschlucht«, Weidmannsgesees 12, 91278 Pottenstein

Jugendherberge: Jugendherberge »Pottenstein«, Jugendherbergstr. 142, 91278 Pottenstein, Tel. 09243/1224

Bikeshop: Schuhmann´s Fahrradshop, Burgstraße 20, 91327 Gößweinstein, Tel. 09242/7336

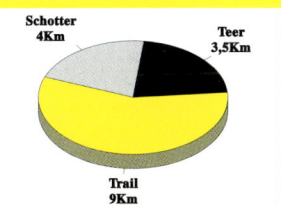

Wer ein paar Tage in der fränkischen Schweiz unterwegs ist, wird immer wieder auf das typische Wahrzeichen des einmaligen Mittelgebirges hingewiesen. Das ist mal die Burgruine Neideck oberhalb Muggendorf, dann das Felsmassiv des Waberla oder auch ein wunderschönes Fachwerkhaus, das in Tüchersfeld recht mutig, mehr unter als neben einem dieser mächtigen Felstürme gebaut wurde.

Routenverlauf

Bitte gehen Sie niemals ohne die angegebene topographische Karte auf Tour und beachten Sie die Hinweise auf den Seiten 7–9.

km 0,0 / 368 m (Höhe über NN)

Ab der Kirche in Pottenstein zunächst auf Straße Richtung »Bayreuth«. Am nächsten Abzweig links auf Straße weiter Richtung »Bayreuth«. Bei km 0,7, etwa 50 m nach dem Ortsausgangsschild von Pottenstein rechts, Straße verlassen und

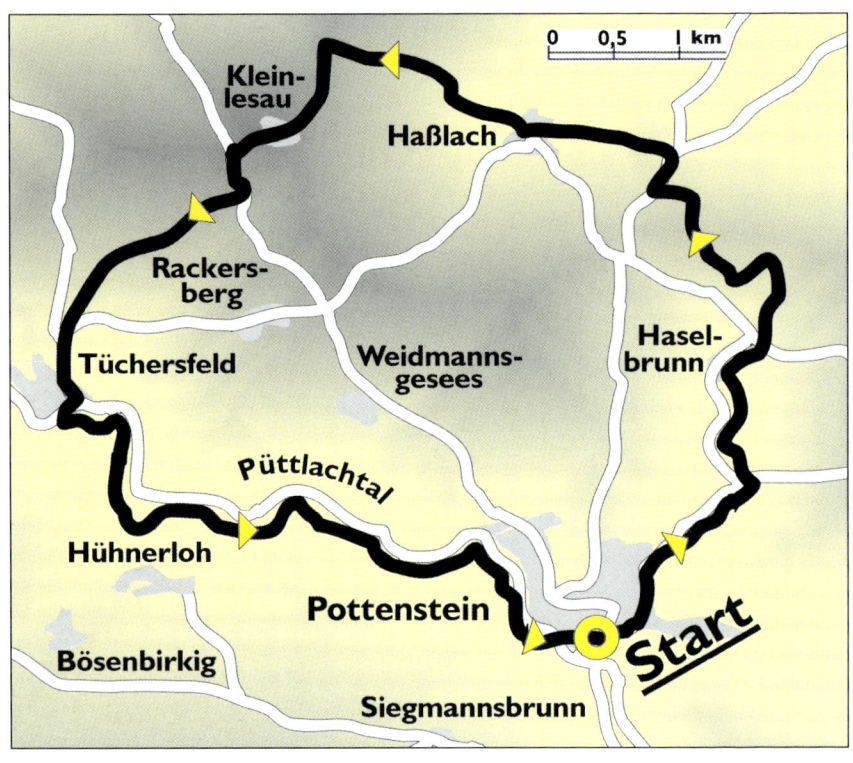

auf Singletrail (»blaues Kreuz«) weiter, mehr oder weniger parallel zur Straße.

1,6 / 388 m Straße queren und auf Singletrail weiter (»blaues Kreuz«). 10 m weiter rechts auf schmalen Schotterweg. Bei km 2,3 wieder Straße queren und auf schmalem Schotterweg weiter. Nach 10 m Singletrail, nach wieder 100 m Schotterweg.

2,7 / 414 m An Haselbrunn rechts auf Straße entlang. Am nächsten Abzweig links auf Straße Richtung »Haßlach«. 20 Meter weiter rechts auf Feldweg (»blaues Kreuz«) Richtung »Hohenmirsberg«. Nach wenigen Metern auf Singletrail weiter.

3,2 / 452 m Erst geradeaus weiter. Nach 50 m am Wege-T links auf Schotterweg bergab. Bei km 3,5 an Gabelung rechts auf Schotterweg Richtung »Haßlach« (»gelber Kreis«). 50 m weiter an nächster Gabelung rechts auf Wiesenweg bergan (»gelber Kreis«). Bei km 3,9 links an Feld entlang.

4,3 / 487 m Rechts auf Landstraße. Nach 200 m an Straßenkreuzung links auf Straße bis nach Haßlach.

5,7 / 480 m Im Ort rechts ab Richtung »Pfaffenberg« (»grünes Kreuz«). 300 m weiter an Wegekreuzung praktisch geradeaus auf Schotterweg bergab. Bei km 6,4 rechts halten, weiter auf Schotter bergab.

7,5 / 440 m An Kreuzung links auf Feldweg (»blauer Balken«). 500 m weiter geradeaus auf Hauptstraße durch Kleinlesau. Kurz nach dem Ort links ein Stück auf der Landstraße weiter. Bei km 9,2 Landstraße verlassen und rechts dem Wald-/Wiesenweg (»grüner Punkt«) bis zur Landstraße kurz vor Tüchersfeld folgen. Auf dieser links halten und auf ihr in den Ort hinein.

11,3 / 352 m In Tüchersfeld links auf B 470 ein Stück Richtung »Behringers Mühle«. Nach 200 m dann links, B 470 verlassen, Brücke über Püttlach passieren und anschließend links auf »Leo-Jobst-Weg« (»rotes Kreuz«) talaufwärts Richtung »Pottenstein«. Bei km 12,0 passiert man den schönen Campingplatz »Fränkische Schweiz«.

12,0 / 355 m Am Campingplatz 100 m auf Teer, dann auf Singletrail »Leo-Jobst-Weg« bergan (»rotes Kreuz«). 300 m weiter an Gabelung links auf »Leo-Jobst-Weg«. Bei km 12,5 an Gabelung links auf Singletrail weiter, alle Abzweige ignorieren und bis zum Ende der Tour der Markierung (»rotes Kreuz«) folgen.

14,9 / 376 m An Gabelung links auf Singletrail weiter (»rotes Kreuz«). 400 m weiter an nächster Gabelung rechts der Markierung folgen.

16,1 / 360 m Rechts auf Straße durch »Pottenstein«. 100 m weiter an Straßenabzweig links Richtung »Stadtmitte«. 300 m weiter erreicht man den Ausgangspunkt dieser Runde (km 16,5 / 368 m).

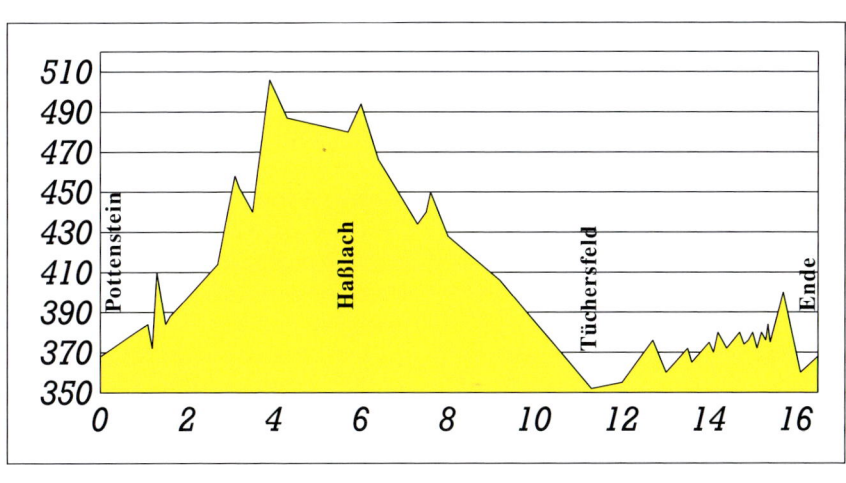

32 Fränkische Schweiz 1 – Von Ebermannstadt nach Pottenstein

infos

Gesamtstrecke: 40,4 Kilometer
Anstiege: 735 Höhenmeter
Schwierigkeit: mittel
Reine Fahrzeit: 2,5 bis 3,5 Stunden

Schotter
19,2Km

Teer
1,6Km

Trail
19,6Km

Karte: Topographische Karte, 1:50.000, UK L 29, »Fränkische Schweiz«, Bayerisches Landesvermessungsamt München
Anfahrt zum Startplatz: Anfahrt: Auf A 73 aus Richtung Nürnberg oder Bamberg bis zur Abfahrt Forchheim oder Buttenheim. Dann auf Landstraße nach Ebermannstadt. Dort auf B 470 bis zum Ortsausgang. Nun rechts den Hinweisen »Schwimmbad Rotenbühl« folgen und dort auf dem Parkplatz diese Tour starten.
Alternative Startorte: Muggendorf, Behringersmühle, Tüchersfeld, Pottenstein, Willenreuth, Bronn, Schüttersmühle
Auskunft: Verkehrsamt Ebermannstadt, Bahnhofstraße-Bürgerhaus, 91320 Ebermannstadt, Tel. 09194/50641, Fax: 09194/50641. Verkehrsbüro der Stadt Pottenstein, Forchheimerstr. 1, 91278 Pottenstein, Tel. 09243/70841. Oder Tourismuszentrale Fränkische Schweiz, Oberes Tor 1, 91320 Ebermannstadt, Tel. 09194/797779, Fax: 09194/797776, E-mail: fraenkische-schweiz@t-online.de, Internet: http://www.fraenkische-schweiz.com
Jugendherberge: Jugendherberge »Pottenstein«, Jugendherbergstr. 142, 91278 Pottenstein, Tel. 09243/1224
Bikeshop: Am Startpunkt: Bike Power, 91320 Ebermannstadt, Tel. 09194/5225. Nahe dem Etappenende: Schuhmann´s Fahrradshop, Burgstraße 20, 91327 Gößweinstein, Tel. 09242/7336

Eine Wochenendtour in der Fränkischen Schweiz ist sicher ein Highlight allererster Mountainbikekultur. Man löst sich dabei von allem, was der schnelllebige Alltag zu bieten hat und taucht ab in eine der letzten Idyllen Deutschlands. Da ist es auch mal ganz gut, wenn man ohne brennenden Schweiß in den Augen diese nicht allzu schwierige Runde genießen kann. Wer ordentlich Power in den Waden hat, kann ab Rotenbühl gleich die zweite Etappe anschließen – mit der Wahlmöglichkeit, ob man den Schlenker ab Pottenstein mit unter die Stollen nimmt oder lieber gleich hinauf zum Leienfels radelt.

Routenverlauf

Bitte gehen Sie niemals ohne die angegebene topographische Karte auf Tour und beachten Sie die Hinweise auf den Seiten 7–9.

km 0,0 / 293 m (Höhe über NN)

Ab dem Schwimmbad auf geteertem Radweg »Fränkische Schweiz«, bald am

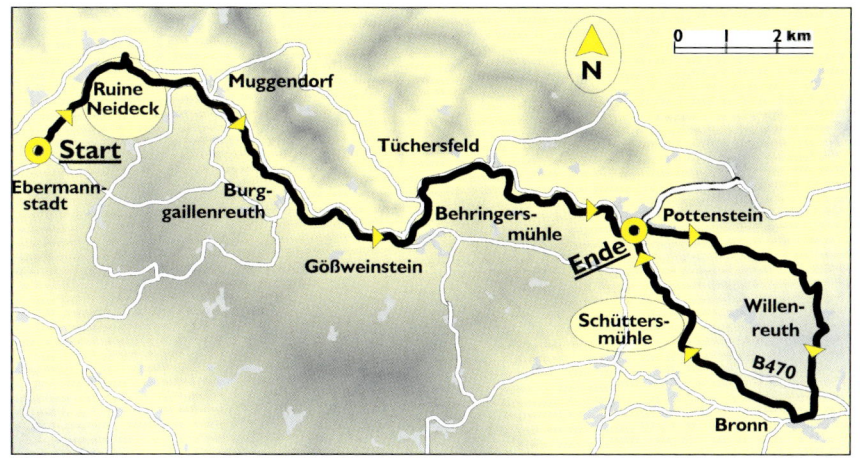

Campingplatz entlang durch Rotenbühl Richtung »Streitberg« bzw. »Niederfellendorf«. Nach 1000 m Radweg nach rechts verlassen. 15 m weiter an Gabelung dann links auf »Leo-Jobst-Weg« (»rotes Kreuz«) auf breiten Schotterweg. Bei km 1,4 am Anfang einer Rechtskurve Schotter nach links verlassen und geradeaus auf Singletrail, immer Richtung »Ruine Neideck«.

1,8 / 324 m An X-Kreuzung 45° links (»rotes Kreuz«). 10 m weiter trifft man auf Teerweg. Hier rechts bergan. 10 m weiter fast 90° links und auf Singletrail über Stufen steil bergan. Markierung (»rotes Kreuz«) bis zur Ruine Neideck beachten!

2,8 / 355 m Am Wege-T bei Grenzstein zweite nach links und auf Höhenweg weiter Richtung »Ruine Neideck« auf breiter Schotterpiste (»rotes Kreuz«). 200 m weiter geradeaus halten und

Singletrail rechts bergab ignorieren.

3,1 / 365 m Am Schotter-T links bergan Richtung »Neideck«. Bei der Ruine dann zunächst auf gleichem Weg retour bis zu diesem Punkt (km 3,5). Aus Richtung Ruine praktisch geradeaus bergab Richtung »Muggendorf« (»rotes Kreuz«). 250 m weiter etwas rechts und nun talaufwärts auf Schotter, markiert mit (»rotem Kreuz«) und (»Radmarkierung«).

5,2 / 340 m Links auf Straße. Einige Meter weiter rechts halten und der Markierung (»rotes Kreuz«) folgen, wieder auf Singletrail. 1000 m weiter wieder Straße kreuzen und jetzt in ständigem kleinen Auf und Ab an den Bahngleisen entlang flußaufwärts Richtung »Behringersmühle«.

7,2 / 348 m Geradeaus auf Schotter (»rotes Kreuz« und »Radmarkierung«). Nach 300 m wieder auf schmalerem Weg an Bahngleisen entlang talaufwärts.

10,5 / 320 m Links Bahngleise queren. Dann sofort rechts auf geteertem Weg (»rotes Kreuz«) weiter an der »Sachsenmühle« entlang. Direkt ab dem Biergarten weiter auf Singletrail an den Bahngleisen entlang durchs Tal.

11,1 / 325 m An Gabelung links halten und weiter auf Singletrail (»markierter Radweg«) durchs Tal.

12,6 / 330 m Nach tollem Singletrail ab der Stempfersmühle auf breitem Schotterweg (»rotes Kreuz«) weiter talaufwärts bis zur »Behringersmühle«. Dort bei km 13,8, direkt vor B 470 am Hotels entlang parallel zur Straße. Nach 300 m dann auf Schotter weiter (»rotes Kreuz«) Richtung Tüchersfeld.

15,5 / 348 m Nun rechts, dann sofort wieder links, weiter auf »Leo-Jobst-Weg« (»rotes Kreuz«). 400 m weiter an Gabelung links bergan (»rotes Kreuz«).

16,7 / 348 m Am Campingplatz 100 m auf Teer, dann auf Singletrail »Leo-Jobst-Weg« bergan (»rotes Kreuz«). 300 m weiter an Gabelung links auf »Leo-Jobst-Weg«. Bei km 17,2 an Gabelung links auf Singletrail weiter, alle Abzweige ignorieren und bis zum Ende der Tour der Markierung (»rotes Kreuz«) folgen.

19,6 / 376 m An Gabelung links auf Singletrail weiter (»rotes Kreuz«). 400 m weiter an nächster Gabelung rechts weiter der Markierung folgen.

20,8 / 360 m Rechts auf Straße durch »Pottenstein«. 100 m weiter an Straßenabzweig links Richtung »Stadtmitte«. 300 m weiter an der Kirche noch 200 m geradeaus auf Straße. Dann Straße ver-

lassen, etwas rechts halten und der Markierung (»rotes Kreuz«) auf Teerweg bergan folgen.

21,9 / 392 m Man erreicht den Wald. Bis hierher alle Abzweige ignorieren und auf »Leo-Jobst-Weg« (»rotes Kreuz«) weiter bis zum »Heiligensteg« bei km 25,8. Bei km 22,0 links auf markiertem Weg, jetzt Singletrail weiter. 200 m weiter links, nach nochmals 10 m rechts und auf Singletrail bleiben. Bei km 22,8 geradeaus Richtung »Hollenburg«, 10 m weiter links (»rotes Kreuz«).

23,7 / 380 m An Gabelung links über Brücke. Danach sofort wieder halb links. 400 m weiter geradeaus auf Singletrail. Bei km 24,5 links auf Singletrail bergan (»rotes Kreuz«). Bei km 25,0 an Gabelung rechts auf Singletrail weiter (»rotes Kreuz«).

25,7 / 400 m An Gabelung rechts auf Singletrail. 100 m weiter am »Heiligensteg« rechts über Holzbrücke. Nach 50 m sofort wieder rechts und nun der Markierung (»gelber Balken«) folgen. Bis km 26,9 geradeaus. Dann rechts auf Teer Richtung »Bronn«.

27,6 / 476 m Im Ort Willenreuth erst links, dann rechts und auf Straße Richtung »Lüglas« (»gelbe Raute«). Kurz nach dem Ortsende bei km 28,1 Straße nach rechts verlassen und auf Schotter (»gelbe Raute«) weiter. Bei km 28,8 rechts auf Schotter weiter.

29,5 / 443 m Auf Wiesenweg 100 m weiter, dann an Abzweig rechts. Nach nochmals 100 m links auf Teer (»gelbe Raute«). Bei km 30,1 B 470 queren und auf anderer Straßenseite auf Teer (»gelbe Raute«) weiter. Diesem Weg folgt man bis Bronn.

30,8 / 433 m In Bronn rechts für 100 m auf der B 2. Dann B 2 nach rechts verlassen. 10 m weiter wieder rechts und auf Teerweg bergab (»gelber Balken«). Bei km 31,5 links, jetzt auf Schotter (»gelber Balken«) durchs Tal.

31,8 / 425 m Links, jetzt auf Wiesentrail. Bei km 33,2 rechts auf Singletrail weiter (»gelber Balken«). 300 m weiter an Kreuzung geradeaus auf Schotter bis km 34,2. Hier an Gabelung rechts auf Schotter weiter (»gelber Balken«).

35,0 / 397 m Halb rechts auf Singletrail. 100 m weiter geradeaus, Markierung (»gelber Balken«) folgen. Bei km 35,3 am Bauernhof links, dann Brücke queren und erst auf Schotter, dann Singletrail zum Gasthof »Schüttersmühle«.

36,0 / 390 m An der Schüttersmühle links auf B 470. Nach 100 m Straßenab-zweig Richtung »Kirchbirkig« ignorieren. Dann Straße nach links queren, Brücke passieren und dann am Fluß entlang talauswärts auf Schotter. Bei km 36,4 rechts weiter auf Singletrail (»gelber Balken«).

36,8 / 386 m Rechts über Brücke, sofort wieder links über Parkplatz und auf Teer weiter. Bei km 37,2 links auf Singletrail weiter (»gelber Balken«).

38,4 / 374 m Singletrail verlassen, rechts über Brücke. Dann links auf Radweg nach Pottenstein. Anschließend auf B 470 weiter. Bei km 39,1 B 470 nach rechts verlassen und weiter auf Straße Richtung »Stadtmitte«. An der nächsten Kreuzung links. Kurz danach rechts.

39,5 / 368 m Links auf Teer (»rotes Kreuz«). 300 m weiter wieder links auf B 470. Am nächsten Abzweig dann links Richtung »Stadtmitte« wieder zur Kirche Pottenstein, wo diese erste Etappe endet (km 40,4 / 368 m).

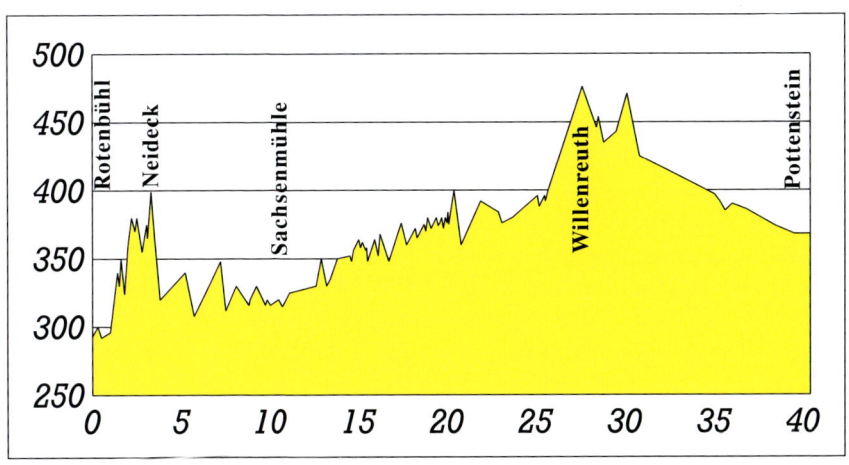

33 Fränkische Schweiz 2 – Von Pottenstein nach Ebermannstadt

Gesamtstrecke: *43,2 Kilometer*
Anstiege: *840 Höhenmeter*
Schwierigkeit: *mittel*
Reine Fahrzeit: *2,5 bis 3,5 Stunden*

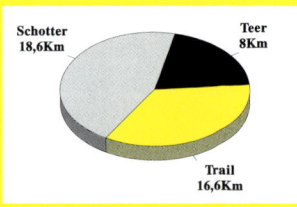

Karte: *Topographische Karte, 1:50.000, UK L 29, »Fränkische Schweiz«, Bayerisches Landesvermessungsamt München*
Alternative Startorte: *Waidach, Weidenhüll, Obertrubach, Untertrubach, Hammerbühl, Egloffstein, Oberzaunsbach, Unterzaunsbach, Hagenbach*
Auskunft: *Verkehrsamt Ebermannstadt, Bahnhofstraße/Bürgerhaus, 91320 Ebermannstadt, Tel. 09194/50641, Fax: 09194/50641. Verkehrsbüro der Stadt Pottenstein, Forchheimerstr. 1, 91278 Pottenstein, Tel. 09243/70841. Oder Tourismuszentrale Fränkische Schweiz, Oberes Tor 1, 91320 Ebermannstadt, Tel. 09194/797779, Fax: 09194/797776, E-mail: fraenkische-schweiz@t-online.de, Internet: http://www.fraenkische-schweiz.com*
Jugendherberge: *Jugendherberge »Pottenstein«, Jugendherbergstr. 142, 91278 Pottenstein, Tel. 09243/1224*
Bikeshop: *Schuhmann´s Fahrradshop, Burgstraße 20, 91327 Gößweinstein, Tel. 09242/7336*

Routenverlauf

Bitte gehen Sie niemals ohne die angegebene topographische Karte auf Tour und beachten Sie die Hinweise auf den Seiten 7–9.

km 0,0 / 368 m (Höhe über NN)

Ab der Kirche Pottenstein retour zur B 470. Dieser dann zunächst Richtung »Pegnitz« bzw. »A 9« folgen. 500 m weiter, kurz nach Straßenabzweig Richtung »Gößweinstein«, rechts der Markierung (»gelber Balken«), Richtung »Schüttersmühle« folgen und bald auf Singletrail an Flüßchen entlang. Bis km 6,3 umgekehrt dem letzten Stück von Etappe 1 folgen.

4,0 / 390 m Am Straßenabzweig

nach »Kirchenbirkig« geradeaus für 100 m auf der B 470 bis zum Straßenschild »Schüttersmühle«. Dort rechts (»gelber Balken«) zwischen Häusern hindurch. Danach auf Singletrail durch das kleine Tal aufwärts.

4,4 / 392 m An Gabelung geradeaus auf Schotter, Markierung beachten. 200 m weiter am Hof links über die Brücke. Nächste rechts, zunächst auf Schotter, bald auf Singletrail, später an Mühlgraben entlang Richtung »Bronn«.

5,3 / 400 m Geradeaus der Markierung auf Schotter bis km 6,3 folgen. Hier an Kreuzung rechts (»ohne Markierung«) bergan und den umgekehrten Tourverlauf von Etappe 1 (Tour 32) verlassen.

6,6 / 445 m Am Wege-T rechts auf

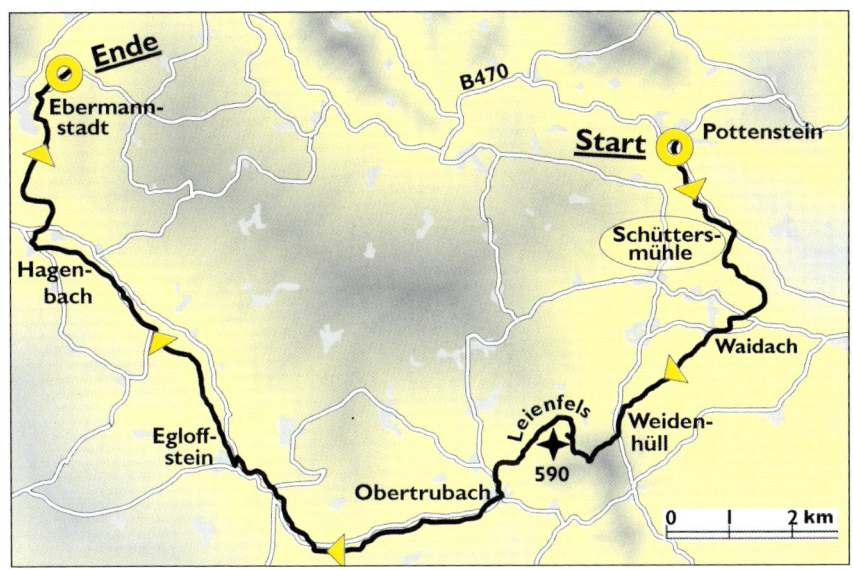

Schotter am Waldrand entlang. Bald auf Teer zur Straße zwischen Kühlenfels und Bronn. Diese kreuzen und auf Wiesenweg durch die Feldmark.

7,7 / 465 m Links auf Straße nach Waidach. 800 m weiter, im Ort links ab »Zur Schön« (»grüner Kreis«) und auf Teerpiste weiter. 300 m weiter an Kreuzung geradeaus, Markierung (»grünen Kreis«) ignorieren und auf breiter Schotterpiste (auch für KFZ frei!) Richtung »Weidenhüll«.

11,3 / 530 m Am Wege-T links auf Straße durch Weidenhüll. 800 m weiter im Ort rechts auf Straße Richtung »Leienfels«.

12,6 / 536 m Am Waldrand von Teerstraße links bergab auf Schotter. Einige Meter weiter geradeaus bergab bis km

13,2. Hier an Kreuzung rechts (»gelbes Kreuz«) Richtung »Leienfels« auf Schotter bergan.

13,7 / 520 m An Gabelung rechts halten. 300 m weiter an Abzweig geradeaus (»schwarzer Kreis«) auf breiter Schotterpiste weiter bergan.

14,2 / 555 m Am Gasthof »Burgruine« geradeaus an Abzweig entlang auf Teer, bald auf Schotter und dann über steilen Anstieg bergan bis zur Ruine »Leienfels«. Hier nun auf gleichem Weg retour bis zum Straßenabzweig am Gasthof »Burgruine«. Dort links auf Straße bergab bis nach Graisch.

14,8 / 530 m Von Straße links auf Trail (»blaues Kreuz«), kurzzeitig bergan, dann bergab (Abzweige ignorieren) bis km 15,1. Dort links auf Teer bergab, ein Stück am Waldrand entlang.

15,5 / 484 m An Kreuzung 90 ° links auf Schotter Richtung »Obertrubach«. 400 m weiter an Abzweig rechts (»Herz«).

16,9 / 445 m Am Wege-T rechts auf Schotter. 200 m weiter an Gabelung wieder rechts und auf schmalem Schotterweg (»Herz«) weiter. Bei km 17,5 dann geradeaus auf breiter Schotterpiste weiter Richtung »Obertrubach«.

17,9 / 430 m Links auf Straße nach Obertrubach. Dort rechts auf Straße Richtung »Egloffstein« (»blauer Balken«). Kurz vor dem Ortsende rechts auf Singletrail »Trubachtalweg«.

19,3 / 425 m Am Spielplatz links über Wiese zur Straße. An dieser geht's rechts auf Schotterstreifen entlang. Dann links auf Teer. Ein kurzes Stück danach rechts und wieder auf Singletrail bergan.

19,85 / 428 m Nun auf Trail an Straße entlang. 150 m weiter wieder auf Singletrail bergan. Bald wieder an Straße entlang und anschließend nochmals rechts auf Singletrail bergan.

20,8 / 403 m An Straße entlang, dann rechts über Parkplatz. Anschließend Straße nach links queren und auf Schotterpfad weiter. Danach Brücke queren und dann oberhalb des Trubach entlang talabwärts in ständigen Auf- und Abfahrten.

21,4 / 440 m Am Wege-T links auf Trail bergab. Nach 100 m am Wege-T links auf breiter Schotterpiste bis zu einem Privatgrund. Dort rechts auf Singletrail weiter.

22,7 / 410 m Am Wege-T rechts auf Trail bergab. Vor Bergwachtheim dann rechts auf Schotter bergab. Anschließend auf Teer durch Untertrubach Richtung »Hammerbühl«.

23,9 / 380 m Am Abzweig bei Trafostation rechts auf Teer zur Straße. Diese queren und auf Teerweg (»blauer Balken«) bergan Richtung »Egloffstein«.

25,2 / 368 m Auf »Trubachtalradweg« an Straße entlang Richtung »Egloffstein«.

26,7 / 365 m Am Ortsschild »Egloffstein« links, bald über Holzbrücke, dann rechts auf Radweg an Straße entlang. Anschließend auf »Talstraße« durch den Ort, bald bei km 27,1 am »Kindergarten Egloffstein« entlang. 150 m weiter dann hart links ab und auf Straße Richtung »Touristinformation«.

27,5 / 395 m Rechts ab auf »Rabensteinstr.«, weiter bergan. Man folgt diesem Weg aus dem Ort hinaus. 500 m weiter links auf Schotter, zunächst immer der Markierung (»grüner Balken«) folgen.

29,8 / 416 m Geradeaus und nun auch der Markierung »Trubachtalradweg« folgen. Bei km 31,5 an Gabelung rechts auf Schotter bergab (»grüner Balken«). 200 m weiter links halten und weiterhin bergab auf Schotter.

31,9 / 340 m Man erreicht Oberzaunsbach und fährt dort an der Hauptstraße rechts. 200 m weiter links auf Straße aus dem Ort hinaus bis nach Unterzaunsbach. Dort bei km 33,2 links von der Straße auf »Trubachtalweg« und auch diesen Ort verlassen. 200 m weiter an Gabelung rechts Richtung »Pretzfeld«

(»blauer Balken«). 10 m weiter sofort links, jetzt auf Schotter weiter. Ab km 34,2 geradeaus auf Wiesenweg, ab km 35,2 Teer, bis nach Hagenbach.

36,1 / 320 m In Hagenbach rechts zunächst auf Hauptstraße. 200 m weiter, kurz nach einer Brücke rechts der Markierung (»roter Kreis«) auf Teerweg folgen. Bei km 36,7 rechts auf Landstraße ein Stück Richtung »Lützelsdorf«. 150 m weiter Straße verlassen und links über Betonplatten bergan (»roter Kreis«). Bei km 37,6 geradeaus auf Singletrail bergan.

37,7 / 404 m An Singletrailkreuzung geradeaus, weiter steil bergan. 100 m weiter am Wege-T links, jetzt auf Schotter weiter.

38,4 / 436 m An Wegekreuzung praktisch geradeaus auf Schotter weiter. Bei km 39,4 am Wege-T rechts weiter auf Schotter (»blauer Punkt«). 100 m weiter an Gabelung links weiter auf Schotter, Markierung (»blauer Punkt«) verlassen.

40,2 / 368 m An Wegegabelung weiter geradeaus bergab. 200 m weiter geradeaus auf Teer durch Neubausiedlung von Ebermannstadt. 500 m weiter am Straßen-T rechts.

41,5 / 348 m Bis hierher alle Straßenabzweige ignorieren und weiter geradeaus auf »Leo-Jobst-Weg«, auf Schotter (»rotes Kreuz«). 300 m weiter an Wegabzweig rechts, praktisch geradeaus. Am nächsten Abzweig sofort wieder rechts und später Unterführung der Landstraße passieren. Weiter auf »Leo-Jobst-Weg« (»rotes Kreuz«).

42,1 / 328 m Geradeaus Bahngleise passieren, jetzt auf Schotter. 100 m weiter am Wege-T praktisch geradeaus, jetzt wieder auf Teer (»rotes Kreuz«). Dann alle Abzweige ignorieren und geradeaus zurück zum Ausgangspunkt am Schwimmbad in Rotenbühl (km 43,2 / 293 m).

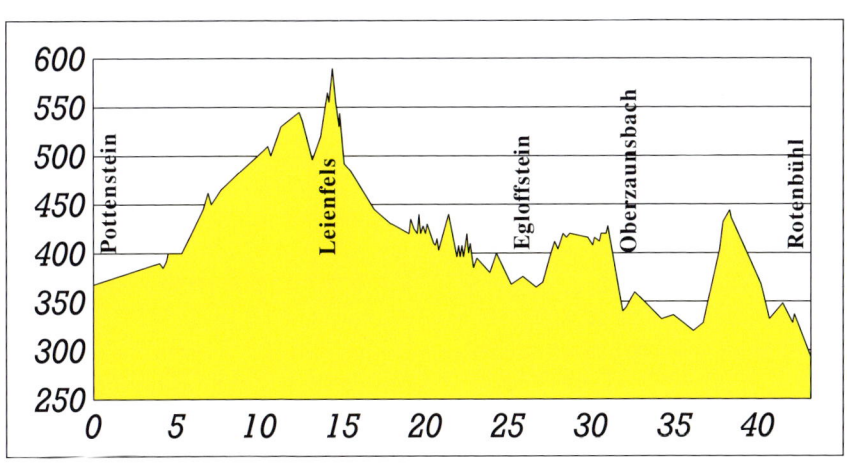

34 Von Goldmühl zum Ochsenkopf

Gesamtstrecke: *31,2 Kilometer*
Anstiege: *800 Höhenmeter*
Schwierigkeit: *leicht*
Reine Fahrzeit: *etwa 2 Stunden*

Teer
11,4Km

Trail
3,3Km

Schotter
16,5Km

Karte: *Mangels brauchbarer topographischer Karte bietet sich die Fritsch-Wanderkarte, 1:50.000, Blatt »Fichtelgebirge« als sehr genaues Kartenwerk bestens an. Sie ist vor Ort überall erhältlich.*
Anfahrt zum Startplatz: *Auf der A 9 Nürnberg–Berlin bis zur Abfahrt Bad Berneck. Dann auf der B 303 Richtung »Bischofsgrün«. Am Straßenabzweig nach Goldkronach rechts in den Weiler Goldmühl abbiegen und einige Meter weiter bei der Holzfirma Förster diese Tour starten.*
Alternative Startorte: *Bischofsgrün, Neubau, Fichtelberg*
Auskunft: *Tourist Information Fichtelgebirge, Bayreutherstr. 4, 95686 Fichtelberg, Tel. 09272/6255 oder 6452, Fax: 09272/6454, E-mail: tourist.info.fichtelgebirge@t-online.de, Internet: http://www.fichtelgebirge.de*
Camping: *Im Fichtelgebirge gibt es einige Campingplätze, doch sie sind alle vom Ausgangspunkt dieser Tour ein gutes Stück entfernt. Infos bekommt man bei der Tourist Information Fichtelgebirge (s. oben).*
Bikeshop: *Im Notfall bekommt man Hilfe bei der Fa. Lauterbach, Bachgasse 1, 95497 Goldkronach, Tel. 09235/776 oder bei Rieß & Unglaub, Jägerstr.4 in 95493 Bischofsgrün, Tel. 09276/232.*

Das Fichtelgebirge ist die höchste Erhebung Frankens. Gleich zwei Gipfel übertreffen hier die 1000-m-Marke und so wird dieses Mittelgebirge nah an der Grenze zu Tschechien schon auf den ersten Blick ins Kartenwerk zum interessanten MTB-Spot. Aber auch wenn man genauer hinschaut, oder am besten gleich die Trails unter die Stollen nimmt, stellt man fest, daß man es hier mit einem Eldorado für Stollenflitzer zu tun hat. Denn das Angebot der Wege reicht von breiten Schotterpisten fürs Einradeln bis hin zu wunderschönen Singletrails, die mal bergauf, mal bergab in allen Variationen

auf das Bikervolk nur zu warten scheinen.

Routenverlauf
Bitte gehen Sie niemals ohne die angegebene topographische Karte auf Tour und beachten Sie die Hinweise auf den Seiten 7–9.

km 0,0 / 430 m (Höhe über NN)
Ab Holzfirma Förster Straße kreuzen und auf Teerweg »Bruckmühle« am weißen Main entlang. Nach 500 m dann B 303 schräg kreuzen und anschließend auf Teer durch den Weiler »Röhrenhof«. Dort

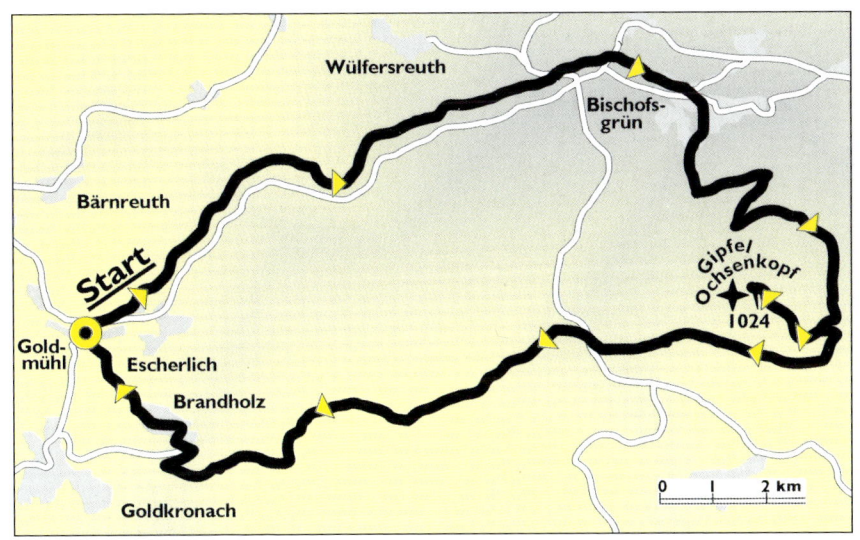

dann auf geteertem Radweg durch das Tal des Weißen Mains flott bergan.

7,8 / 608 m Kurz nach ehemaligem Bahnhof Bischofsgrün Straße kreuzen, am Gasthof »Maintal« entlang und weiter auf Radweg taleinwärts. 200 m weiter dann rechts zur B 303, diese queren und über Treppe bergan Richtung »Ortsmitte«. Auf Wiesenweg geht es dann rechts knackig bergan.

8,8 / 672 m Auf geteertem Weg »Kirchbühl« geradeaus durch Bischofsgrün. Kurz nach der Kirche dann rechts halten und auf »Ochsenkopfstr.« bergan.

10,9 / 760 m Am Parkplatz 90° links und auf Schotterpiste weiter Richtung »Ochsenkopf«. 600 m weiter, kurz vor der Seilbahn, an Wegedreieck hart rechts und weiter bergan.

12,5 / 870 m Am Wege-T links und

auf geschotterter Ringstraße weiter bis km 14,9. Hier an Wegekreuzung rechts ab und auf breiter Schotterpiste bergan bis zum Gipfel des Ochsenkopfs. Dort bei km 15,9 retour und auf gleichem Weg bergab. Bei km 16,9 erreicht man wieder die Ringstraße (hier ist man bei der Auffahrt rechts abgebogen). Auf dieser nun rechts Richtung »Fleckl«.

19,2 / 828 m Bis hierher alle Abzweige ignorieren. Jetzt an Gabelung links auf Schotter bergab (»M«). 400 m weiter geradeaus über Kreuzung.

20,4 / 760 m An Gabelung links, dann sofort wieder rechts. Danach rechts für ein paar Meter auf Landstraße und dann sofort wieder links durch den Wald weiter bergab (»M«) Richtung »Bayreuth«.

21,2 / 732 m An Gabelung praktisch

geradeaus, auf Schotter weiter leicht bergab Richtung »Warmensteinach«. 100 m weiter an Kreuzung geradeaus, jetzt steil bergan (»M«) Richtung »Bayreuth«.

22,2 / 772 m An Kreuzung weiter geradeaus auf Schotter.

23,4 / 752 m An Gabelung rechts auf matschigem Schotterweg Richtung »Goldmühl«, jetzt Markierung »S« beachten. Bei km 24,1 auf Singletrail weiter Richtung »Goldmühl« (»S«).

24,7 / 704 m Schotterweg kreuzen. Bei km 25,4 Wiesenweg queren. Auf Singletrail bis km 26,1 bleiben. Dann links auf Schotterpiste (»S«) weiter.

26,6 / 676 m An Kreuzung rechts auf Teer zunächst Richtung »Goldkronach«.

27,4 / 628 m Am Parkplatz rechts auf Schotterweg leicht bergan. Nach ca. 150 m links auf Singletrail »Humboldtweg« bergab (»Bergbaumarkierung«).

27,8 / 616 m Am Wege-T rechts weiter auf Singletrail »Humboldtweg«. 50 m weiter geradeaus. Nach weiteren 10 m nochmals geradeaus und leicht bergab.

28,1 / 620 m Am Wege-T links auf Schotter leicht bergab. 400 m weiter auf Teer geradeaus bergab (»S«) Richtung »Goldmühl« bzw. zum Ausgangspunkt (km 31,2 / 430 m).

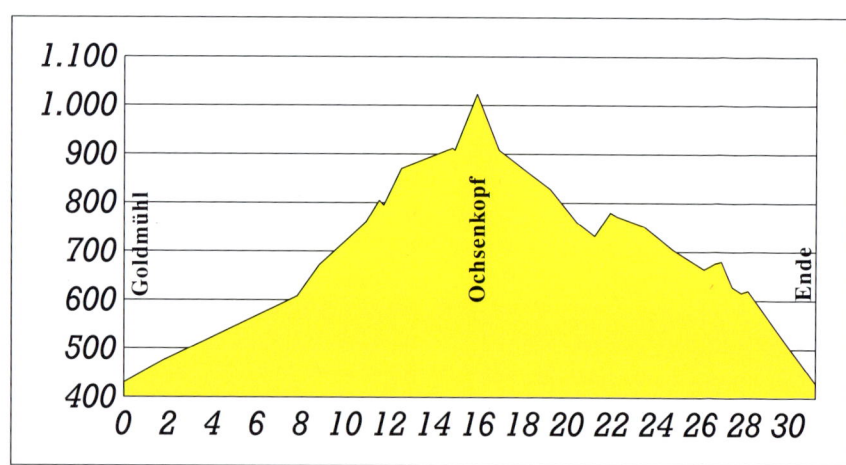

Gesamtstrecke: *21,0 Kilometer*
Anstiege: *730 Höhenmeter*
Schwierigkeit: *mittel bis schwer*
Reine Fahrzeit: *1,5 bis 2,5 Stunden*

Teer 3,6Km
Schotter 13,7Km
Trail 3,7Km

Karte: *Für alle Fichtelgebirgstouren muß man mangels vorhandener topographischer Karte auf die Fritsch-Wanderkarte, 1:50.000, Blatt »Fichtelgebirge« als sehr genaues Kartenwerk zurückgreifen, die aber vor Ort überall erhältlich ist.*
Anfahrt zum Startplatz: *Auf der A 9 Nürnberg–Berlin bis zur Abfahrt Bad Berneck. Dann auf der B 303 über Bischofsgrün Richtung »Fichtelberg«. Die Tour startet in Neubau direkt auf dem Parkplatz am Fichtelsee genau bei der Campingplatzeinfahrt.*
Auskunft: *Tourist Information Fichtelgebirge, Bayreutherstr. 4, 95686 Fichtelberg, Tel. 09272/6255 oder 6452, Fax: 09272/6454, E-mail: tourist.info.fichtelgebirge@t-online.de, Internet: http://www.fichtelgebirge.de*
Camping: *Campingplatz »Fichtelsee«, 95686 Fichtelberg, Tel. 09272/ 801*
Jugendherberge: *Nicht vorhanden. Alternativ bietet sich aber ein Unterkunftshaus des Fichtelgebirgsvereins an: Seehaus, 95686 Fichtelberg, Tel. 09272/222*
Bikeshop: *Bei »Sport Eckert«, in 95686 Fichtelberg, Ortsteil Neubau, Tel. 09272/6116 gibt es Ersatzteile, wenn nötig.*

Diese Tour ist sicher eines der Highlights in diesem Buch. Die Fichtelgebirgs-Gipfelrunde bietet nämlich alles, was Biken in den deutschen Mittelgebirgen auch anderswo interessant macht. Auf oftmals schmalen Wegen geht es dabei über aussichtsreiche Höhen, durch einsame Täler und überhaupt durch einen schier unendlichen Fichtenwald, der dem Gebirge den Namen gegeben hat.

Routenverlauf

Bitte gehen Sie niemals ohne die angegebene topographische Karte auf Tour und beachten Sie die Hinweise auf den Seiten 7–9.

km 0,0 / 770 m (Höhe über NN)
Zunächst geradeaus auf Teer bergab. Bald Holzschranke passieren und geradeaus weiter auf Teer bergab Richtung »Fichtelsee«. Nach 100 m an Schottergabelung vor See rechts halten. 200 m weiter dann links halten, Seebrücken queren. Bei km 0,4 ab dem Seehotel zunächst auf Teer bergan Richtung »Platte«. 100 m weiter an Gabelung 45° links und auf Schotterweg (»1«) bergan.
0,9 / 760 m Am Abzweig geradeaus auf breitem Schottergrasweg (»weißes Kreuz«) Richtung »Seehaus«. Nach 400 m Straße kreuzen und auf breiter Schotterpiste bergan (»weißes Kreuz«). Nach

ein paar Metern an Gabelung etwas links halten (»weißes Kreuz«) Richtung »Seehaus«, bald auf Trail steil bergan.

1,7 / 805 m An Wegekreuzung 90° nach links und auf breiter Schotterpiste weiter, hier Markierung (»weißes Kreuz«) ignorieren.

2,5 / 790 m An Wegekreuzung (!) hart rechts auf Schotterweg teils recht steil bergan Richtung »Seehaus« (»M«). 500 m weiter geradeaus über Kreuzung und weiter auf jetzt breiterer Schotterpiste nicht mehr ganz so steil bergan Richtung »Seehaus« (»M«).

3,5 / 910 m Am Seehaus 90° links, Cafe-Terrasse schiebend passieren und Markierung (»H«) Richtung »Nußhardt« folgen. Bei km 3,8 am Wege-T 90° links (»H«) Richtung »Nußhardt« auf breiter Schotterpiste bergan.

4,3 / 925 m Am breiten Wegabzweig geradeaus (»H«). Dann bei km 4,4 in der Senke 45° und auf Singletrail weiter.

5,0 / 945 m Am Singletrail-T 90° rechts (»H«). 100 m weiter an Gabelung rechts (»H«). Bei km 5,3 am Schotter-T 90° links (»H«) Richtung »Schneeberg«.

5,4 / 952 m Breite Schotterpiste nach rechts verlassen und auf schmalerem Schotterweg (»H«) Richtung »Schneeberg« und »Bergwacht« folgen.

6,1 / 1008 m An Wegedreieck 90° links (»H«) Richtung »Schneeberg Gipfel«. Bei km 6,5 schräg nach links, Teerpiste queren und dann auf Teer weiter.100 m weiter dann 45° links auf Singletrail (»H«) Richtung »Schneeberg Gipfel«.

6,8 / 1053 m Am Aussichtsturm auf

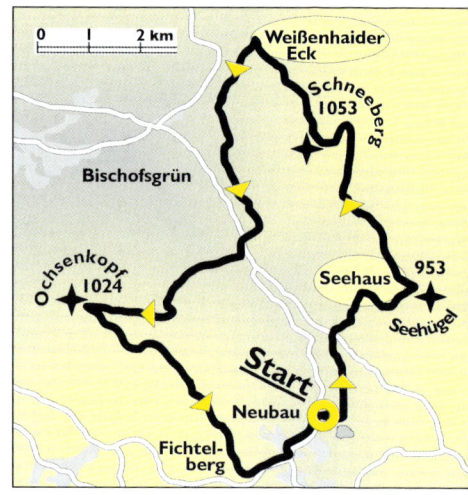

dem Gipfel des Schneeberges 90° rechts auf Schottertrail bergab. Kurz danach Teerstraße geradeaus kreuzen und auf Schotterpiste bergab Richtung »Haberstein« (»weißes Dreieck«).

7,2 / 992 m Am Wegabzweig am Schneebergbrunnen geradeaus auf Schotterpiste bergab. 500 m weiter geradeaus auf Teerpiste bergab. Bei km 8,6 Linkskurve von Teerweg durchfahren.

8,9 / 835 m Am »Weißenhaider Eck« rechts, abknickende Teerpiste geradeaus verlassen und auf Schotter (»Q«) Richtung »Karches«.

9,7 / 825 m Am Jägerstuhl 45° rechts und auf Schmadderpiste (»Q«) bergab Richtung »Karches«. Einige Meter weiter an Kreuzung geradeaus auf Waldweg.

10,3 / 820 m 90° rechts halten, bergab (»Q«). 100 m weiter am Schotter-T 90° links und auf breiter Schotterpiste (»Q«) Richtung »Karches«.

10,7 / 790 m Kurz nach breitem Schotterwegabzweig 90° rechts und auf Singletrail (»Q«) bergab Richtung »Karches«. Bei km 11,0 am Abzweig geradeaus auf breiter Schotterpiste (»Q«) bergab.

12,2 / 740 m Straße queren. Anschließend am Schotter-T sofort links weiter (»Q«) Richtung »Karches«. 200 m weiter an Schotterkreuzung geradeaus (»M«) Richtung »Ochsenkopf«. Anschließend nach Schotterparkplatz 90° rechts auf Teer (»M«) an Gasthaus »Karches« entlang Richtung »Ochsenkopf«. Nach Gaststättengrundstück dann geradeaus auf Schotter weiter (»M«, »Q«). Bei km 13,0 an Wegekreuzung weiter bergan, jetzt recht steil auf holprigem geschotterten Weg (»M«, »Q«) Richtung »Ochsenkopf«.

14,2 / 875 m An Weißmainquelle Holzbrücke queren. Danach etwas rechts bergan auf Schotterweg bis zum nächsten Schotter-T. Nun 90° rechts und Markierung (»M«) bergan folgen. Bei km 14,4 an Gabelung 45° links (»M«) auf breiter Schotterpiste weiter. 100 m weiter geradeaus über Kreuzung Richtung »Ochsenkopf«.

15, 7 / 1023 m Am Ochsenkopf-Gipfel bei Sendeturm links auf Schotterpiste bergab, alle Abzweige ignorieren bis zur geschotterten Ringstraße. Diese bei km 16,7 kreuzen und weiter bergab auf breiter Schotterpiste, Hinweisen Richtung »Neubau« folgen.

19,3 / 780 m Bis hierher alle Abzweige ignorieren. Dann am Parkplatz des historischen Besucherbergwerks links auf Straße. Bald auf Teer durch Fichtelberg, Ortsteil Neubau.

20,2 / 740 m Am Gasthof »Specht« am Teer-T 90° links auf »Fichtelseestr.« Richtung »Campingplatz«.

20,8/ 780 m Rechts auf Parkplatz »Fichtelsee«. 150 m weiter erreicht man den Ausgangspunkt der Tour an der Campingplatzeinfahrt (km 21,0 / 770 m).

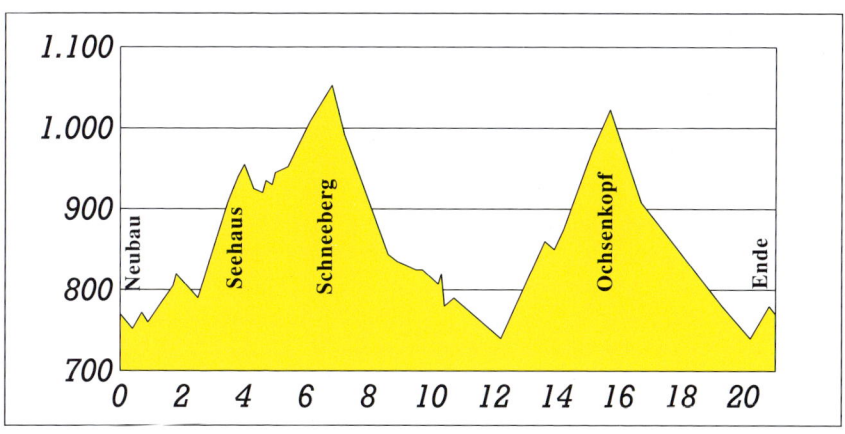

Gesamtstrecke: *24,3 Kilometer*
Anstiege: *705 Höhenmeter*
Schwierigkeit: *mittel*
Reine Fahrzeit: *1,5 bis 2,5 Stunden*

Karte: *Fritsch-Wanderkarte, 1:50.000, Blatt »Fichtelgebirge« ist ein sehr genaues Kartenwerk und vor Ort überall erhältlich.*
Anfahrt zum Startplatz: *Auf der A 9 Nürnberg–Berlin bis zur Abfahrt Gefrees. Dann auf Landstraße über Gefrees und Kornbach nach Weissenstadt. Dort den Hinweisen Richtung »Campingplatz« folgen. Kurz vor Campingplatz auf rechter Straßenseite auf gebührenpflichtigem Parkplatz die Tour starten.*
Auskunft: *Tourist Information Fichtelgebirge, Bayreutherstr. 4, 95686 Fichtelberg, Tel. 09272/6255 oder 6452, Fax: 09272/6454, E-mail: tourist.info.fichtelgebirge@t-online.de, Internet: http://www.fichtelgebirge.de. Oder auch: Fremdenverkehrsamt Weissenstadt, Kirchplatz 1, 95163 Weissenstadt, Tel. 09253/9500*
Camping: *Camping Weissenstädter See, Badstr. 91, 95163 Weissenstadt, Tel. 09253/288*
Bikeshop: *Hahn & Renner, Am Bahnhof 7, 95163 Weissenstadt, Tel. 09253/442*

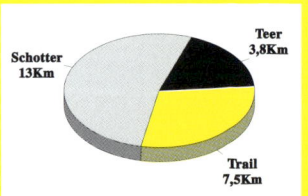

Der Startpunkt dieser Runde liegt am Ufer des Weissenstädter Sees, in einer weiten, vor Winden geschützten Senke, zu Füßen des 1053 Meter hohen Schneebergs. Doch schon bald taucht man wieder in die dunklen, fast ein wenig bedrohlich wirkenden Fichtenwälder des Fichtelgebirges ab. Man genießt Singletrails vom Feinsten und erfreut sich bei der Hälfte dieser netten Bikerunde an dem Ausblick von der Burgruine Epprechtsstein auf dem gleichnamigen immerhin knapp 800 Meter hohen Gipfel. Danach kurbelt man über den Höhenzug des Waldstein bis zum höchsten Punkt dieser Runde, wo man vom Aussichtssturm des Gr. Waldsteins noch einmal einen Blick über die Fichtenwipfel hinweg in die Ferne werfen kann.

Routenverlauf
Bitte gehen Sie niemals ohne die angegebene topographische Karte auf Tour und beachten Sie die Hinweise auf den Seiten 7–9.
km 0,0 / 616 m (Höhe über NN)
Ab Parkplatz Straße geradeaus Richtung See queren. Nach 100 m an Häuschen dann 90° links und auf Teerweg um den See herum. Bei km 0,3 an Teergabelung 45° rechts und am Campingplatz entlang, Hinweis »Stadtbad«.

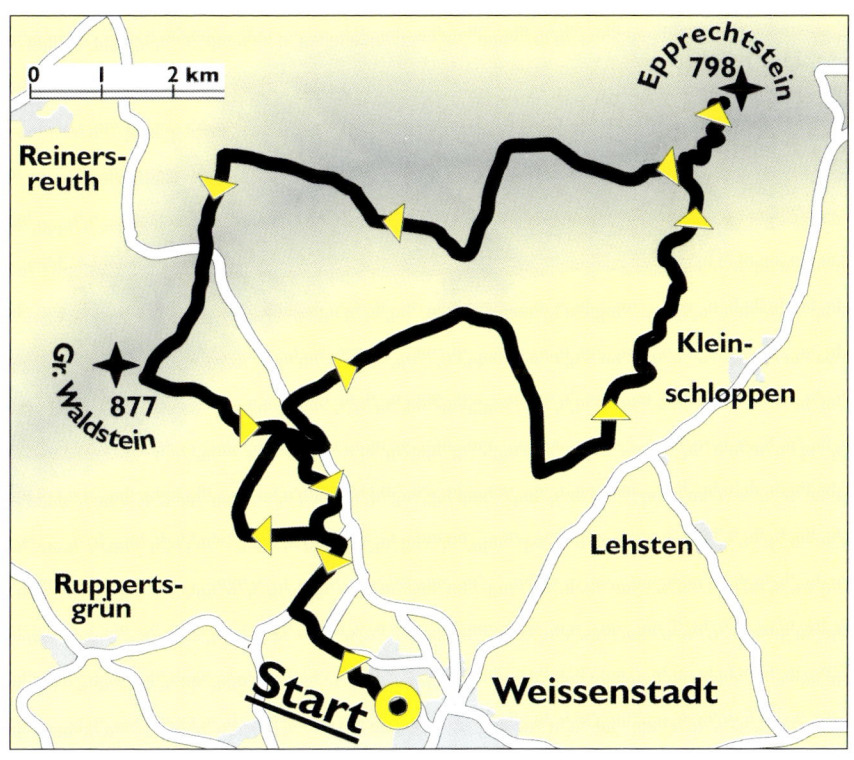

1,0 / 624 m An Kreuzung 90° rechts und Markierung (»S«) Richtung »Waldstein« folgen. Nach weiteren 700 m auf Teer, kurz vor Landstraße, an Kreuzung 90° links und auf Schotter weiter (»S«) folgen.

2,0 / 670 m Kurz vor Graben an Gabelung »S« verlassen und links auf Schotter weiter. Nach 100 m an Schottergabelung 45° rechts bergan.

2,8 / 712 m Am Wege-T rechts auf Schotter bergan. 500 m weiter am nächsten Wege-T rechts auf Schotter (»blauer

Punkt«) bergab bis km 3,5. Nun am Wegedreieck links halten. Bei km 3,7 links auf Landstraße bergan.

4,1 / 760 m Kurz nach Steinbrucheinfahrt links, gegenüber 90° rechts auf Waldweg abbiegen. Nach 300 m an Waldweggabelung 45° links und (»blauer Punkt«) an Grenzsteinen »KW« entlang über stark verwachsenen Weg.

4,9 / 700 m Geradeaus Schotterweg kreuzen. Nach 40 m dann geradeaus auf Schotterpiste (»N«) weiter. Bei km 5,1 am Abzweig geradeaus, für 100 m dem Hinweis »Naturfreundehaus« folgen und danach im Bachtal geradeaus auf breiter Schotterpiste bergan, weiter an Grenzsteinen entlang.

5,9 / 725 m An Gabelung am Waldrand rechts halten. 200 m weiter dann geradeaus auf breitem Schotterweg – »blauen Punkt« ignorieren.

7,4 / 640 m Am Schotterabzweig links, nächste wieder links und »blauem Punkt« folgen. 200 m weiter ab Gabelung ständig dem Hinweis »Epprecht-stein« folgen.

8,3 / 630 m Am Hof »Frohnlohe« 90° links auf Waldweg bergan (»weiß-blau-weiß«). 300 m weiter wird der Weg zum Singletrail.

9,1 / 680 m Am Waldrand am Wege-T links auf breiter Schotterpiste bergan. 100 m weiter an Abzweig rechts auf Hauptweg bleiben. Bei km 9,4 kurz nach einer Rechtskurve 90° links, Hinweis »Epprechtstein« beachten. Einige Meter weiter rechts auf Singletrail weiter.

10,2 / 710 m Kurz nach Wildfütterung am Wege-T rechts auf Schotter leicht bergab. Nach 100 m 45° links auf markiertem Singletrail weiter. Bei km 10,8 etwas links halten, Schotterpiste kreuzen und auf breitem Waldweg bergan.

11,0 / 748 m An Gabelung rechts. 100 m weiter am Wegedreieck ganz rechts halten und nun Markierung »N« über Waldweg folgen. Bei km 11,2 »N« ignorieren und links Richtung »Bergwacht« auf Trail bergan. Anschließend am »Luisentisch« entlang bergan Richtung »Burgruine«, die man nach Treppen-

anstieg bei km 11,5 erreicht. Nun auf gleichem Weg zunächst retour, wieder an »Luisentisch« entlang. Bei km 12,0 rechts bis zum Wegedreieck bei km 12,2. Hier nun Markierung (»N«) geradeaus in Richtung »Waldstein« folgen.

12,5 / 730 m An Gabelung etwas rechts, Schotterweg kreuzen, weiter auf Trail (»N«), bald wieder bergan. Bei km 13,0 an Kreuzung rechts auf breitem Schotterweg (»ohne Markierung«) 400 m weiter. Dann am Wege-T links auf breiter Schotterpiste bergan.

13,7 / 780 m Am Abzweig »Braurangen Bruch« geradeaus auf Hauptweg bleiben.

13,9 / 780 m Am Abzweig links Markierung (»1«) über Schotter folgen. 400 m weiter an Gabelung links halten, »1« ignorieren. Einige Meter weiter wieder links.

14,5 / 810 m Am Abzweig geradeaus, wieder Markierungs (»N«) folgen. 80 m weiter breite Schotterpiste nach rechts verlassen und auf Trail Richtung »Waldstein«.

15,5 / 755 m Nach tollem Trail am Wege-T 90° rechts auf breiter Schotterpiste (»N«) weiter. Nach 600 m am Abzweig Markierung (»N«) ignorieren und geradeaus auf breiter Schotterpiste weiter.

16,4 / 775 m Am Wege-T rechts, weiter Schotter (»2«) bis zum Pflanzgarten der Forst. Hier bei km 17,8 an Kreuzung 90° links und nun (»H«) bis zum »Gr. Waldstein« folgen.

18,6 / 760 m Geradeaus Straße kreuzen, dann auf Waldweg (»H«) bergan. Nach 400 m rechts, für 150 m auf Teerweg. In einer Rechtskurve geradeaus auf breitem Waldtrail bald steil bergan bis zum Großen Waldstein. Dort bei km 19,7 geradeaus auf Singletrail bergab.

19,8 / 830 m Am Wege-T links auf Waldtrail (»S«). 100 m weiter links auf Schotterweg und für 600 m Markierung »S« ignorieren.

20,5 / 812 m Mitten im Steinbruch 90° rechts und auf Singletrail bergab, wieder Markierung (»S«) und Wegweisung »Weissenstadt« beachten. 300 m weiter an Trailgabelung 90° rechts bergab. Bei km 21,2 dann geradeaus auf

Schotter weiter. 100 m weiter am Abzweig rechts »S« folgen.

21,9 / 692 m Kurz vor Ferienheim nahe Straße rechts auf Waldweg. Nach 200 m dann 90° links und Markierung (»S«) über kaum sichtbaren Weg folgen.

22,3 / 670 m An Gabelung bei Graben links und auf gleichem Weg wie bei der Auffahrt retour bis zum Ende.

23,3 / 624 m An Kreuzung 90° links und auf Teer 700 m bergab bis zur nächsten Kreuzung. Hier links und auf Teer am Campingplatz entlang zum See. Dort links 200 m weiter, dann nochmals links und zurück zum Ausgangspunkt (24,3 / 616 m).

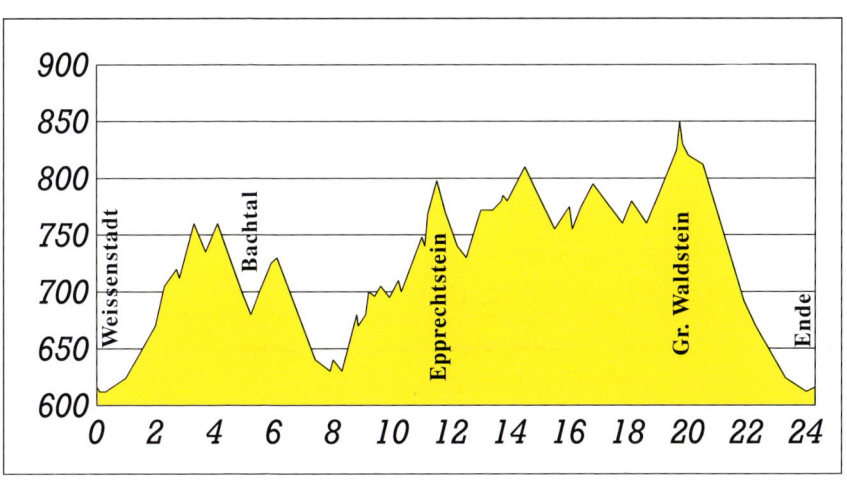

Gesamtstrecke: *26,8 Kilometer*
Anstiege: *875 Höhenmeter*
Schwierigkeit: *mittel bis schwer*
Reine Fahrzeit: *2 bis 3 Stunden*

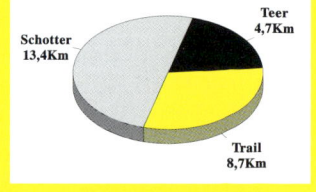

Karte: *Fritsch-Wanderkarte, 1:50.000, Blatt »Fichtelgebirge«. Vor Ort überall erhältlich.*
Anfahrt zum Startplatz: *Auf der A 9 Nürnberg–Berlin bis zur Abfahrt Gefrees. Dann auf Landstraße über Gefrees und Kornbach nach Weißenstadt. Dort den Hinweisen Richtung »Campingplatz« folgen. Kurz vor dem Campingplatz auf der rechten Straßenseite startet diese Tour auf dem gebührenpflichtigen Parkplatz.*
Auskunft: *Tourist Information Fichtelgebirge, Bayreutherstr. 4, 95686 Fichtelberg, Tel. 09272/6255 oder 6452, Fax: 09272/6454, E-mail: tourist.info.fichtelgebirge@t-online.de, Internet: http://www.fichtelgebirge.de. Oder auch: Fremdenverkehrsamt Weißenstadt, Kirchplatz 1, 95163 Weißenstadt, Tel. 09253/9500*
Camping: *Camping Weißenstädter See, Badstr. 91, 95163 Weissenstadt, Tel. 09253/288*
Bikeshop: *Hahn & Renner, Am Bahnhof 7, 95163 Weißenstadt, Tel. 09253/442*

Wer eine Tour ins Fichtelgebirge plant, sollte zur Kenntnis nehmen, daß diese Region als die kälteste Ecke Frankens gilt. Oftmals bestimmt kontinentales Klima hier die Wetterlage. So ist es auch zu erklären, daß in Weißenstadt die Apfelbäume rund 14 Tage später blühen als anderswo in gleicher Höhenlage. Dazu paßt die Tatsache, daß es im Fichtelgebirge selten Jahre gibt, wo nicht alle Monate zumindest eine Frostnacht haben. Einen Vorteil hat das kontinentale Klima allerdings: Die Durchschnittstemperaturen sind zwar ein wenig niedriger als das weiter westlich der Fall ist, dafür ist es aber auch deutlich trockener als in Gegenden, wo das Meeresklima eine Wolke nach der anderen schickt und für unangenehme Niederschläge sorgt. So jedenfalls hat alles sein Gutes und in Jahren, wo westliche Winde oft die restliche Republik mit tagelangem Regen überziehen, kann man mit etwas Glück im Fichtelgebirge den häßlichen Tiefdruckgebieten mit den oft hübschen Namen ein Schnäppchen schlagen.

Routenverlauf

Bitte gehen Sie niemals ohne die angegebene topographische Karte auf Tour und beachten Sie die Hinweise auf den Seiten 7–9.

km 0,0 / 616 m (Höhe über NN)
Wie schon bei Tour 36 startet man auf
dem Parkplatz, quert die Straße Richtung
See und kurbelt zunächst auf dem markierten Radweg weiter. Nach 100 m
biegt man an dem Teerabzweig bei
einem kleinen Häuschen rechts ab und
fährt auf Teer um den See herum.
0,3 / 612 m An Teergabelung 45°
rechts am Campingplatz entlang Richtung »Stadtbad«. 700 m weiter an Kreuzung geradeaus auf Schotter Richtung
»Waldstein« (»H«).
1,0 / 628 m Anders als bei Tour 36

fährt man hier geradeaus auf Schotter
weiter (»H«). 400 m weiter an Gabelung
rechts auf Singletrail Richtung »Waldstein« (»H«).
1,8 / 676 m An Wegekreuzung geradeaus auf Schotter (»H«). Bei km 2,3 an
Wegekreuzung rechts weiter auf Schotter.
2,7 / 720 m An Wegekreuzung halb
rechts weiter auf Hauptweg bleiben. Bei
km 3,6 am Wege-T rechts auf Schotter
am Steinbruch entlang. 200 m weiter,
an nächster größerer Gabelung links auf
Schotter weiter.

4,0 / 808 m Am Abzweig weiter geradeaus auf Schotter. 800 m weiter trifft man auf eine kleine Straße. Dort scharf links auf Singletrail (»H«) bergan.

5,3 / 838 m Auf der Höhe rechts Hinweisen »Burgruine«, »rotes Schloß«, »Waldsteinhaus« über Singletrail folgen. 200 m weiter an Gabelung rechts und auf Treppen bergan zur Burgruine und später zum Waldsteinhaus.

5,7 / 824 m Vor Waldsteinhaus links am Parkplatz vorbei und auf Schotter leicht bergan Richtung »Saalequelle« (»blaues X«). 500 m weiter an Gabelung links auf Teer weiter.

6,5 / 820 m An Gabelung rechts auf Waldweg. Nach 300 m an Wege-T rechts (»blaues X«), weiter Richtung »Saalequelle«. Bei km 7,2 an Wegekreuzung geradeaus, jetzt auf Singletrail.

7,8 / 732 m An Gabelung geradeaus weiter auf Schotter am Parkplatz vorbei Richtung »Saalequelle«. 50 m weiter rechts auf Singletrail bergab.

8,2 / 708 m An Saalequelle links auf Singletrail bergan Richtung »Torfmoorhölle« (»Q«). Bei km 9,1 an Gabelung weiter auf Hauptweg bleiben und auf Schotter Markierung (»Q«) folgen.

9,3 / 764 m An Gabelung weiter geradeaus auf Schotter, jetzt leicht bergab (»Q«) Richtung »Egerquelle«.

10,1 / 704 m Bis hierher alle Abzweige ignorieren. Jetzt am Wege-T rechts auf Schotter Richtung »Egerquelle«.

11,6 / 672 m Links auf Straße. Nach 50 m wieder rechts von der Straße ab (»Q«).

13,1 / 660 m Am Abzweig scharf rechts (»Q«) Richtung »Egerquelle«. 300 m weiter an Gabelung links auf Waldweg bergan (»Q«, »E«). Bei km 14,0 an kaum sichtbarem Abzweig links auf Singletrail weiter (»Q«, »E«).

14,7 / 748 m Vor Ederquelle links auf Schotter zur Straße (»Q«). Straße queren und auf anderer Seite weiter (»Q«) Richtung »Weißenhaider Eck«.

15,5 / 796 m An Wegekreuzung weiter geradeaus auf Singletrail (»Q«) bis zum Weißenhaider Eck bei km 16,6. Dort an Kreuzung geradeaus kurz auf Schotter, dann auf Teerstraße bergan Richtung »Schneeberg«.

17,6 / 904 m Am Abzweig Teerweg verlassen und auf Schotter weiter bergan Richtung »Schneeberg«.

18,6 / 1053 m Am Schneeberg-Gipfel links auf Teersträßchen weiter. Nach 200 m am Abzweig links auf Teer bergab Richtung »Rudolfstein« (»H«). Bei km 19,2 an Gabelung weiter geradeaus auf Teer bergab Richtung »Rudolfstein«.

19,4 / 976 m An Gabelung rechts auf Singletrail leicht bergab Richtung »Rudolfstein« (»H«). 200 m weiter am Wege-T rechts bergab auf Schotter (»H«).

20,8 / 830 m Am Rudolfsattel an Wegekreuzung weiter geradeaus leicht bergan Richtung »Rudolfstein« (»H«).

21,8 / 860 m Nahe dem Gipfel Rudolfstein an Kreuzung links Richtung »Weißenstadt« (»H«). 100 m weiter an Gabelung rechts auf Singletrail bergab (»H«). Bei km 22,7 an Gabelung bei Jägerstand rechts auf breitem Waldweg

bergab (»H«) Richtung »Weißenstein«.
23,1 / 728 m An Wegekreuzung
rechts auf Schotter bergab (»H«). 100 m
weiter sofort wieder links auf Singletrail
bergab (»H«). Bei km 23,7 an Kreuzung
links auf Schotterweg bergab (»H«).
24,3 / 630 m Bis hierher alle Abzwei-

ge ignorieren und jetzt an Wege-T links
auf Schotter weiter leicht bergab (»H«).
24,5 / 656 m Am Abzweig rechts auf
Teer nach Weißenstadt. Ab hier diesem
Weg bis zum Ausgangspunkt folgen (km
26,8 / 616 m).

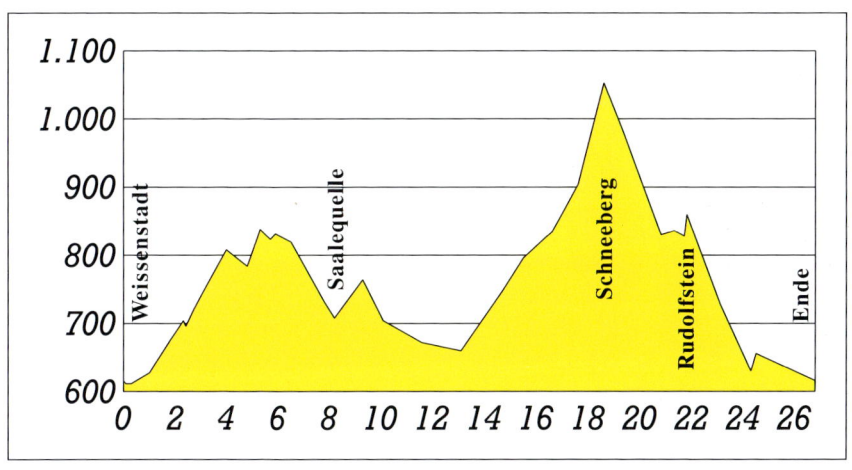

38 Zum Großen Waldstein

Gesamtstrecke: *10,7 Kilometer*
Anstiege: *305 Höhenmeter*
Schwierigkeit: *leicht*
Reine Fahrzeit: *knapp 1 Stunde*

Karte: *Fritsch-Wanderkarte, 1:50.000, Blatt »Fichtelgebirge«. Vor Ort überall erhältlich.*
Anfahrt zum Startplatz: *Auf der A 9 Nürnberg–Berlin bis zur Abfahrt Gefrees. Dann auf Landstraße über Gefrees und Kornbach nach Weißenstadt. Dort den Hinweisen Richtung »Campingplatz« folgen. Kurz vor dem Campingplatz auf der rechten Straßenseite startet auch diese Tour auf dem gebührenpflichtigen Parkplatz.*
Alternative Startorte: *keine*
Auskunft: *Tourist Information Fichtelgebirge, Bayreutherstr. 4, 95686 Fichtelberg, Tel. 09272/6255 oder 6452, Fax: 09272/6454, E-mail: tourist.info.fichtelgebirge@t-online.de, Internet: http://www.fichtelgebirge.de. Oder auch: Fremdenverkehrsamt Weißenstadt, Kirchplatz 1, 95163 Weißenstadt, Tel. 09253/9500*
Camping: *Camping »Weißenstädter See«, Badstr. 91, 95163 Weißenstadt, Tel. 09253/288*
Bikeshop: *Hahn & Renner, Am Bahnhof 7, 95163 Weißenstadt, Tel. 09253/442*

Weißenstadt ist ein idealer Ausgangspunkt für tolle Fichtelgebirgstouren. Hier kann man nicht nur sommertags im Weißenstädter See hervorragend den Staub nach einer tollen Tour von den Knochen spülen, sondern auch beste Runden in allen möglichen Variationen starten. Dabei reicht das Spektrum von einer Radltour um den See herum, die hier allerdings nicht beschrieben wird, bis hin zu MTB-Touren der Extraklasse. Wer es aber ruhig angehen lassen will, für den bietet sich dieser Kurzturn Richtung Großer Waldstein geradezu an. Mehr Kilometer, ein wenig mehr Heraus-

forderung und sattere Wadenpower bieten alternativ ja schon die Touren 36 und 37 und nachfolgend die Weekendtour durchs Fichtelgebirge.

Routenverlauf

Bitte gehen Sie niemals ohne die angegebene topographische Karte auf Tour und beachten Sie die Hinweise auf den Seiten 7–9.

km 0,0 / 616 m (Höhe über NN)

Man startet auf dem Parkplatz, quert die Straße Richtung See und kurbelt zunächst auf dem markierten Radweg wei-

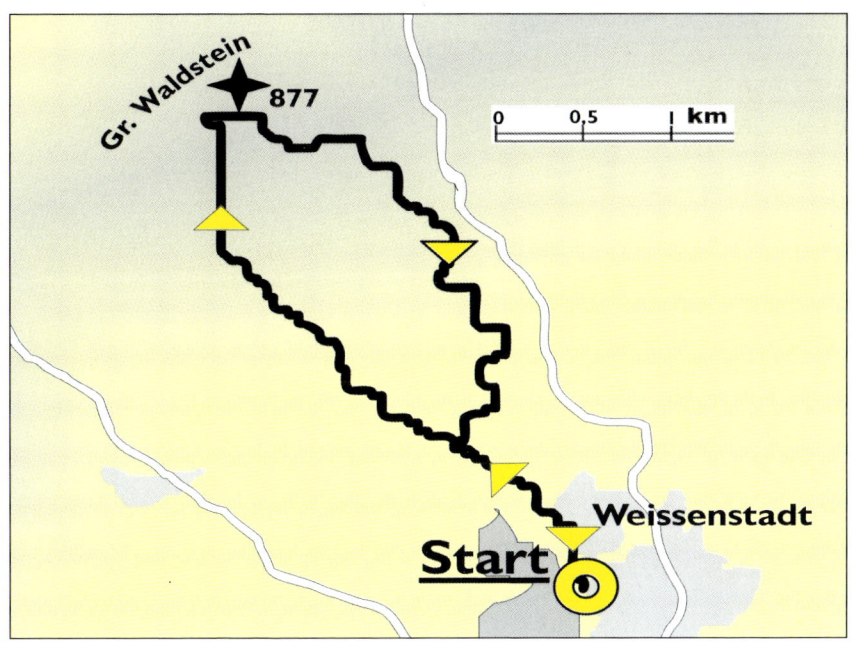

ter. Nach 100 m biegt man an dem Teer-
abzweig bei einem kleinen Häuschen
rechts ab und fährt weiter auf Teer um
den See herum.

0,3 / 612 m An Teergabelung 45°
rechts am Campingplatz entlang Richtung »Stadtbad«. 700 m weiter an Kreuzung geradeaus auf Schotter Richtung
»Waldstein« (»H«).

1,0 / 628 m Geradeaus auf Schotter
weiter (»H«). 400 m weiter an Gabelung
rechts auf Singletrail Richtung »Waldstein« (»H«).

1,8 / 676 m An Wegekreuzung geradeaus auf Schotter (»H«). Bei km 2,3
an Wegekreuzung rechts weiter auf
Schotter.

2,7 / 720 m An Wegekreuzung halb
rechts weiter auf Hauptweg bleiben. Bei
km 3,6 am Wege-T rechts auf Schotter
am Steinbruch entlang. 200 m weiter,
an nächster größerer Gabelung links auf
Schotter weiter.

4,0 / 808 m Am Abzweig weiter geradeaus auf Schotter. 800 m weiter trifft
man auf eine kleine Straße. Dort scharf
links auf Singletrail (»H«) bergan.

5,3 / 838 m Auf der Höhe rechts Hinweisen »Burgruine«, »Rotes Schloß«,
»Waldsteinhaus« über Singletrail folgen.
200 m weiter an Gabelung rechts und
auf Treppen bergan zur Burgruine und
später zum Waldsteinhaus.

5,7 / 824 m Vor Waldsteinhaus

rechts, bald am Aussichtsturm entlang und danach rechts auf Trail bergab.

6,1 / 830 m Am Wege-T links auf Waldtrail (»S«). 100 m weiter links auf Schotterweg und für 600 m Markierung (»S«) ignorieren.

6,8 / 812 m Mitten im Steinbruch 90° rechts und auf Singletrail bergab, wieder Markierung (»S«) und Wegweisung »Weißenstadt« beachten. 300 m weiter an Trailgabelung 90° rechts bergab. Bei km 7,9 dann geradeaus auf Schotter weiter. 100 m weiter an Abzweig rechts Markierung (»S«) folgen.

8,2 / 692 m Kurz vor Ferienheim nahe Straße rechts auf Waldweg. Nach 200 m dann 90° links und Markierung (»S«) über kaum sichtbaren Weg folgen.

9,0 / 670 m An Gabelung bei Graben links.

9,6 / 624 m An Kreuzung 90° links und auf Teer 700 m bergab bis zur nächsten Kreuzung. Hier links und wie bei der Auffahrt auf Teer am Campingplatz entlang zum See. Dort links 200 m weiter, dann nochmals links und zurück zum Ausgangspunkt (10,7 / 616 m).

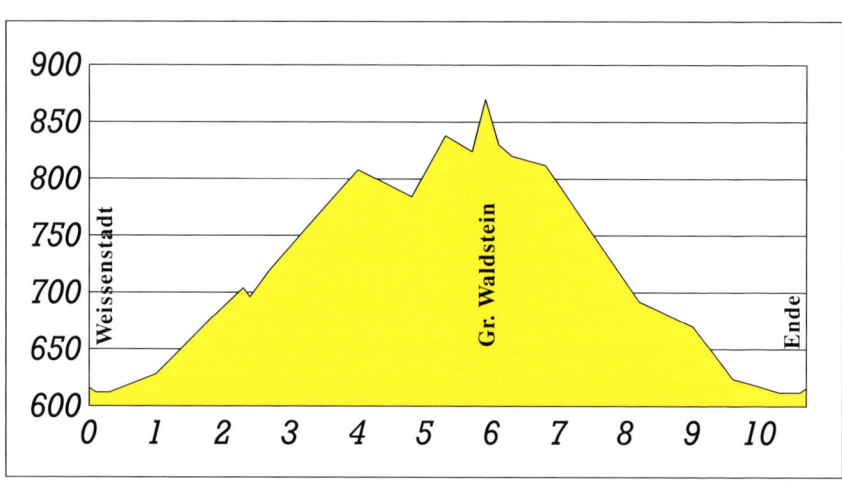

Gesamtstrecke: *35,1 Kilometer*
Anstiege: *1005 Höhenmeter*
Schwierigkeit: *mittel*
Reine Fahrzeit: *etwa 2 bis 3 Stunden*

Karte: *Fritsch-Wanderkarte, 1:50.000, Blatt »Fichtelgebirge«*

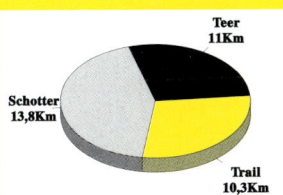

Anfahrt zum Startplatz: *Auf der A 9 Nürnberg–Berlin bis zur Abfahrt Bad Berneck. Dann auf der B 303 Richtung »Bischofsgrün«. Am Straßenabzweig nach Goldkronach rechts in den Weiler Goldmühl abbiegen und einige Meter weiter bei der Holzfirma Förster diese Tour starten.*
Alternative Startorte: *Bischofsgrün, Neubau, Fichtelberg*
Auskunft: *Tourist Information Fichtelgebirge, Bayreutherstr. 4, 95686 Fichtelberg, Tel. 09272/6255 oder 6452, Fax: 09272/6454, E-mail: tourist.info.fichtelgebirge@t-online.de, Internet: http://www.fichtelgebirge.de. Oder auch: Fremdenverkehrsamt Weißenstadt, Kirchplatz 1, 95163 Weißenstadt, Tel. 09253/9500*
Camping: *Camping »Weißenstädter See«, Badstr. 91, 95163 Weißenstadt, Tel. 09253/ 288*
Bikeshop: *Hahn & Renner, Am Bahnhof 7, 95163 Weißenstadt, Tel. 09253/442*

Für dieses Bike-Weekend gibt es natürlich auch Alternativen. Zum Beispiel könnte man die zweite Etappe zuerst fahren, um als Start- und Zielpunkt den Weißenstädter See zu haben. Übernachten müßte man dann in Goldkronach oder Umgebung. Das gilt allerdings nur für Bikefreaks, die sich wirklich zwei Tage Zeit für diese tolle Runde lassen wollen. Denn normalerweise läßt sich, vorausgesetzt man steht gut im Training, der ganze Turn an einem Tag erledigen. Dann kommt man insgesamt auf 84,9 Kilometer, 2415 Höhenmeter und eine Fahrzeit von rund 6–7 Stunden. Natürlich hat man es dann mit einer schweren Runde zu tun, aber in Zeiten, wo Marathonrennen die Bikeszene fast schon beherrschen, ist das so ungewöhnlich nicht mehr.

Routenverlauf
Bitte gehen Sie niemals ohne die angegebene topographische Karte auf Tour und beachten Sie die Hinweise auf den Seiten 7–9.

km 0,0 / 430 m (Höhe über NN)
Ab Holzfirma Förster Straße kreuzen und auf Teerweg »Bruckmühle« am weißen Main entlang kurbeln. Nach 500 m dann B 303 schräg kreuzen und an-

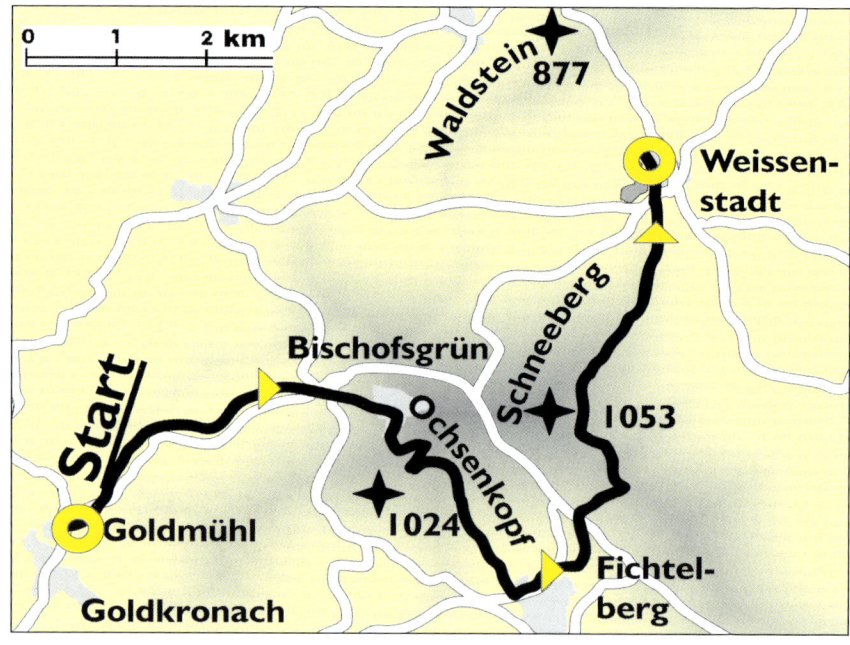

schließend auf Teer durch den Weiler »Röhrenhof«. Dort dann auf geteertem Radweg durch das Tal des Weißen Mains flott bergan.

7,8 / 608 m Kurz nach ehemaligem Bahnhof Bischofsgrün Straße kreuzen, am Gasthof »Maintal« entlang und weiter auf Radweg taleinwärts. 200 m weiter dann rechts zur B 303, diese queren und über Treppe bergan Richtung »Ortsmitte«. Auf Wiesenweg geht es dann recht knackig bergan.

8,8 / 672 m Auf geteertem Weg »Kirchbühl« geradeaus durch Bischofsgrün. Kurz nach der Kirche dann rechts halten und auf »Ochsenkopfstr.« bergan.

10,9 / 760 m An Parkplatz 90° links und auf Schotterpiste weiter Richtung »Ochsenkopf«. 600 m weiter, kurz vor der Seilbahn, an Wegedreieck hart rechts und weiter bergan.

12,5 / 870 m Am Wege-T links und auf geschotterter Ringstraße weiter. Bei km 14,9 an Kreuzung geradeaus. 200 m weiter an nächster Kreuzung links und nun den Hinweisen »Neubau« folgen.

17,7 / 780 m Bis zum Parkplatz des Besucherbergwerks alle Abzweige ignorieren. Dort dann links durch Neubau. Bei km 18,6 am Gasthof »Specht« an Teer-T 90° links auf »Fichtelseestr.« Richtung »Campingplatz«.

19,2 / 780 m Rechts über Parkplatz »Fichtelsee« am Campingplatz entlang. Anschließend Holzschranke passieren und geradeaus weiter auf Teer bergab Richtung »Fichtelsee«. Nach 250 m an Schottergabelung vor See rechts halten. 200 m weiter dann links halten, Seebrücken queren. Bei km 19,8 ab dem Seehotel zunächst auf Teer bergan Richtung »Platte«. 100 m weiter an Gabelung 45° links und auf Schotterweg (»1«) bergan.

20,3 / 760 m An Abzweigung geradeaus auf breitem Schottergrasweg (»weißes Kreuz«) Richtung »Seehaus«. Nach 400 m Straße kreuzen und auf breiter Schotterpiste bergan (»weißes Kreuz«). Nach ein paar Metern an Gabelung etwas links halten (»weißes Kreuz«) Richtung »Seehaus«, bald auf Trail steil bergan.

21,1 / 805 m An Wegekreuzung 90° nach links und auf breiter Schotterpiste weiter, hier (»weißes Kreuz«) ignorieren.

21,9 / 790 m An Wegekreuzung (!) hart rechts auf Schotterweg teils recht steil bergan Richtung »Seehaus« (»M«). 500 m weiter geradeaus über Kreuzung und weiter auf jetzt breiterer Schotterpiste nicht mehr ganz so steil bergan Richtung »Seehaus« (»M«).

22,9 / 910 m Am Seehaus 90° links, Cafe-Terrasse schiebend passieren und Markierung (»H«) Richtung »Nußhardt« folgen. Bei km 23,2 am Wege-T 90° links (»H«) Richtung »Nußhardt« auf breiter Schotterpiste bergan.

23,7 / 925 m Am breiten Wegabzweig geradeaus (»H«), dann bei km 23,8 in der Senke 45° rechts und auf Singletrail weiter.

24,4 / 945 m Am Singletrail-T 90° rechts (»H«). 100 m weiter an Gabelung rechts (»H«). Bei km 24,7 am Schotter-T 90° links (»H«) Richtung »Schneeberg«.

24,9 / 952 m Breite Schotterpiste nach rechts verlassen und auf schmalerem Schotterweg Markierung (»H«) Richtung »Schneeberg« und »Bergwacht« folgen.

25,5 / 1008 m Am Wegedreieck 90° links (»H«) Richtung »Schneeberg Gipfel«. Bei km 25,9 schräg nach links, Teerpiste queren und dann auf Teer weiter.100 m weiter dann 45° links auf Singletrail (»H«) Richtung »Schneeberg Gipfel«.

26,2 / 1053 m Ab Aussichtsturm am Schneeberg-Gipfel ein Stück auf Teer retour und bergab. Nach 350 m am Abzweig links auf Teer bergab Richtung »Rudolfstein« (»H«). Bei km 27,0 an Gabelung weiter geradeaus auf Teer bergab Richtung »Rudolfstein«.

27,2 / 976 m An Gabelung rechts auf Singletrail leicht bergab Richtung »Rudolfstein« (»H«). 200 m weiter am Wege-T rechts bergab auf Schotter (»H«).

28,6 / 830 m Am Rudolfsattel an Wegekreuzung weiter geradeaus leicht bergan Richtung »Rudolfstein« (»H«).

29,6 / 860 m Nahe dem Gipfel Rudolfstein an Kreuzung links Richtung »Weißenstadt« (»H«). 100 m weiter an Gabelung rechts auf Singletrail bergab (»H«). Bei km 30,5 an Gabelung bei Jägerstand rechts auf breitem Waldweg bergab (»H«) Richtung »Weißenstein«.

30,9 / 728 m An Wegekreuzung rechts auf Schotter bergab (»H«). 100 m weiter sofort wieder links auf Singletrail bergab (»H«). Bei km 31,5 an Kreuzung links auf Schotterweg bergab (»H«).

32,1 / 630 m Bis hierher alle Abzwei-ge ignorieren und jetzt am Wege-T links auf Schotter weiter leicht bergab (»H«).

32,3 / 656 m Am Abzweig rechts auf Teer nach Weißenstadt. Dort links zum See halten und am Ufer entlang bis zum Campingplatz, wo diese erste Etappe endet (km 35,1 / 616 m).

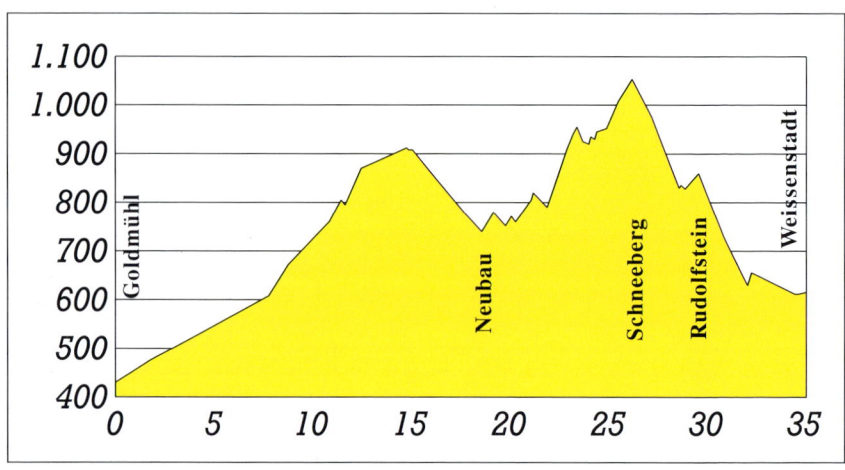

Gesamtstrecke: *49,8 Kilometer*
Anstiege: *1410 Höhenmeter*
Schwierigkeit: *schwer*
Reine Fahrzeit: *3 bis 4 Stunden*

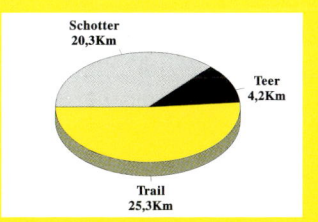

Karte: *Fritsch-Wanderkarte, 1:50.000, Blatt »Fichtelgebirge«*
Auskunft: *Tourist Information Fichtelgebirge, Bayreutherstr. 4, 95686 Fichtelberg, Tel. 09272/6255 oder 6452, Fax: 09272/6454, E-mail: tourist.info.fichtelgebirge@t-online.de, Internet: http://www.fichtelgebirge.de. Oder auch: Fremdenverkehrsamt Weißenstadt, Kirchplatz 1, 95163 Weißenstadt, Tel. 09253/9500*
Camping: *Camping »Weißenstädter See«, Badstr. 91, 95163 Weißenstadt, Tel. 09253/ 288*
Bikeshop: *Hahn & Renner, Am Bahnhof 7, 95163 Weißenstadt, Tel. 09253/442*

Routenverlauf

Bitte gehen Sie niemals ohne die angegebene topographische Karte auf Tour und beachten Sie die Hinweise auf den Seiten 7–9.

km 0,0 / 616 m (Höhe über NN)

Ab Campingplatz vom See weg der Markierung (»H«) zunächst Richtung »Waldstein« über Teer folgen. Nach 300 m an Kreuzung 90° rechts und Markierung (»S«) Richtung »Waldstein« folgen. Nach weiteren 700 m auf Teer, kurz vor Landstraße, an Kreuzung 90° links und auf Schotter weiter Markierung (»S«) folgen.

1,3 / 670 m Kurz vor Graben an Gabelung Markierung (»S«) verlassen und links auf Schotter weiter. Nach 100 m an Schottergabelung 45° rechts bergan.

2,1 / 712 m Am Wege-T rechts auf Schotter bergan. 500 m weiter, am

nächsten T, rechts auf Schotter (»blauer Punkt«) bergab bis km 2,8. Nun am Wegedreieck links halten. Bei km 3,0 links auf Landstraße bergan.

3,4 / 760 m Kurz nach Steinbrucheinfahrt links, gegenüber 90° rechts auf Waldweg abbiegen. Nach 300 m an Waldweggabelung 45° links und Markierung (»blauer Punkt«) an Grenzsteinen »KW« entlang über stark verwachsenem Weg folgen.

4,2 / 700 m Geradeaus Schotterweg kreuzen. Nach 40 m dann geradeaus auf Schotterpiste (»N«) weiter. Bei km 4,4 am Abzweig geradeaus, für 100 m dem Hinweis »Naturfreundehaus« folgen und danach im Bachtal geradeaus auf breiter Schotterpiste bergan, weiter an Grenzsteinen entlang.

5,2 / 725 m An Gabelung am Waldrand rechts halten. 200 m weiter dann geradeaus auf breitem Schotterweg,

Markierung (»blauer Punkt«) ignorieren.

6,7 / 640 m Am Schotterabzweig links, nächste wieder links und (»blauem Punkt«) folgen. 200 m weiter ab Gabelung ständig dem Hinweis »Epprechtstein« folgen.

7,6 / 630 m Am Hof »Frohnlohe« 90° links auf Waldweg bergan (»weiß-blau-weiß«). 300 m weiter wird der Weg zum Singletrail.

8,4 / 680 m Am Waldrand am Wege-T links und auf breiter Schotterpiste berg-

an. 100 m weiter am Abzweig rechts auf Hauptweg bleiben. Bei km 8,7 kurz nach einer Rechtskurve 90° links, Hinweis »Epprechtstein« beachten. Einige Meter weiter rechts auf Singletrail weiter.

9,5 / 710 m Kurz nach Wildfütterung am Wege-T rechts auf Schotter leicht bergab. Nach 100 m 45° links auf markiertem Singletrail weiter. Bei km 10,1 etwas links halten, Schotterpiste kreuzen und auf breitem Waldweg bergan.

10,3 / 748 m An Gabelung rechts.

100 m weiter am Wegedreieck ganz rechts halten und nun Markierung (»N«) über Waldweg folgen. Bei km 10,5 Markierung (»N«) ignorieren und links Richtung »Bergwacht« auf Trail bergan. Anschließend am »Luisentisch« entlang bergan Richtung »Burgruine«, die man nach Treppenanstieg bei km 10,8 erreicht. Nun auf gleichem Weg zunächst retour, wieder an »Luisentisch« entlang. Bei km 11,3 rechts bis zum Wegedreieck bei km 11,5. Hier nun (»N«) geradeaus in Richtung »Waldstein« folgen.

11,8 / 730 m An Gabelung etwas rechts, Schotterweg kreuzen, weiter auf Trail (»N«), bald wieder bergan. Bei km 12,3 an Kreuzung rechts auf breitem Schotterweg (»ohne Markierung«) 400 m weiter. Dann am Wege-T links auf breiter Schotterpiste bergan.

13,0 / 780 m Am Abzweig »Braurangen Bruch« geradeaus auf Hauptweg bleiben.

13,2 / 780 m Am Abzweig links Markierung (»1«) über Schotter folgen. 400 m weiter an Gabelung links halten, Markierung (»1«) ignorieren. Einige Meter weiter wieder links.

13,8 / 810 m Am Abzweig geradeaus, wieder Markierung (»N«) folgen. 80 m weiter breite Schotterpiste nach rechts verlassen und auf Trail Richtung »Waldstein«.

14,8 / 755 m Nach tollem Trail am Wege-T 90° rechts auf breiter Schotterpiste (»N«). Nach 600 m an Abzweig Markierung (»N«) ignorieren und geradeaus auf breiter Schotterpiste weiter.

15,7 / 775 m Am Wege-T rechts, weiter auf Schotter (»2«) bis zum Pflanzgarten »Der Forst«. Hier bei km 17,1 an Kreuzung 90° links und nun Markierung (»H«) bis zum »Gr. Waldstein« folgen.

17,9 / 760 m Geradeaus Straße kreuzen, dann auf Waldweg (»H«) bergan. Nach 400 m rechts für 150 m auf Teerweg. In einer Rechtskurve geradeaus auf breitem Waldtrail bald steil bergan. Auf der Höhe bei km 19,0 hart rechts und am Aussichtsturm entlang zum »Waldsteinhaus«. Dort bei km 19,3 links am Parkplatz vorbei und auf Schotter leicht bergan Richtung »Saalequelle« (»blaues X«). 500 m weiter an Gabelung links auf Teer weiter.

19,9 / 820 m An Gabelung rechts auf Waldweg. Nach 300 m am Wege-T rechts (»blaues X«), weiter Richtung »Saalequelle«. Bei km 20,6 an Wegekreuzung praktisch geradeaus, jetzt auf Singletrail.

21,2 / 732 m An Gabelung geradeaus weiter auf Schotter am Parkplatz vorbei Richtung »Saalequelle«. 50 m weiter rechts auf Singletrail bergab.

21,6 / 708 m An Saalequelle links auf Singletrail bergan Richtung »Torfmoorhölle« (»Q«). Bei km 22,5 an Gabelung weiter auf Hauptweg bleiben und auf Schotter Markierung »Q« folgen.

22,7 / 764 m An Gabelung weiter geradeaus auf Schotter, jetzt leicht bergab (»Q«) Richtung »Egerquelle«.

23,5 / 704 m Bis hierher alle Abzweige ignorieren. Jetzt am Wege-T rechts auf Schotter Richtung »Egerquelle«.

25,0 / 672 m Links auf Straße. Nach 50 m wieder rechts von der Straße ab (»Q«).

26,5 / 660 m Am Abzweig scharf rechts (»Q«) Richtung »Egerquelle«. 300 m weiter an Gabelung links auf Waldweg bergan (»Q«, »E«). Bei km 27,4 am kaum sichtbaren Abzweig links auf Singletrail weiter (»Q«, »E«).

28,1 / 748 m Vor Ederquelle links auf Schotter zur Straße (»Q«). Straße queren und auf anderer Seite weiter (»Q«) Richtung »Weißenhaider Eck«.

28,9 / 796 m An Wegekreuzung weiter geradeaus auf Singletrail (»Q«) bis zum Weißenhaider Eck bei km 30,0. Dort links auf Schotter (»Q«) Richtung »Karches«.

30,8 / 825 m Am Jägerstuhl 45° rechts und auf Schmadderpiste (»Q«) bergab Richtung »Karches«. Einige Meter weiter an Kreuzung geradeaus auf Waldweg.

31,4 / 820 m Nun 90° rechts halten und bergab (»Q«). 100 m weiter am Schotter-T 90° links und auf breiter Schotterpiste (»Q«) Richtung »Karches«.

31,8 / 790 m Kurz nach breitem Schotterwegabzweig 90° rechts und auf Singletrail (»Q«) bergab Richtung »Karches«. Bei km 32,2 am Abzweig geradeaus auf breiter Schotterpiste (»Q«) bergab.

33,3 / 740 m Straße queren. Anschließend am Schotter-T sofort links weiter (»Q«) Richtung »Karches«. 200 m weiter an Schotterkreuzung geradeaus (»M«), Richtung »Ochsenkopf«. Anschlie-ßend nach Schotterparkplatz 90° rechts auf Teer (»M«) am Gasthaus »Karches« vorbei Richtung »Ochsenkopf«. Nach Gaststättengrundstück dann geradeaus auf Schotter weiter (»M«, »Q«). Bei km 34,1 an Wegekreuzung weiter bergan, jetzt recht steil auf holprigem geschotter-ten Weg (»M«, »Q«) Richtung »Ochsenkopf«.

35,3 / 875 m An Weißmainquelle Holzbrücke queren. Danach etwas rechts bergan auf Schotterweg bis zum nächsten Schotter-T. Nun 90° rechts und Markierung »M« bergan folgen. Bei km 35,5 an Gabelung 45° links (»M«) auf breiter Schotterpiste weiter. 100 m weiter geradeaus über Kreuzung Richtung »Ochsenkopf«.

36,8 / 1023 m Am Ochsenkopf-Gipfel bei Sendeturm rechts bald am Gasthaus vorbei und dann der Markierung (»M«) über Trail folgen. 300 m weiter geradeaus Schotterpiste kreuzen, weiter auf Trail bergab. Bei km 37,7 rechts auf Schotter, nächste links, weiter Markierung »M« folgen. 400 m weiter geradeaus über Kreuzung.

39,0 / 760 m An Gabelung links, dann sofort wieder rechts. Danach rechts für ein paar Meter auf Landstraße und dann sofort wieder links durch den Wald weiter bergab (»M«), Richtung »Bayreuth«.

39,8 / 732 m An Gabelung praktisch geradeaus auf Schotter weiter leicht bergab Richtung »Warmensteinach«. 100 m weiter an Kreuzung geradeaus, jetzt steil bergan (»M«) Richtung »Bayreuth«.

40,8 / 772 m An Kreuzung weiter geradeaus auf Schotter.

42,0 / 752 m An Gabelung rechts auf meist matschigem Schotterweg Richtung »Goldmühl«, jetzt Markierung (»S«) beachten. Bei km 42,7 auf Singletrail weiter Richtung »Goldmühl« (»S«).

43,3 / 704 m Schotterweg kreuzen. Bei km 44,0 Wiesenweg queren. Auf Singletrail bis km 44,7 bleiben. Dann links auf Schotterpiste (»S«) weiter.

45,2 / 676 m An Kreuzung rechts auf Teer zunächst Richtung »Goldkronach«.

46,0 / 628 m Am Parkplatz rechts auf Schotterweg leicht bergan. Nach ca. 150 m links auf Singletrail »Humboldtweg« bergab (»Bergbaumarkierung«).

46,4 / 616 m Am Wege-T rechts weiter auf Singletrail »Humboldtweg«. 50 m weiter geradeaus. Nach weiteren 10 m nochmals geradeaus und leicht bergab.

46,7 / 620 m Am Wege-T links auf Schotter leicht bergab. 400 m weiter auf Teer geradeaus bergab (»S«), Richtung »Goldmühl« bzw. zum Ausgangspunkt dieses Wochenendturns (km 49,8 / 430 m).

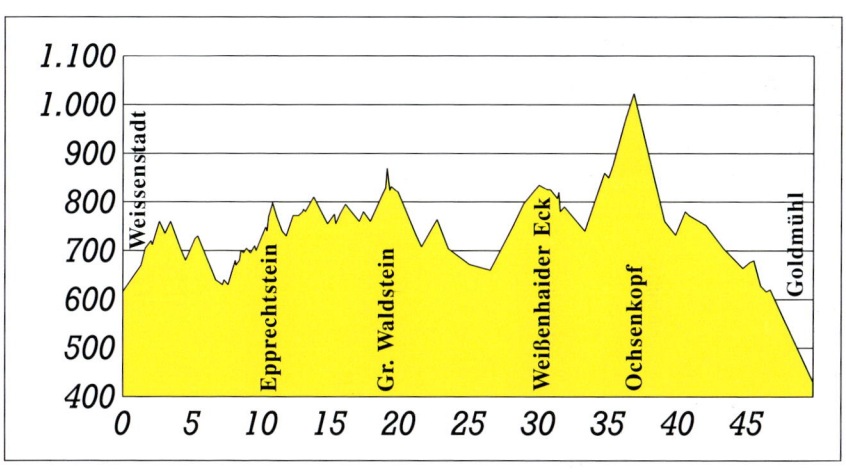

Ortsregister

Tourenstarts (in Fettdruck)
und alternative Startpunkte.

P

Pflochsbach 15
Pottenstein **25**, **26**, **31**,
   32, **33**

R

Reuenthal 16
Riedenberg 8, 10, 11
Rieneck 13
Römershag 8, 10, 11
Rohrbrunn 14
Rotenbühl 27, 28, 30, 32
Rothenbuch 14
Rothenburg ob der Tauber
   17, 18

S

Sand/ Main **21**
Sands 1
Schaippach 13
Schönau 5, 11
Schüttersmühle 25, 26, 32
Schwarzenfels 12
Schweinsdorf 17
Steinbach/ Tauber 17, 18
Steinbach/ Main 21
Streitberg 27, 28, 30

T

Tauberscheckenbach 18
Tauberzell 18
Trainmeusel 30
Tüchersfeld 31, 32

U

Unterailsbach 29, 30
Untertrubach 24, 33
Unterweißenbrunn 5, 11
Unterzaunsbach 33

V

Vielbrunn 16
Volkers 12

W

Waidach 25, 33
Wegfurt 5, 11
Weibersbrunn 14, **15**
Weidenhüll 25, 33
Weichersbach 12
Weißenstadt **36**, **37**, **38**
Wernarz 12
Wildflecken **6**, 7, 9, 10
Willenreuth 26, 32
Willmars 1
Windheim 15

Z

Zeil 21
Zell am Ebersberg **22**
Ziegelanger 21
Zimmern 15

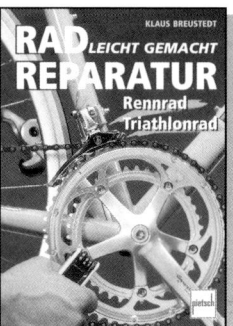